# 우리들의 드라마

# 우리들의 드라마
너무 가까워 낯설게 만난 당신 인생의 이야기

1판1쇄 | 2025년 7월 23일

기획 | 노회찬재단
지은이 | 노회찬재단 구술생애사팀

펴낸이 | 안중철, 정민용
편집 | 윤상훈, 이진실

펴낸곳 | 후마니타스(주)
등록 | 2002년 2월 19일 제2002-000481호
주소 | 서울특별시 마포구 신촌로14안길 17, 2층 (04057)
전화 | 편집_02.739.9929/9930 영업_02.722.9960 팩스_0505.333.9960

블로그 | blog.naver.com/humabook
엑스, 페이스북, 인스타그램 | @humanitasbook
이메일 | humanitasbooks@gmail.com

인쇄 | 천일문화사_031.955.8303 제본 | 일진제책사_031.908.1407

값 20,000원

ISBN 978-89-6437-488-7 03810

# 우리들의 드라마

## 너무 가까워 낯설게 만난
## 당신 인생의 이야기

노회찬재단 기획
노회찬재단 구술생애사팀 지음

후마니타스

## 추천의 글

어느 정치인이 출판기념회에서 거둬들인 돈이 억대라는 뉴스가 인터넷을 장식하던 날, 어느 연예인은 부동산 시세 차익으로 수십억 원을 벌어들였다는 뉴스가 여느 때처럼 주요 뉴스 행세를 하고 있던 그 날, 이 책의 원고를 받아 들었다. 탐욕의 세상과는 상관없는, 혹은 탐욕이 그래도 염치를 알던 그 옛날에 살았을 것 같은 사람들의 삶이, 안 가져도 될 부끄러움을 안고 펼쳐져 있었다. 책을 읽으며 실로 오랜만에 '노동'과 '세상의 변화'를 논했던 '순수의 시대'로 돌아간다. 그것은 노회찬의 언어이기도 했다.
— 손석희. 언론인, 교토 리츠메이칸대 객원교수


"살암시민(살다 보면) 살아진다."
드라마 〈폭싹 속았수다〉의 한 대사가 떠오릅니다. 닳고 닳아 무늬가 된 아픔들이 있습니다. 『우리들의 드라마』는 포말처럼 사라질 기억들이 글로 붙들려, 물방울이 되고, 강을 이룹니다. 은린처럼 반짝이는 이 강의 이름은, 역사입니다.
— 오민애. 배우

'구술생애사 강좌'로 처음 만난 자리에서도, 또 한참 뒤 초고를 읽으면서도 구술사 작업에 참여한 이들은 모두 준비된 필자들이라 여겼다. 평범해 보이든 전혀 그렇게 보이지 않든, 사실 누군가의 삶은 그 자체로 이미 투쟁이다. 그런 이들을 구태여 찾아가 그들의 생애를 듣고 묻고 기록하는 일은, 연결을 넘어 연대를 모색하는 또 다른 투쟁이 된다. 자신의 삶을 다시 읽고 재해석하려는 사람들, 타인의 삶에 기꺼이 연루되어 연대를 확장하려는 사람들에게, 이 책을 재료로 삼기를 강력히 추천한다.
— 최현숙. 구술생애사 작가, 반빈곤 활동가

아무리 잘 쓴 글도 넘어서기 어려운 사실의 힘이 있다. 어떤 대단한 작가도 『전태일 평전』이 지닌 사실의 감동을 능가하는 글을 지을 수 없다. 『우리들의 드라마』에는 우리가 살아가는 누추한 현실에 감춰진 감동적인 순간들이 아로새겨져 있다. 기교를 부리지 않은 문장이 오히려 매끄럽게 가공된 글에 길들여진 우리의 감각을 낯설게 일깨우며 비수처럼 진실을 파고드는 무기가 된다.
— 방현석. 소설가, 중앙대 문예창작학과 교수

## 차례

9     서문

13     **1화.**
**잘난 척 좀 하고 살고 싶어.**
**다른 세상을 살고 싶어**
최구름의 달 밝은 밤을 홍리경 기록

47     **2화.**
**함께 깨어 있던 많은 밤들에**
정양언의 계곡 있는 산을 정연빈 기록

97     **3화.**
**이걸 모르고 살았다면**
**얼마나 억울했을 거냐**
김현옥의 뜨거운 한낮을 최선희 기록

133     **4화.**
**남을 위해 따뜻한 옷을 만들지만**
**우리들 마음은 너무 추워요**
배서연의 겨울 같은 봄을 신정임 기록

169　**5화.**
　　**밥도 못 먹었냐는 그 말**
　　이경희의 천 길 물속을 이수정 기록

211　**6화.**
　　**이 고집 때문에 그렇게 살 수 있었나 봐요**
　　박미희의 열 번의 사계를 김성미 기록

253　**7화.**
　　**그 사람들을 보면서 뭔지 모르지만**
　　**책임을 져야 된다는 생각이 드는 거야**
　　김인자의 황혼을 장상화·심예리·김태웅 기록

287　**8화.**
　　**자유롭게 재미있게 나답게**
　　우상택의 곁가지로 난 길을 오현정 기록

321　**9화.**
　　**유가족, 그 삶을 넘어 살아가야겠지**
　　이용관의 저녁 어스름을 김혜영 기록

**일러두기**

- 외래어 고유명사의 우리말 표기는 국립국어원의 외래어표기법을 따랐습니다.
- 단행본과 정기간행물은 겹낫표(『 』), 기사, 논문은 홑낫표(「 」), 노래, 영화, 방송 프로그램, 전시 및 기획, 법령 등은 홑화살괄호(〈 〉)로 표기했습니다.
- 입말을 살린 표현은 의미 전달이 어려운 경우를 제외하고 그대로 두었습니다.

서문
## 우리들의 드라마를 기록하며
이선주

2023년 봄, 노회찬재단의 〈실천하는 인문예술교실〉은 최현숙 작가의 '구술생애사 강좌'로 첫발을 내디뎠습니다. 기록되지 않은 삶에 귀 기울이려는 이 작은 시도는 예상을 뛰어넘는 큰 호응을 얻었고, 다양한 삶을 살아온 이들이 모여 열띤 배움의 장을 이루었습니다.

몇 주간의 짧은 만남으로 끝날 수도 있었던 이 강좌는 거기서 멈추지 않았습니다. 재단은 이 수업의 의미를 확장하고자 후속 팀을 꾸렸고, 저는 멘토로서 이들과 1년여의 시간을 함께하며 기록의 여정을 걸었습니다. 그들은 전문 작가도, 숙련된 연구자도 아니었습니다. 그러나 한 사람의 삶을 온전히 듣고 진실되게 기록해야 한다는 숭고한 책임감을 안고 누구보다 성실히 한 편의 기록을 빚어냈습니다. 이 과정에서 참여자들은 점차 '삶을 담아내는 기록자'로 성장하며, 각자가 만난 사연에 깊이 천착해 마침내 아홉 편의 생애사를 엮어 냈습니다. 이 책은 그 열정과 노력의 결실이며, 다채로운 삶의 결을 조심스럽게 담아낸 소중한 기록입니다.

이 책에 담긴 구술자들은 특별한 존재입니다. 오랜 시간 기록자와 관계를 맺어 온 가족이거나 가까운 지인이기 때문입니다. 너무 가까워 오히려 깊이 들여다보지 못했던 삶에 귀 기울이고, 오랜 침묵의 흔적을 따라 말해지지 않았던 시간들을 다시 짚어 가는 과정이었습니다. 가까운 이의 생애를 다시 듣는다는 것은 단순한 기록이 아닌 관계의 재구성이며, 묵혀 두었던 감정의 재배치이고, 때로는 닫혔던 마음을 여는 이해와 화해의 길이기도 했습니다. 익숙한 존재를 낯설게 바라보고, 그 삶을 언어로 옮기는 특별한 경험을 통해 참여자들은 '기록자'라는 이름에 한 걸음 더 다가섰습니다. 이 책은 그 '기록의 첫걸음'이자, 가장 가까운 존재로부터 시작된 기억의 재구성이기도 합니다.

아내를 간병하는 전교조 출신 교사, 탈북 후 청소 노동자가 된 여성, 40대 청년 배달 노동자, 수십 년간 재봉틀 앞을 지킨 봉제 노동자들, 부당한 해고에 맞서 절박한 외침을 토해 낸 해고 노동자, 자식을 잃고 슬픔을 견디며 살아가는 아버지, 고령화 사회 최전선에서 일하는 요양 관리사들… 아홉 편의 생애사는 옴니버스 드라마처럼 펼쳐집니다.

독자들은 이 책을 통해 거리에서 무심히 스쳐 지나가는 이들이 저마다의 드라마를 간직하고 있음을, 그리고 그들의 이야기가 우리 사회의 깊은 단면과 진실을 조용히 그러나 강하게 증언하고 있음을 새삼 느끼게 될 것입니다.

흔히 "역사는 승자의 기록"이라 말합니다. 그렇다면 패배한 자, 침묵을 강요당한 자, 평범한 사람들은 어디에 그들의 이야기를 남겨야 할까요? 구술 생애사는 이 질문에 대한 하나의 응답입니다. 지워진 목소리, 잊힌 이름, 세상에 드러나지 않은 삶을 다시 불러내려는 끈질긴 시도이며, 그 누구의 삶도 가볍게 지나치지 않겠다는 굳건한 약속입니다.

이 작업은 고 노회찬 의원이 평생 추구해 온 가치와도 맞닿아 있습니다. 권력자나 기득권자가 아닌, 소외되고 배제된 이들의 목소리에 귀 기울이고 그 삶을 기록하고 드러내는 일 — 그것이 노 의원의 신념이자 실천이었습니다.

끝으로, 이 뜻깊은 여정을 함께 걸어 준 모든 삶의 기록자들에게 깊은 존경과 고마움을 전합니다. 때로는 아픈 기억을 꺼내야 하는 힘겨운 과정에도 기꺼이 이야기를 들려주신 구술자 여러분께도 머리 숙여 감사드립니다. 그 조심스럽고도 성실한 시간들이야말로 이 기록의 가장 단단한 뿌리가 되었습니다. 더불어, 이 소중한 가능성을 믿고 아낌없이 지원해 준 노회찬 재단과 작가들의 원고를 따뜻한 눈으로 감수해 주신 최현숙 작가님, 이 기록들이 더 많은 이들에게 닿도록 애써 주신 후마니타스 출판사에도 깊은 고마움을 전합니다.

누구나 자신의 삶을 이야기할 자격이 있습니다. 그 모든 생애는 기록될 가치가 있습니다. 이 작은 목소리들이 더 큰 울림이 되어, 더 많은 이들이 자신만의 드라마를 용기 있게 꺼내고 기록하기를 바랍니다. 이 기록이 그 용기와 마음을 전하는 작은 불씨가 되기를 소망합니다.

S#1

# 1화.
## 잘난 척 좀 하고 살고 싶어.
## 다른 세상을 살고 싶어

최구름의 달 밝은 밤
홍리경 기록

## 주인공

**최구름**(가명)

1951년 익산에서 태어났다. 이른 나이에 동네 남자와 결혼해 서울로 이주했다. 세상살이에 어두운 남편과 살며 자식을 먹여 살리기 위해 억척스러워져야 했다. 고깃집 장사로 20년, 남의 식당에서 몇 년, 노인복지관 봉사자로 10년, 요양보호사로 10년을 살았다. 인생에 한 번 이름이 날 정도로 빛나게 살아 보고 싶은 열망이 있다.

내가 살아온 걸 이렇게 말해야 하나? 내가 여적도(여태) 마음속에 넣고 얘기도 한 번 안 해 보고 그냥 살았는데. '왜 괜히 이런 얘기를 해서 다른 사람들이 나 살아온 걸 다 알게 하나?' 이런 생각도 들어. 그렇다고, 뭐 내가 누구한테 도둑질한 것도 없고 남 해친 것도 없어. 내 본심대로 열심히 산 것뿐이야. 이게 책으로 나온대서 내가 어찌 됐든 하고 싶은 말 많이 했네.

## 아홉째 동생 태어나고 내가 다리 뻗고 울었어

어릴 때는 내가 기억할 수 있는 게 별로 없어. 그냥 평범하게 살았으니까. 특별한 건 아니었어. 1951년○ 여름에 전북 익산 성당면에서 태어났지. 엄마가 결혼하고 나를 3년 만에 낳았대. 그 당시 동네에서 몇 명이 결혼했는데 우리 엄마만 애를 못 낳는다고 다시 결혼하라고 이런 얘기도 했었나 봐. 근데 9남매를 낳았잖아. 나 어려서는 할아버지 댁에 살면서 예쁨 많이 받았지. 우리 할아버지는 날 주머니에 넣고 살았어. 어디만 나가면 나를 데리고 다녀. 큰집에 제사 있는 날이면 저녁에도 끌고

○ 1950년 6월 25일, 한국전쟁이 발발하면서 이리·익산 지역은 전쟁 초기 인민군에 의해 점령되었다. 그러나 1950년 9월 인천 상륙작전과 함께 전선이 이동하면서 큰 피해 없이 한국전쟁기를 맞았다.

가. 가는 길에 할아버지가 "'열 땡' 하면 뛰자." 그래. 그러면 달밤에 할아버지랑 손녀랑 같이 뛰는 거야. 클 때는 그런 기억들이 있어. 내가 첫째라 사랑을 제일 많이 받은 거 같아. 그러다 동생이 세 명인가 있을 때 지금 말로 분가를 했어. 할아버지랑 같이 살 때는 우리가 가난하다는 걸 못 느껴 봤거든. 근데 나와서는 좀 힘들었지. 할아버지가 아버지한테 농사지으라고 논이랑 밭도 좀 줬어. 근데 우리 아버지가 착해서 남 보증 섰다가 밭 받은 것도 팔아먹었잖아. 우리 먹기도 모자라는데 남의 빚 갚아 주느라고.

　내가 국민학교(초등학교) 2학년 때, 그때부터는 나도 집이 어려운 거를 조금 안 거야. 그래서 공부라는 건 포기를 했어. '동생들 많은데 내가 공부할 처지는 아니구나.' 그냥 포기를 한 거지. 공부를 안 하니까 재미도 없고. 학교 갔다 오면 밭 매러 갔다가 동생도 봐야 되고. 그렇게 겨우 왔다 갔다 하다가 국민학교 졸업장만 갖다 놨지. 나 열다섯 살 때였나? 내가 우리 막냇(아홉째)동생 태어나고 마당에서 다리 뻗고 울었잖아. 동생들이 그렇게 많은데 어떻게 할라고 또 낳냐고. 나는 공부도 포기했는데. 그래서 동네에서 소문이 났었다니까. 근데 내가 세월이 지나고 보니까 문제는 돈이 있고 없고가 아니라 자기 탓이더라고. 공부는 지가 하려고 들면 다 하더라니까. 나는 그래서 후회하는 거지. 그래도 엄마는 좀 가르치려고 했는데 아버지는 가르치는 것보다 땅을 사는 게 더 중요했어.

우리 집은 엄마, 아빠 다 알뜰했어. 게으른 걸 못 봤어. 아빠는 아침에 일어나면 먼저 소여물을 먹이고, 아궁이에 불 때서 물 데우고, 그다음에 재도 긁어내 주고, 동네 우물에서 물도 길어다 항아리에 넣고 했지. 엄마 혼자 다 못 하니까 아버지가 많이 도와줬어. 그리고 우리 외할머니가 약간 치매가 있었다고 해야 하나? 하여튼 돌아가실 무렵에 뭐가 안 좋아서 아버지가 우리 집으로 외할머니를 모셔 왔어. 와서 몇 년 계셨어. 그 바쁜 와중에 우리 아버지가 외할머니 머리 싹싹 빗겨서 모시고 침 맞으러 다녔어. 그게 확실하게 기억나. 그래서 내가 '우리 아버지 참 착하네. 이 환경에 애들도 많은데 어떻게 그걸 할까?' 이런 생각을 했어. '복 받아서 오래 사시겠네.' 했는데 쉰일곱에 돌아가셨잖아. 복 받아서 일찍 가셨나? 암으로 구원받고 가셨어. 병원에서 더 이상 치료도 안 되니까 세검정에 있는 할렐루야 기도원°으로 가셨지. 나 결혼해서 서울 살 때야. 아버지 살려 달라고 내 나름대로 기도도 했는데 결국은 안 들어주더라고. 기도원에서 딱 6개월 살고 가셨다. 돌아가시고 내가 너무 허망해서 몇 년 동안 고생했어.

○ 1970, 80년대 성령의 힘으로 만병을 통치한다고 유명해진 기도원으로, 외관상 기도원이지만 종단의 체계를 갖춘 신흥 종교.

## 그때 거기서 견뎠으면 지금 빵 공장 할지도 몰라

동네에 농사 말고 다른 일 하는 사람은 없었어. 해 봤자 농사짓는 일이고 잘돼 봤자 면 서기야. 시골에서는 그때 당시 어디에 취직하고 이런 것도 없어. 국민학교 졸업하고서는 집안일 도우며 홀치기° 했지. 그때 동네에서 여자들이 모여서 그거 많이 했어. 얼마 받았는지는 기억 못 하겠는데 그래도 몇천 원씩 하고 꽤 괜찮았어. 나 쓸 거 조금 쓰고 번 돈은 거의 다 엄마 줬지. 그냥 어디 직장을 가서 돈을 벌어 봤으면 좋겠단 생각을 하긴 했어. 그래서 결혼 전에 우리 동네 사람이 나랑 친구를 취직시켜 준다고 해서 서울 따라간 건 기억나. 내가 열일곱인가 열여덟 살이었을 거야. 나는 빵집에다 맡기고 친구는 가정부로 넣어 줬어. 근데 서울에 도착하니까 뭐가 뭔지 모르겠더라. 차는 막 왔다 갔다 하지, 건물도 으리으리하지. 그때 당시에는 '와, 서울이 이렇게 생겼구나!' 우리네 어디 외국 가면 느

○ 홀치기염색은 염색하기 전 실로 직물의 일부를 묶거나 감아서 염료의 액이 침투하지 못하도록 방염防染한 후, 침염법浸染法으로 염색하고 수세하고 말린 후, 감은 실을 풀면 묶은 모양의 무늬가 나타나는 염색법이다. 당시 농가에서 부녀자들이 했던 홀치기는 직물에 실을 감는 과정까지만을 말한다. 1968년 〈대한뉴스〉 제656호에 따르면 홀치기 작업은 농한기 부녀자들의 부업으로 성행했으며 집단적으로 이루어졌다고 한다. 경북 지역의 한 마을을 예로 125가구 중 반 이상이 홀치기 작업을 했으며 부녀자 한 사람이 한 달에 6000~7000원의 수입을 올렸다고 한다.

낌이 다른 것처럼 그랬지. 서울 와서 나 걸음도 못 걸었다니까. 건물 바닥이, 타이루(타일)를 까니까 번질번질하잖니. 넘어질까 무서워서 신발 안에 발을 오그리고 다녔어. 그런 걸 못 보고 흙에서 살던 사람이라 그랬나 봐. 그리고 수돗물 냄새 나서 밥을 먹을 수가 없어. 그 냄새가 그렇게 싫더라. 약 냄새처럼. 숨들이쉬면 연탄 냄새도 나고.

나 일하러 간 빵집이 엄청 컸어. 직원도 많았고. 첫날부터 내가 일찍 일어나 청소를 했더니만 주인이 좋아서 눈이 막 이만하대. 근데 며칠 안 돼서 내가 유리컵을 씻다가 딱 깼어. 남의 일도 처음이고 하니까 그거 깬 걸 어떻게 해야 할지 모르겠는 거야. 그래서 갖고 막 왔다 갔다 하다가 어느 굴뚝에다 집어넣은 것 같아. 못 보게 하려고. 그러고 며칠 있는데 집에 가고 싶어 못 살겠어. 컵 깬 것 때문에 마음도 불편하고 엄마, 아빠도 보고 싶고. 그래서 나는 일주일 만에 집에 왔잖아. 그때 가정부로 간 친구는 안 왔어. 나도 거기서 견뎠어야 되는 거야. 그럼, 지금 빵 공장 할지도 몰라. 결혼하고 나서 '내가 그때 고향에 안 돌아왔어야 되는 건데. 안 왔으면 이 사람을 안 만났지.' 이런 생각을 했어.

## 집이 싫었어. 벗어나고 싶었어. 그래서 남편을 만났지

남편은 같은 동네 사람이야. 우리가 열 살 차이니까 나한테는 그냥 누구네 오빠, 누구네 형이었지. 시동생이 나하고 친구고. 나랑 내 친구들이 남편 연애편지 날라 준 적도 있어. 남편이 동네 언니가 좀 예쁘게 보였는지 우리 통해서 그리로 편지를 보냈어. 근데 남편이 우리한테 편지를 주면 우리는 봉투 밑에 바늘을 넣어 가지고 짝 뜯어서 읽어 보고 도로 넣어서 그 언니 갖다주고 했지. 나는 그때는 남편에 대해 아무 생각도 안 했어. 아, 진짜 그때도 머리 홀랑 까졌었거든. 지금처럼은 안 까지고 몇 가닥 있기는 있었어. 대머리에다가 빼짝 말라서 허리는 쑥 휘어지고. 그때 당시에 나이가 서른 가까우면 완전 중년이다, 중년. 남편은 농고를 나와서 수박, 참외 이런 거 키워서 원두막 지어 놓고 팔 때야. 우리 친구들 모이면 거기 수박 먹으러도 많이 갔었거든. 당시에 내가 엄청 까불고 다녔어. 내 친구들이 남자, 여자 할 것 없이 많은데 직장도 없고 할 일이 없으니까 같이 억세게 놀고 다녔지. 여자애들끼리는 누가 "야, 어디 어디 잘 맞춘대. 우리 가 볼래?" 이러면 몇 명이서 떼모여서(떼를 지어서) 점도 보러 가고. 밤에는 또래 남자, 여자 모여서 감자 서리, 고구마 서리 억수로 했어. 지금 같으면 다 도둑이지. 부모들도 거의 알아. 누가 뭘 허고 다니는지. 근데 그거 어쩌겠어. 자기 새끼들이 다 어울려 있는데. 그러니까 우리 엄마가 남편한테 가서 구름이가 조카 같고 하니까, 우리 친구들끼리 모여 무슨 나쁜 짓 하면 알려 달라고 했대. 다른 건 생각지도 못하고. 그러니까 동네에서 그래. 고양이한테 생선 맡겼냐고. 그런 셈이었지. 그때 내가 열아홉이었어. 한마디로 사춘기였잖아. 동생들도 많고 집이 싫은 거야. 마음이 누군가 의지하고 싶고 좀 혼란스러울 때가 있잖아? 벗어나고 싶었어. 그래서 남편을 만났지.

사실 남편이랑 사귀기 전에 동네에 맘에 두고 있는 다른 애가 있었어. 걔는 인물도 잘생겼고 그 집 엄마, 아빠, 누나까지 다 나를 좋아했어. 그래서 갸한테 마음이 좀 있었는데 걔가 군대를 갔어. 많이 아쉽기도 했지. 근데 그래도 내가 저울질은 조금 했다. 그렇게 철이 없어도 어떻게 그런 생각을 했나 몰라. 군대 간 애는 착하고, 집에 돈도 많고, 형제들이 다 배웠어. 그런데 내가 무슨 생각을 했냐면, 얘 자체는 공부 실력이 좀 없어. 그 친구는 중학교만 나오고 "아버지, 나는 시골에서 농사짓고 소 키울라요." 했대. 근데 내가 못 배워서 그랬나 벼. 그래도 지금 남편이 고등학교를 나왔다고 하니, 어떤 서류를 보려 해도 '저 사람보다는 이 사람이 낫겠지.'라고 생각했어. 그래서 내가 마음을 정리했지. 근데 그것도 천만의 말씀.

사귄 지 한 1년 됐나? 우리 큰딸 생겨서 결혼했지. 내가 그 집 살림이 그렇게 없는지도 모르고 참 철이 없어. 우리 집보다 더 어렵고 농사지은 거 다 먹으면 꿔다 먹어야 하고. 이 김 씨

(남편) 집에서는 많이 꾸러 다녔어, 시어머니가. 난 그게 너무 싫었어. 있을 때 아껴서 보리라도 좀 섞어야 되는데 있으면 있는 대로 먹고 없으면 없는 대로 꾸러 다니고 이런 식이지. 나는 사람 볼 줄도 모르거니와 그냥 살면 사는 건 줄 알았지. 사람이 성실해야 되고 부지런해야 되는데 나는 그걸 몰랐어. 근데 우리 아버지는 이미 그걸 알기 때문에 이 집에 결혼을 안 시키려고 했지. 식구가 다 게으르다며 반대했지. 남편네는 4남 2녀인데 바로 밑에 여동생은 다른 동네로 시집가서 일찍 죽고, 그 밑에 남동생은 일찍 서울 올라갔었어. 그래서 시어머니, 시아버지, 나머지 시동생 셋하고 같이 살았어. 결혼하고 그 집 여섯 식구 먹이려고 나 혼자 새벽에 일어나 밥하고 물 길어 데우고. 우리 아버지가 하던 일을 내가 혼자 다 했어. 근데 어린 신부가 그러고 있는데도 나이 많은 신랑은 안 일어나야. 난 친정에서 본 게 있어서 그대로 했는데 그것 때문에도 시어머니가 나를 싫어했어. 시어머니 당신은 나처럼 못 했으니까. 한마디로 질투지.

시골에선 음력으로 4월, 5월에 모를 심어. 옛날에는 손으로 심었는데 나 첫째 가져서 배 이만해 갖고도 모 심으러 다녔어. 게으른 남편을 사람 좀 만들려면 내가 모범이 되어야겠구나, 내가 앞에서 끌어야겠구나 싶어서 만삭에도 모를 심으러 다닌 거야. 그런데 남편이고 누구고 아무도 못 가게는 안 하더라. 첫애를 낳은 게 1971년 음력 6월 11일인데 그날 진통이 와서 아프니까 내가 주먹으로 배를 두드리고 난리가 났어. 근데 남편이 서울을 간대. 애 낳자마자 그날 남편 혼자 서울로 갔어. 내가 얼마나 초라했게? 그날은 보름이 가까우니까 시골에는 달이 떠서 엄청 밝아. 근데 내 옆에 아무도 없었어. 시아버님은 옆방에서 시동생들하고 자고 시어머니는 마실(마을) 가 버리고. 내가 애기를 보는지, 애기 젖을 먹이는지, 애기가 어떻게 생겼는지 아무도 관심이 없어. 그러면 그 애기를 데리고 내가 얼마나 처량했게? 그래도 그 어린 게 너무너무 이쁘고. 그것만 안고 그것만 쳐다보고 긴긴밤을 그렇게 새웠다. 달 보면서. 살면서 내가 이 집에서 죽을 때까지 산다는 생각은 안 했어. 그래서 차비 정도는 내 주머니에 항상 있었지. 떨어지게는 안 했지. 내가 맘먹고 나갈 때는 아무도 못 찾는 데로, 자식도 형제도 누구도 못 찾게 간다는 각오였어. 그런 마음으로 살았기에 싸우고 나가 보들 안 했어. 큰애 낳고 그때 좀 정신이 들었나 봐. '야 이건 아닌데. 내가 길을 잘못 선택했나?' 이런 후회가 나서 그때 한 번 처음으로 진짜 보따리를 싸기는 쌌어. 근데 못 나갔지.

**내가 머리가 안 깨쳤기 때문에 그렇게 살았겠지, 하라는 대로**

처음에 남편이 서울 간 거는 우리 고모네 집으로 간 거야. 고모가 조카들을 많이 데리고 있었어. 취직시켜 주려고. 고모부가 서울에서 전기사업을 했거든. 남편도 그래서 갔지. 근데 한 열흘 있다가 도로 왔어. 내가 본바, 남편이 빨랑빨랑 일을 못 하잖아. 어디 가도 맘에 들어 할 사람이 없지. 그래 그냥 왔어. 그러다가 우리 둘째 딸 태어나고 김포에서 목수 일 하는 시동생이 오라고 해서 그리 올라갔어. 나도 둘째 업고 같이 갔지. 근데 몇 개월 안 살았는데 겨울에 내가 연탄가스를 먹었어. 우리 시아버지가 그 소식을 듣고 당장 내려오라고 해서 우리 식구 다 내려갔어.

 내려와서 한 1년쯤 지났나, 시동생이 다시 올라오라고 그래. 이때는 시동생이 서울에서 일할 때야. 그래서 남편이랑 나랑 다시 올라와서 일하고 밥해 주고 했어. 그러다 우리 아들내미를 가졌네. 시동생이 나를 그렇게 부려 먹더니, 애를 낳게 됐으니 이제 못 써먹겠잖아? 그러니까 시골 가서 애를 키워 갖고 오랴. 그래서 나만 내려갔지. 내려가서 우리 아들 낳고 3년간 나 혼자 시골집에서 살았어. 애 셋 키우면서. 남편은 서울서 일한다고 왔다 갔다 하면서도 마누라라고 새끼라고 돈 한 푼을 주는 게 없었어. 멀리서 그렇게 있다 와도 애들 과자 하나 사다 주는 게 없어. 나 그 집에서 밥해 주고 식모살이만 해 주고 있는 거지. 그리고 애들도 내가 시부리°떠서 기저귀도 사고 옷도

   ° 시부리와 훌치기는 뜻이 전혀 다르지만 구술자는 어린 시절
   동네에서 시부리를 훌치기와 같은 뜻으로 사용했다고 말한다.

샀지 누가 사 주는 사람이 아무도 없어. 그래서 한 번은 남편한테 물어봤어. 그랬더니 동생이 딱 차비랑 엄마 용돈만 준대. 여윳돈이 없다 이거야. 그래서 나는 "답답하다. 당신이 일하고 수금도 해 오니까 그 돈을 자기가 좀 쓰면 되지. 죽일 거냐? 살릴 거냐?" 이렇게 얘기하면 우리 남편은 동생이 살려고 노력하는데 그렇게는 못 하겠대. 그럼 나는? 이거는 남편이 아니잖아. 나는 뭐야? 나라는 존재는? 그래서 이거는 아니다 싶었어. 그때 내가 머리가 좀 깨쳤더라면 애 업고라도 나가서 식모살이를 했어도 했을 수 있었지. 근데 내가 머리가 안 깨쳤기 때문에 그러고 살았겠지, 하라는 대로. 나도 몰라. 왜 그러고 살았는지.

그래도 남편이 오면 반갑기는 하더라. 무슨 말도 못 하고 의지는 못 해도, 나한테 도움은 안 돼도, 내가 기다리는 건 그것밖에 없잖아. 아무도 기다릴 것도 날 봐 줄 사람도 없잖아. 우리 남편이 시골에 오려면 꼭 밤에 다녔어. 낮에 일하고 밤차를 타서 새벽에 떨어지는 거지. 역에서 집까지 한 10리(약 4킬로미터)가 되는데 그때는 기차가 뺑 소리가 났어. 우리 집까지 그렇게 울렸어. 남편이 역에서부터 걸어서 동네로 들어오면 동네 개들이 짖기 시작해. 새벽에 사람이 안 다닐 때 발걸음 소리가 나니까 웡웡웡 이 집 저 집에서 짖어. 그럼 이제 나한테도 터덕터덕 남편 발소리가 들린다. 근데 그 소리가 왜 그렇게 처량하냐? 그게 내 마음이 외로웠던 거지. 외롭고 슬프고 처량하고.

그러니 더 그렇게 들리는 거지. 나는 지금도 개구리 소리, 발소리, 멀리서 들리는 기차 소리 싫어해. 너무 처량해서 싫어. 그 처량한 거는 눈물로도 표현할 수가 없어.

내가 우리 둘째까지는 뭣 모르고 낳았어. 근데 둘째 낳고는 애가 생기는 게 싫었어. 아들 낳으래서 셋째 때 아들 낳고는 더 안 낳을라고 했지. 근데 애를 또 가진 거야. 그때 이건 진짜 아니다 싶어서 군산에 우리 외삼촌네로 갔어. 거기 가서 애를 지우고 왔지. 차도 안 다니는 데를 우리 아들을 업고 갔다 왔다. 그렇게 내가 더는 안 낳으려고 몸부림쳤어. 근데 우리 시어머니가 아들 더 안 낳는다고 나더러 "병신같이 아들도 못 낳아." 그러잖아. 아니, 하나 낳았으면 됐지. 그래서 옜다, 모르겠다 하고 또 낳았어.

넷째 때는 애 낳으라니까 애만 낳고 나는 죽으려고 했어. 우리 막내 생일이 9월 초엿샛날인데 그때 나락도 비고(베고) 할 때거든. 애 아빠는 서울에 있고 다른 식구들은 나락 비러 논에 가서 집에 아무도 없었어. 진통이 오는데 나 혼자 집에서 팬티도 안 입고, 치마만 입고 맨발로 집안일 다 하고 다녔어. 일부러 그랬어. 애 낳다가 죽을 수도 있다고 혀서 내가 그냥 죽으려고. 애 나올 것 같다고 누구한테 말 한마디도 안 하고. 그랬는데 우리 시누가 학교 갔다 와서 내 상태를 보니 이건 아니다 싶었나 봐. 내가 맨발로 그러고 다니지, 또 양수는 터져서 흐르지. 그래서 시누가 지네 엄마를 데려왔어. 시어머니가 와서는 애가 나오지도 않고 살짝만 비췄는데 "야, 아들이다!"라고 허더라. 근데 내 속으로 이랬어. '아들이고 지랄이고 능력도 없으면서 아들 좋아하네.' 그랬는데 역시나 딸이었어. 그래서 우리 시어머니가 막내를 싫어했어. 속였다고, 당신 속였다고. 애가 나올 때 남자로 보였나 봐. "꼬춘 줄 알았더니 아니네." 이 말을 몇 번 혔지.

내가 서울에 다시 온 건 1979년이야. 와서 얼마 안 있다가 우리 막내 돌날 박정희가 죽었으니까. 시동생은 신촌 로터리 옆 도로변에 목공소를 차려 놓고 일했어. 가게에서 찬장도 짜고, 신발장도 짜고, 어디 자잘한 집수리도 하러 다니고. 우리 남편 말고도 일꾼이 대여섯 명은 있었어. 목공소 바로 뒤에 방이 하나 붙어 있는데 거기서 시동생이랑 우리 식구랑 다 같이 살았지. 내가 목공소 일꾼들 밥해 먹이면서 시동생 살림 살아 준 거야. 우리 시동생이 까탈스러워서 오밤중에 청바지 빨아라, 밥 달라, 계란프라이 해 달라 하면 난 자다가도 해 줘야 돼. 그때 당시 시동생이 나한테 일꾼들 밥해 주라고 한 달에 2만 원 줬어. 어쨌든 그거 갖고 우리 식구들까지 한 달 먹고 살어. 그때는 사과 한 개 10원, 콩나물 25원인가 그랬어. 근데 시동생이 누구한테 물어보니까 2만 원도 많다고 했댜. 우리는 시키는 대로 일만 했지 돈 한 푼도 못 받았어. 그냥 그렇게 살면 지네 집도 사고 우리 집도 사고 이렇게 같이하는 줄 알고 돈을 안 따졌어. 시동생도 시골에서 국민학교만 나오고 혼자 객지에 올라와서 살았다고 몸부림치는데 뭘 따지니.

　근데 그렇게 3, 4년 지내다 보니 이러면 안 되겠는 거야. '우리 남편을 믿고 살다가는 우리 애들도 시동생 밑에서 다 머슴살이 하겠구나.' 싶어. 그래서 내가 인자(이제) 뭐라도 해 보려고 결심을 했어. 그런데 그때 마침 시동생이 결혼을 하고 가까운 데 건물을 사서 가게를 옮기게 됐어. 그러니까 시동생이 하던 목공소 자리는 비잖아. 그래서 우리가 그 목공소 자리에서 가게를 하게 됐지. 남편도 같이. 보증금 40만 원에 월세 20만 원. 시동생이 그 보증금 40만 원은 그냥 놔두고 갔어. 근데 장사하는 걸 알면 시동생이 돈을 얼마라도 더 줘야 할 거 아니야? 우리가 월급도 안 받은 걸 아니까. 목수 월급이 15만 원일 때야. 근데 안 주더라고. (남편은) 달라고 할 줄도 모르고. 시동생은 돈 많이 벌었어. 목공소 하다가 잘되니까 건물도 사고 건축 사업으로 키워서 직원도 엄청 두고 일했지. 근데도 우리한테는 아무것도 없었어. 오히려 남이 도와줬지. 그때 동네 쌀집 사장이 계를 하는데 내 사정을 듣고 계 타는 걸 나를 첫 번째로 주더라고. 사람이 많아서 20번인가 하여튼 몇 번 돼. 원래는 자기 번호대로 타는 거야. 대부분이 1번은 왕주(계주)가 먹어. 그 쌀집 하는 사람이 왕주인데 나한테 1번을 준 거지. 그래서 그 곗돈 타서 냉장고 사고 고기 굽는 깡통 네 갠가 다섯 갠가 갖다 놓고 고깃집을 차렸어.

## 나는 일단 우리 애덜하고 살아야 됐어. 그래서 밖에서 일어나는 일들 잘 몰라

    그때 신촌은 지금이랑 많이 달랐지. 우리 가게 주변으로는 다 판잣집°이었고, 개천 흐르고, 연탄 공장 있고. 우리 가게가 큰길가에 있었는데 건너편에 서서갈비°°라고 고깃집 하나 있고 그 옆으로는 다 색싯집들이야. 신촌에 대학도 많아. 그 시절은 대학생들 데모한 거밖에 기억이 안 나. 맨날 애들 데모한다고 엄청 시끄러웠으니까. 데모하는 날은 가게 밖에 나가면 눈에 보여. 경찰차도 쫙 서 있고 경찰들도 쭉 서 있어. 그럼 벌써 오늘 데모허나 비다(하나 보다) 하지. 그러다 어디서 학생들이 막 몰려와. 그러면 대학생들이랑 경찰이랑 싸움이 붙는 거야. 엄청 무서워. 학생들이 화염병에 불붙여 던지고, 경찰은 최루

---

° 전쟁 피난민으로 급격히 증가한 도시 인구를 수용하기 위해 정부는 1950년대 후반 서울 마포구 창천동 주변에 입식 주거지를 건설했다. 그 결과 사람들이 몰려들었고 신촌 일대에 대규모 판자촌이 들어섰다. 1960년대 교통망 정비로 신촌 로터리가 교통의 요지로 거듭나면서 신촌의 도시화가 빠르게 진행되고 1980년대 말~1990년대 초부터 판자촌 일대에 재개발 사업이 활발해졌다(「신촌 판자촌 어떻게 형성됐나」, 『이대학보』 2004년 11월 29일).

°° 1953년 신촌 로터리 근처에 문을 연 소갈빗집. 드럼통 연탄불 앞에서 '서서 고기를 구워 먹는 집'이라고 해서 서서갈비라고 불리던 곳으로 정식 상호명은 연남서식당이다. 2013년 서울시가 선정한 서울미래유산으로 등재되었고, 2024년 현재 자리를 옮겨 영업 중이다.

탄 쏘고. 그러면 우리도 문 닫고 안에만 있어야 돼. 바깥만 쳐다보고. 보고 있으면 경찰들이 학생들 막 두드려 패고 발로 차고 그래. 그러면 학생들이 숨겨 달라고 가게 안으로 튀어 들어오기도 하고. 내가 학생들 숨겨 주면서 그런 소리도 했어. "야 인마, 공부나 하지 너네들까지 나서서 그러냐?" 정치가 잘못되니까 학생들도 데모를 할 거 아니야? 근데 자식이 그러고 다닌다고 좋아할 부모들 하나도 없거든. 정치를 어떻게 하든 간에 내 새끼는 거기서 빠져나오기를 바라지. 나도 새끼 키우는 입장에서 그렇게 생각이 들더란 말이지.

데모하는 날이면 가게는 손해야. '오늘도 그러네. 오늘도 텄네.' 그렇지만 세월이 그런 걸 어쩌겠어. 데모도 허고 죽기도 허는데. 연대 학생° 죽었을 때 상여 나갔잖아? 그때 나도 갔어. 너무 슬퍼서 보러 갔지. 제 지낼 때도 엄청 슬프게 하잖아. 하얀 옷 입고. 지금도 눈에 선한데. 그 시절에 나는 일단 우리 애덜하고 먹고살아야 되는 사람이었어. 그래서 밖에서 일어나는 일들 잘 몰라. 가게라는 틀 안에서만 먹고 거기서 일하고 왔다 갔다 하니까 그거밖에 모르잖아. 하여튼 내가 시야가 넓진 않았지. 귀도 멀리 안 가고. 세상을 모르고 산 거지.

우리는 돼지갈비, 소갈비, 삼겹살 이런 거 팔았어. 시작할

○ 1987년 6월 10일 연세대학교에서 전경이 쏜 최루탄을 맞아 사망한 이한열 열사.

때만 해도 나는 고기가 어떻게 생겼는지 갈비가 뭔지 구경도 제대로 못 해 봤으니까 음식 하는 사람을 뒀지. 근데 이 아줌마가 일하러 와서는 남자들이랑 술이나 먹고, 취하면 땡깡 놓고, 완전 농땡이를 쳐. 그러고 다음 날 안 나오고. 우리가 암것도 모르는 걸 알고 얕본 거야. 그래서 한 달인가 두 달 쓰고 해고했어. 이제 내가 음식을 했지. 그 여자 있을 적에 내가 옆에서 심부름해 줬는데 그때 양념 뭐 들어가는지 다 봐 뒀거든. 내가 보고 기억하는 대로 넣고 맛봐 가며 음식 만들었네.

    길 건너 서서갈비는 항상 손님이 바글바글했어. 우리 집에서 건너편이라 보이잖아. 거기는 가게도 작았어. 연탄불에 손님들이 그냥 서서 먹는 데거든. '어우 뭘 어떻게 하길래 손님이 저렇게 많을까?' 했단 말이야. 그래서 양념에 뭐 들어가나 염탐을 했지. 같은 걸 쓰기도 하고. 그리고 다른 사람한테 그 집 고기 사오라고 시켜서 어떤 향이 나는지, 맛이 나는지 연구도 했어. 그리고 장사하면서 보니까 색시 장사하는 애들이 술을 많이 먹어. 그럼 속 풀어야 되고. 그 사람들한테 해장국을 팔면 잘될 것 같애. 그래서 내가 새벽부터 나와서 해장국을 끓여서 팔았어. 내가 해장국도 기가 막히게 끓였다. 우리 가게에서 나오는 잡뼈로 육수를 내고, 우거지는 시장에 주우러 다녔어. 나는 돈 주고 안 사고 시장에 가서 다 주워 와. 짬 나는 대로 밤에도 가서 주워 와. 그럼 그놈 삶아 갖고 해장국에 넣는 거지. 맛있다고 많이들 사 가서 나중에는 없어서 못 팔았어.

근데 그 새벽에 일어나서 내가 혼자 그걸 팔아도 우리 남편은 안 일어나요. 자기가 원래 일어나던 시간 그대로 일어나요. 나 도와줘야 한다는 생각이 없어요. 거기까지도 좋아. 좋은데 이거 나를 잡아먹으려고 하는 놈들이 너무 많아서 새벽 장사는 내가 치웠어. 여자가 혼자 새벽에 나와서 해장국을 파니까 나를 꼬실라고. 아우 진짜 왜 그러냐들. 그래서 장사하는 사람들이 바람이 많이 났어. 나는 그거 싫어. 내가 새끼들하고 살라고, 진짜 세상이 멸망해도 내가 애들을 지킬 수 있는 한까지는 지켜야 된다는 신념이 있는데 넘어갈 사람이여? 그러고 또 나한테 술도 먹일라고 그려.

지금은 많이 좋아졌어. 깨끗해. 옛날엔 사는 게 엄청 추접스러웠어. 그리고 남편 시골 간다고 하면 내가 되게 싫어했어. 남자 손님들이 남편만 안 보이면 우리 아들한테 아빠 어디 갔냐고 물어봐. 물어보고 100원씩인가 줘. 남편 없을 때 나를 좀 꼬셔 볼라고. 우리 남편 없으면 그 사람이 안 가고 지키고 있어. 나 장사 끝날 때까지 고기 시켜 놓고 술 먹으면서. 그러면 나는 어떻게 하냐? '어, 너 지켜. 나는 나대로 알아서 할게.' 속으로는 이려. 손님이니까 함부로는 못 하고. 그러고 가게 끝날 시간이 되면 가게 문 딱 닫고 뒷문으로 나와. 그러면 우리 방은 내내 바로 그 뒤니까. 나 문 닫고 집으로 들어가면 끝이야. 지가 기다리든 말든 나랑 무슨 상관이 있어?

## 놔두세요. 남이 먹고 남는 거 내가 먹을게요

　나는 남들한테는 정말 인정받는 사람이고 내가 어떤 사람이라는 걸 알어. 우리 집에서 일하던 아줌마들이 나를 도와주고 싶어서 많이 애썼어. 내가 장사를 시작할 때부터 접을 때까지 일한 사람이 있어. 내가 언니라고 부르며 따랐고. 그 언니가 나한테 "당신은 손가락 사이로 물 한 방울도 안 새."라고 얘기했어. 그러면서 "근데 싼 물건 사러 멀리 가려고 하지 말고 가게를 잘 지켜."라고 하더라. 종업원들이 가게에서 뭘 많이 훔쳐 갔거든. 돈도 훔쳐 가고 심지어는 고기도 훔쳐 가고. 다시다, 화장지 이런 것도.
　한번은 아침 일찍 그 언니가 나한테 "저 사람 심부름시키고 가방 좀 열어 봐." 그러더라. 그래서 내가 그 사람을 시장에 보냈지. 그러고 나니까 언니가 나더러 그 사람 가방을 열라는데 내가 막 떨려. 파닥파닥 떨려서 가방을 붙들기는 붙들었는데 이걸 못 열겠어. 만져 보니까 고기여. 소갈비. 만져 보면 알지. 소고기는 납죽하고 돼지고기는 길쭉허고. 손으로 만져 봐도 다 알어. 이게 고춧가루인지 다시다인지. 다 달라, 가방을 겉으로 만져도. 근데 그걸 못 꺼내겠어. 그래서 나 그 언니한테 되게 혼났어. 당신이 그렇게까지 해 줬는데 그것도 못 여냐고. 그 언니는 종업원끼리는 차마 못 잡겠다 이거야. 근데 나도 못하겠지. 결국 못 잡았어. 그냥 핑계 대서 내보냈지. 엄청 도둑

맞았어. 나도 그렇게 독하게 못 해. 그래서 나중에는 그 언니한테 "놔두세요. 남이 먹고 남는 거 내가 먹을게요."라고 얘기했어. 그랬더니 그 언니가 더 얘기 않데. 그렇잖아. 그거 어떻게 지켜?

가게를 하면서도 건물이 가건물로 돼 있어서 맨날 경찰서 가고 법원 가고 그랬어. 이게 허가 없는 데서 장사한다고 위생과에서 맨날 와서 조사하고. 나는 한 달에 한 번씩 경찰서를 가야 돼, 조서 꾸미러. 거기 다닐 때 우리 막내 업고 갔네. 경찰서라는 데는 어쨌든 죄인이 가는 데 아냐? 파출소도 아니고. 그러니 얼마나 무섭고 떨리냐고. 근데 몇 번 다니다 보니까 너무 약이 오르는 거야. 별것도 아닌데 말 몇 마디 하러 다달이 가야 되고.. 내라는 벌금 다 내고 있는데 내가 무슨 죄야?

한번은 경찰서에서 막 따졌잖아. "먹고사는 것도 죄요? 그러면 아무것도 없는데, 부모 재산 탄 것도 없고 신랑도 돈벌이를 못 하는데 어떻게 하라고요? 도둑질을 할까요? 내가 도둑질하면 나 안 가둘 거예요?" 그리고 "내가 나중에 우리 아들이 자리에다 앉혀 복수할 거예요." 그랬더니 경찰들이 뭐라고 하는 줄 알어? "아니, 아들 키워서 여기 앉으면 그때 이미 우리는 없어요." 걸작이지? 그러더니 나중에는 가면 지들이 알아서 다 해. 내가 매출 얼마요 하면 "아 뭣 하러 얼마라고 해요. 더 줄여요." 그때는 타자 쳐서 법원으로 보내. 그럼 법원에서 벌금을 때리는 거야. 그러니까 여기서 뭐라고 얼마큼 잘 쓰느냐가 문제야. 그래서 경찰 자기들이 알아서 써서 보내데.

근데 어느 달은 벌금이 200만 원이나 나온 거야. 그때 당시 장사해서 한 달에 한 500만 원 벌었는데 벌금이 200만 원 날라왔어. 이건 경찰서에서도 손댈 수가 없어. 그래 내가 우리 막내 업고 법원도 갔잖아. 법원에 가도 밑의 사람들이 판사를 만나게 안 해 주지. 진짜 안 만나 줘. 그래도 나는 기어코 기다렸어. 만나야겠다고 사정도 하고, 나 여기 취직 좀 해 달라고도 하고, 청소라도 하게 해 달라고 하고. 그랬더니 결국은 판사를 만나게 해 주더라고. 판사 만나서 사정을 얘기했더니 판사가 돈을 깎아 주면 오늘 가서 바로 내겠네. 일단은 낸다고 해야지. 그랬더니 처음에 200만 원 벌금 나온 걸 30만 원으로 깎더라. 다 도둑놈들이어, 오나가나. 근디(근데) 뭘 내기는 바로 내. 어차피 이제 다 끝났는데. 내가 막내 업고 다니려면 발이고 어디고 얼마나 힘이 없고 맥이 풀리는데. 그래도 안 하면 내가 살 길이 없으니까. 돈 몇 푼 벌어 다 벌금으로 갖다줄 수는 없으니까. 내 주위에 아무도 내가 믿고 갈 사람도 없거니와 나는 어디 하나 기댈 언덕이 없어. 남편도 기댈 수가 없지. 오히려 뜯기고 다니지. 그러니까 나 홀로 내가 알아서 살아야 돼. 그래서 요렇게 조금밖에 못 살어.

## 난 후회 안 하려고 살았거든. 근데 후회 없이 끝나는 인생은 없나 봐

내가 고깃집을 20년 했지. 20대 중반에 시작해서 2006년 쉰다섯에 그만뒀으니까.

우리 남편이 전부터 주식을 조금씩 했어. 주변 가게 남자 사장들도 많이 했고. 그렇게 너도나도 주식에 정신이 팔려 있을 때야. 남편은 처음에만 조금 벌고 그 이후에는 계속 잃었어. 그래 중간에 손 뗐었는데 얼마 안 가서 다시 시작하더라. 그때부터는 나 몰래 은행 빚도 지고 이려. 인자 이게 좀 잽힐(잡힐) 듯 잽힐 듯하잖아. 근데 계속 잃고 돈 떨어지니까 이제 나만 보면 돈, 돈 하더라고. 돈 달라고. "시간도 없고 뭣도 없어서 공부를 못 했는데 이제 알겠다." 이거지. 그때 5000만 원이면 집 한 채도 살 수 있는 돈이야. 근데 내가 서울은행○에서 현찰로 5000만 원 찾아다가 남편 줬어. 실컷 하라고. 나도 미쳤지. 내가 남편하고 고만 살라고 했나 봐. 내가 그거 주면서 "각서 써. 이 돈을 까먹으면 내가 나가라면 나간다고 각서를 써." 허니까 진짜로 쓰더라. 자존심이 세서 쓸 사람이 아니거든. 근데 진짜 써. 그래서 내가 "그래, 자기가 번 거 자기가 써라. 내가 번 거 남기고 있을게." 그랬는데 아니나 다를까 얼마 안 가고 빵 났지.

○ 서울은행은 2002년 하나은행과 합병했다.

그 후로 내가 마음이 닫히더라. 그러니까 장사도 안 돼. 주인의 인상을 보고도 오거든. 진짜 사람이 떨어져. 그때 내가 무슨 맘을 먹었냐? '내 밥그릇은 요것밖에 아니구나. 넘치는 밥그릇에 힘들게 벌어서 더 넘치게 하지 말고 여기서 스톱해야 되겠다.' 하고 가게를 그만둔 거지.

난 후회 안 하려고 살았거든. 근데 후회 없이 끝나는 인생은 없나 봐. 한번 제대로 사는 게 뭔지 그렇게 살아 보고 싶어. 근데 이미 때는 다 늦어 버렸으니. 나 어렸을 때 우리 시골에 라디오도 없었어. 어쩌다 한 집에 있었지. 암튼 내가 살면서 세상이 어찌 돌아가고, 어떻게 해야 세상을 살아가는 데 도움이 된다는 소리는 요만큼도 못 들어 봤어. 어른들은 왜 그런 얘기를 안 해 줬을까? 십에서 굉장히 사랑받고는 살았는데 그런 소리는 못 들어 봤어. 할머니들은 얘기해 봤자 옛날 귀신 얘기 허고 효자 효부 얘기밖에 더 혀? 와, 그 안에서, 깡통 속에서 살았구나. 조금만 벗어났어도, 내가 공부를 조금만 했어도 장사도 안 했다 이거야. 차라리 보험을 허면 혔지. 아니, 그래도 보험하고 이렇게 좀 돌아다니는 사람들이 내 딴에는 좀 좋아 보였나 봐. 좀 깨끗하고. 어릴 때 내가 공부해서 선생님 된다고 했었는데. 근데 개코도. 그 시절에는 선생님이 굉장히 위대했어. 선생님이 된다고 했고 또 시인도 되고 싶다고 했었거든. 그게 멋있더라고. 몰라. 그래서 나도 멋있는 데 앉아서 새소리가 찌글찌글 들리는 속에서 그런 시를 한번 읊고 싶고, 시를 써서 누군가의 마음을 위로도 하고 싶고, 즐거운 일도 좀 하고 싶었어. 그래도 꿈은 있었네? 피아노도 치고 싶고. 근데 아무것도 나는 이룬 게 없어. 그래서 나이 먹은 게 좀 원망스러워. 뭐가 잘못 됐을까 이런 생각도 허고, 이름이 날 정도로 그렇게 사는 방법 없을까 이런 생각도 해. 내가 이렇게 산 게 과연 잘 산 걸까.

몇 년 전에 남편이 쓰러진 적이 있어. 새벽에 화장실에서 갑자기 진짜 어디 집 한 채 기계로 부수는 소리가 났어. 막 우장창 하고. 깜짝 놀라서 화장실에 가 보니까 남편이 바닥에 쓰러져 있네. 의식도 가물가물하고. 근데 그때 '어머, 이대로 가면 안 되는데……. 아직 나 할 말도 못 했는데…….' 이 생각이 머리를 스치더라고. 응급실 갔더니 뇌에 금이 가서 안에 피가 고여 있대. 의사가 일단은 주사로 피를 말려 보고, 하루이틀 말려 봐서 안 되면 수술을 해야 된대. 다행히 그게 치료가 잘됐어. 40일 만에 병원에서 나왔잖아. 그날 남편 의식이 돌아오자마자 나는 하려던 말을 바로 했지. "당신한테 하고 싶은 말이 있었는데 그 말도 못 하고 끝나는 줄 알고 내가 깜짝 놀랐어. 선희 아빠는 나 때문에 일 많이 했어. 나 아니었으면 그렇게 일 많이 할 사람 아닌데. 나한테 끌려서 일 많이 하느라고 그동안 고생했어."

## 나는 웬만하면 그냥 다 해 줘

요양보호사는 우리 장사할 때 알았어. 자격증을 따 놓으면 언젠가 반찬값이라도 벌 수 있다고 하데. 그래서 가게 그만두고 동네 복지관에서 봉사하면서 자격증을 따 놨다가 2015년부터 일하고 있는 거지.

일하면서 '내가 만약에 저 자리에 누워 있을 때 누가 와서 나를 도와줄까?'라는 생각 때문에 다 해 주고 싶어. 한마디로 보험을 들고 싶다는 생각이지. 힘으로 몸으로 투자해 놓는 거야. '그래, 내가 조금만 움직이면 해결이 된다는데 내가 열심히 하면 나도 나중에 이런 보살핌을 받겠지.' 이런 믿음을 갖고 나는 웬만하면 그냥 다 해 줘. 그리고 도와주러 간 거잖아. 그러니까 그 시간에 앉아 있으면 뭐 해. 예를 들어 일하는 집의 다른 식구들 빨래까지는 안 해 줘도 돼. 우리는 불편한 어르신만 보러 간 거니까. 그리고 환자 가족이 나가는 길에 뭘 사다 달라고 하는 경우도 있어. 젊은 보호사들은 안 사다 준다. 돌봄 받는 어르신들이 나한테 이런 얘기를 혀. 그렇게 말하면 나는 "원래 그것이 맞는 거예요."라고 말은 하지. 우리는 환자에게 필요한 것만 해 주게 돼 있는 거니까. 근데 나는 그것만 못 하겠더라고. 빨래도 하는 김에 다른 가족 것도 해 줘. 세탁기는 어차피 돌아가는 거잖아. 근데 너무 지나친 걸 요구하거나 '이 거는 안 해야 되는데 내가 이걸 하고 있네?' 하는 생각이 들면 거기서 멈추는 거지.

　우리 남편은 내가 이 일 하는 거 싫어해. 젊어서 고생도 많이 했고 그러니까 좀 편히 살라는 거지. "추접스럽게 왜 그러고 다니냐?" 또 그런 걸 엄청 따져. 그러니까 자기는 어디 가서 일하는 것도 못 나서지. 그리고 복지관에서 알게 된 사람 중에도 내가 요양보호사를 하는 걸 알고 "밥은 먹고 산다면서 그런 걸 왜 하고 다니냐? 창피하고 추접스럽게." 이런 식으로 대놓고 얘기하는 사람도 있어. 인자 이거 자격증은 있지만 객관적으로 쉽게 말하면 가정부랑 똑같잖아. 그러니까 왜 나이 들어서 그런 짓을 하고 다니냐고 얘기하는 거지. 그럼 나는 당당하게 뭐라고 해. "지금 이 세상이 어떻게 돌아가는지 알기나 알아? 우리 때문에 돌아가. 언니 아파서 누워 있으면 누가 해 줄까? 다 추접스럽다고 일 안 하면 누가 해 줄 거야? 우리 같은 사람이 있기에 자식들이 나가서 편하게 일하고 있어. 그래서 세상이 돌아가는 거야. 그래도 추접스러워? 내가 얼마나 대견한 사람인데." 그 뒤로 다시는 그런 소리 안 하지. 지들끼리는 할지 몰라도. 남들이 그러거나 말거나, 뭐 이것 갖고는 내가 엄청 자존심 상하지는 않는데…… 아이, 조금 뭐라고 할까? 나도 일하면서 조금 마음에 안 드는 부분도 있을 때가 있어.

　전에 할머니를 봐 드리러 다닌 집이 있어. 그 집 손주들이 한 번씩 할머니한테 용돈 탈라고 뭐 사 갖고 와. 내가 주방에서 일하고 있으면 자기 식구들끼리만 거실에서 사 온 거 먹는다.

나더러 먹어 보란 소리 한마디도 안 하고. 어떻게 사람 옆에 놓고 먹으면서 그래? 그런 거 볼 때 자존심 상하지. 그러고 어느 때 가 보면 자기네들끼리 과일 같은 거 먹다가 남은 거 주면서 나 주려고 남겼대. 우리가 그거 모르니? 밖에 나가서 뭐 먹고 온 날은 자기들 먹다 남은 거 나 준다고 싸 오기도 하고. 근데 내가 그거 먹을 정도는 아니거든. 그러니까 나는 더 떳떳하지. "아유, 나 지금 금방 먹고 와서 배가 너무 불러 아무것도 못 먹어." 이러고 말어. 그리고 내가 정말 저걸 못 사 먹을 형편이어도 어디 그거 먹겠어? 눈물 나서 못 먹지. 목이 메어서. 그래도 거기서 1년 버텼잖아. 근데 '아, 이제는 내가 더 버틸 힘이 없구나.' 하는 때가 오더라고. 그래서 거기는 그만뒀지.

요양보호사는 자기가 하고자 하고 몸만 따라 주면 얼마든지 할 수 있어. 그래서 나이 많이 먹은 사람들도 해. 활동적인 사람들은 집에만 있으면 답답하니까. 그리고 일하는 보람이 있어. 누가 나를 필요로 해서 그 사람을 도울 수 있다면 얼마나 좋아. 그렇잖아? 그리고 나는 지금 손 놓으면 답답해서 죽을 거 같아. 근데 이것도 자기가 알아서 끝낼 줄 알아야겠지. 어떤 때는 나도 탈출을 해 볼까도 혀. 일하면서 소외감 느낄 때도 있고. 옛날에는 그렇게까지는 안 느꼈는데 지난여름부터 어떤 소외감을 느끼기도 해서……

## 이름 바꿔도 된다매?

　이름 바꿔도 된다매? 내가 교회를 다니니까 교회 사람들이 내 이름도 알고 나를 알아. 근데 만약에 사람들이 내 얘기를 책에서 읽어. 그럼 '누구는 과거에 이렇게 살았대.' 이러고들 할 거 아니야? 어, 그래도 내가 나가면 굉장히 말도 잘하고 명랑하게 살거든. 장사하고 힘들게 산 게 얼굴에 안 나타난다는 소리를 많이 들어. "저 이렇게 살고 이렇게 장사하고 이랬어요." 그러면 "어머, 근데 장사한 때가 하나도 없어? 굉장히 활달하게 사는 것 같다."고. "그래? 뭐 장사했다고 얼굴이 어떻게 생기고 뭐가 어떻게 돼야 돼?" 내가 이렇게 농담하기도 하는데. 그렇게 살았다고 알고 있는 사람들이 만약에 이런 걸 보고 '어, 편하게 산 줄 알았더니 이렇게 마음고생 많이 했네.' 하고 생각하면서 내 뒤에 대고 얘기하는 게 싫다 이거지. 내가 더 초라해지잖아. 그렇게 살아온 것도 속상한데 남들한테까지 그런 대접을 받는다는 게 싫어. 밖으로라도 밝고 명랑한 그런 사람으로 남고 싶다 이거지.

　나는 내가 살아온 것에 대해 크게 후회하지는 않아. 잘 배우고 돈도 많고 호화로운 사람도 있었지만, 힘들고 없이 산 사람들이 너무 많았잖아. 그중에 내가 이렇게라도 산 게 감사하지. 나는 모든 걸 감사하는 맘으로 살기로 마음먹었어. 후회하지 말고, 원망하지 말고, 뒤돌아보지 말고. 그 세월은 그 세월이고 그때 마음 아팠던 거 다 치료하고 죽어야지. 누구를 미워할 것도 없고. 요새 나는 일하고 나올 때도 항상 찬송가 부르면서 '너 오늘 참 잘했어. 그렇게 허니라고 고생했다.' 하고 내가 나한테 칭찬도 많이 해. 내가 그러고 살어. 나무라기도 하고 칭찬도 해. 나한테 잘해 주고 싶어. 사랑으로 해 주고 싶어.

# 기록

## 홍리경

흔하고 하찮은 것에 관심이 많다. 잠깐 다큐멘터리 만드는 일을 했고 이후 오랫동안 집을 고치고, 식물을 기르고, 세상에 화를 내며 노는 삶을 살고 있다. 죽는 순간 억울함이 없는 인생이길 꿈꾼다.


## 후기

최구름은 기록자의 시어머니이다. 일하며 사는 이야기를 들려줄 구술자를 찾다 문득 가까이 있는 시어머니를 떠올렸다. 한순간도 허투루 살지 않은, 삶에 여백이 없는 사람이었다. 그런데 막상 이 사람의 인생을 기록하려고 하니 아는 것이 별로 없었다. 구술 생애사 작업을 통해 최구름이 살아온 세월에 대해 많은 것을 새로 묻고 들어야 했다.

    결혼 초반, 고부간에 어렵고 불편한 마음이 있었다. 어머니 최구름은 자식에게 모든 것을 내주려 하는 사람이었다. 은행에서 사은품으로 받아 온 위생 비닐이나 식용유, 동네 복지관에서 나눠 준 마스크 그리고 어디서 생겼는지 모르는 비누까지 자식에게 쥐여 주고 싶어 애달파했다. 남의 집 자식은 그

애달픔이 부담스러웠다. 몇 번의 실랑이를 하고서야 겨우 거절할 수 있는 불필요하고 자질구레한 물건들도 싫었다. 지금도 여전히 최구름의 집에 들른 날에는 사소한 물건 때문에 말씨름해야 한다. 하지만 이제 기록자는 시장에서 버려진 무청을 주워다 시래기를 만들어 팔아야 했던 시어머니의 역사를 안다. 그는 아무리 하찮은 것도 제 쓰임을 아는 사람이다. 그런 사람이 건네는 것 중 무엇 하나 귀하지 않은 게 있을까? 여전히 시어머니가 주려는 것을 다 받을 수는 없지만 그의 세월과 삶의 방식을 존중한다.

최구름은 아파트 동 대표를 할 기회를 얻은 적이 있었다. 그의 성실함을 알아본 같은 아파트 주민이 그를 추천한 것이다. 한 달에 25만 원을 받을 수 있는 꽤 괜찮은 감투였다. 하지만 최구름은 그 일을 거절했다. 동 대표가 읽고 결재해야 하는 서류들이 있는데 혹여 자신이 이해하지 못하는 내용이 나올까 봐 나설 수 없었다고 한다. 못 배운 콤플렉스는 사는 내내 최구름을 움츠러들게 한다. 눈치가 빠르고 수완이 좋아 장사로 제법 돈도 벌었고 살림도 잘 꾸렸지만 살면서 중요한 결정권은 늘 남편에게 넘기곤 했다. 그가 생각하기에 고등학교라도 나온 남편이 자신보다 뭐라도 나을 터였다. 결국 아파트 동 대표도 남편의 몫이 되었다.

그는 최근에 요양보호사 일을 그만두었다. 자식들은 이제 돈 버는 일이 아닌 당신이 하고 싶은 일을 해 보라고 권유한다.

최구름은 생각이 많다. 살아온 삶을 돌아보며 이룬 게 없는 것 같아 후회하기도 하고, 지금이라도 뭔가 멋진 것을 해 보고 싶다고 말한다. 하지만 삶을 바꾸는 결정 앞에서 그는 주저한다. 이유는 돈이다. 돈을 벌지 않으면 쓸 수도 없다. 그는 지금도 돈 벌 궁리를 한다. 가난은 돈에 대한 두려움과 돈을 향한 강한 의지를 만들었고, 최구름이 꿈꾸는 대로 사는 걸 방해하는 듯하다. 최구름은 자신이 처한 환경과 조건에 맞서기보다 대체로 순응하는 사람이다. 이는 오히려 자신의 처지를 어떻게 해석하느냐에 따라 새로운 가능성이 될 수도 있을 것이다. 일흔셋의 최구름은 여전히 정력적이다. 그런 그가 인생의 황혼기에 더 충만한 삶을 살려면 어떤 선택을 해야 할까? 선택은 온전히 최구름의 몫이다.

    기록자는, 사는 동안 얼마 가지지 못한 내 것을 훔쳐 가는 타인에게 가혹하지 않았고, 무시당하면서도 나의 쓸모를 남을 돕는 데서 찾고, 정치는 몰라도 젊은 학생이 경찰이 쏜 최루탄에 맞아 죽는 현실에 눈물을 훔쳤던 최구름을 지지한다. 그리고 그가 앞으로 살아갈 삶도 뜨겁게 응원한다.

S#2

## 2화.
## 함께 깨어 있던 많은 밤들에

정양언의 계곡 있는 산
정연빈 기록

## 주인공

## 정양언

1954년 강원도 고성에서 태어나 속초에서 자랐다. 어머니가 돌아가시며 큰 슬픔을 겪었고, 세상의 슬픔에 관심을 가지며 학생운동을 시작했다. 졸업 뒤에는 수학 교사로 일하며 지역 운동을 꾸렸다. 농부가 되고 싶어 지은 '두엄'이라는 이름처럼 드러내기보다 가만히 돌보고 가꾸며 살아왔다. 토마토와 양배추를 많이 먹으라고 말하고, 달리는 법을 설명하다 어느새 함께 뛰는 사람이다. 농사지은 것을 보낼 때 들꽃을 함께 넣고, 눈이 잔뜩 온 날에 바다를 찾는 사람이기도 하다. 지금은 가정 내 돌봄에 하루의 많은 시간을 쓰고 있다.

## 우리는 단순한 하루를 반복하면서

요즘 하루 일과는 단순해. 아침에 엄마 몸 상태가 좋으면 7시까지 자고, 일어나자마자 약을 먹고 산책을 가지. 상태가 나쁠 때는 어차피 못 자니까 일어나서 무조건 걸어. 이게 보통 6시쯤인데, 그러면 굳어 있던 게 좀 풀리고 통증도 줄고 하거든. 굳으면 이 목에서 머리 위로 신경이 쭉 뻗친다고. 이게 진짜 힘든데, 두통도 오고 통증이 말도 못 한대. 근데 걸으면 좀 괜찮아져. 잘 걷는 날은 8시까지 두 시간 쭉 걷기도 해.

그러고 들어오면, 일단 엄마 샤워부터 시키고, 나도 씻고. 그래 놓고 엄마는 피아노를 치거나 외국어 공부를 하거나, 뭐 좀 다른 걸 하려고 하고, 그 사이에 아침을 준비하는 거지. 근데 내가 요리를 해 본 적이 없으니까 좀 정신이 없어. 걷고 들어와서 샤워까지 시키고 나면 힘이 부치기도 하고. 근데 손도 빠르지 않잖아. 더듬더듬. 처음엔 진짜 고생 많이 했지. 그래도 아침은 할 게 많지는 않아서 좀 낫지. 주로 떡을 많이 먹고, 약밥, 아니면 빵 같은 것도 먹고. 거기다 계란프라이랑 샐러드를 해서 먹어.

구례에 있으면서 내 요리 솜씨가 늘긴 했을 거야. 2년 동안 구례에 둘이 있었는데, 초반은 아예 맹탕이지. 예전에는 내가 농사지어서 식재료만 가져다주면 엄마가 요리를 워낙 잘하니까, 난 요리는 평생 안 하고 살겠구나 했었어. 그러다 하려니까 처음에는 참기름, 간장, 뭐 하면 다 잊어버려. 맨날 인터넷 찾아봐서 유튜브에 계속 요리하는 게 뜨더라고. 근데 이제는 뭐가 들어간다 하면 아, 뭐뭐뭐가 들어가겠구나. 연결이 된다고 할까.

요즘에는 호밀빵을, 너무 딱딱하면 엄마가 힘들어해서, 이걸 찜기에 살짝 쪄. 그런 다음에 팬에 버터를 둘러서 아주 약한 불로 살짝 굽지. 어떤 날은 빵 대신에 감자를 쪄 뒀다가 버터에 굴려서 주기도 하고. 요거트는 만들어 먹는데, 여기 산에 야생 블루베리 나무가 있거든. 거기서 블루베리를 따서 요거트에 넣거나 바나나, 사과 같은 걸 넣어서 먹어.

또 처음에는 잘 먹었는데, 어느 순간부터 엄마가 채소를 못 먹더라고. 전에는 뭘 모르니까 샐러드에 소스만 해서 주고 못 먹으면 못 먹는구나 했거든. 그러다 찌거나 볶고 하면 좀 낫다는 걸 알았어. 전에는 만들어도 잘 못 먹으니까, 물론 내 요리 솜씨도 안 좋았겠지만, 자꾸 밖에서 뭘 사오는 거야. 근데 이게 돈만 많이 들고, 장기적으로 건강에도 안 좋잖아. 지금은 두부도 가져다가 반 모 정도를 들기름에 살짝 굽고, 나물하고 이것저것 반찬 하면 식사를 잘해. 올해는 취나물도 뜯어서 무치고, 두릅이랑 참나물도 사서 계속 먹고 했어.

아무튼 그렇게 아침을 먹고 나면 설거지를 하고, 잠깐 쉬었다가 또 운동하러 나가. 한 시간 반 정도 걷고 오는 거지. 어쩔 때는 한 번에 몰아서 많이 걷기도 하는데, 아침 먹고 나가서 세 시간 정도 밖에서 걷다 쉬다 하면서 다니는 거야. 그러다 점심 먹으러 식당까지 걸어가고. 구례는 겨울에도 춥지 않아서 그게 되더라고.

원래 집에서 점심을 해 먹었는데, 이게 만 보 정도 걷고 음식 하려면 나도 헉헉대고 몸이 안 따라 주더라고. 늦어지면 엄마도 힘들고 하니까 박자 맞추기가 어려워. 그래서 백반 같은 걸 사 먹게 된 거지. 자주 가는 식당이, 너도 저번에 가 봤지? 거기 매일 반찬이 바뀌는데, 그래도 작은 생선도 한 마리 나오고, 아니면 제육볶음 같은 게 나오기도 하고. 콩나물이랑 시금치, 도라지, 이런 나물도 있어서 골고루 먹고 괜찮아. 그래서 거기서 먹고 와서 낮잠을 한숨 자.

만약에 아침 먹기 전에 두 시간 넘게 걸었다 그러면 그날은 아침 먹고 산책 대신에 어디 드라이브도 가고, 커피도 마시고 그래. 집에 있는 게 힘들잖아, 자꾸 앓기만 하고. 그래서 자꾸 밖으로 나가는 거야. 그러면 기분이라도 좋아지니까. 카페에 오래는 못 있어도 풍경 좋은 데로 가는 거지. 드라이브하다가 내려서 잠깐 걷기도 하고. 그래서 갔다 오면 거의 두 시간 넘게 걸려.

그러고 와서 점심 먹고 한숨 자면 2, 3시쯤이거든. 그럼 스트레칭을 해. 이렇게 목이랑 무릎, 발목 같은 곳을 잘 돌려 주고, 구부려 주고. 내가 눌러 가면서 다리도 쭉쭉 풀어 주고. 이걸 매일 해. 그러면 확실히 좋다고 하더라고. 어쩔 땐 스트레칭 하면 아주 푹 자.

 좀 쉬었다가 이제 저녁에 나가서 또 걸어. 한동안은 화엄사 그 위로 산길을 걷기도 했어. 그렇게 나갔다가 한 시간 넘게 걷고 해 지는 것도 보고 그러지. 그러면 다 해서 하루에 많게는 2만 보가 돼.
 언제 한번은 같이 화엄사 쪽 산길을 걷는데, 무슨 일인지 엄마가 갑자기 기운이 쭉 빠지는 거야. 스르륵 그냥 주저앉고 꼼짝을 못 하더라고. 약도 다 제시간에 먹었는데 그래. 놀라서 엄마를 산길에 앉혀 놓고, 막 뛰어가 차를 가져왔지. 진짜 아찔하더라고. 사람도 없고. 그래서 진짜 간만에 산길을 겅중겅중 뛰었네.

한참 걷고 집으로 돌아가는 차에서 엄마가 코를 골면서 자기도 해. 오래 걸려도 한 시간 거리라 눈 붙여도 30, 40분이지만 그만하면 잘 자는 거지. 밤에 잘 못 자니까 차에서 많이 자. 젊었을 때는 옆에서 누가 코를 골면 잠을 못 잤거든. 근데 사람이 적응의 동물이라고 지금은 엄마가 코 골면 막 안도가 되는 거야. 잘 자는구나 하고. 밤에도 이제 코 고는 소리가 편안하게 느껴지는 거지. 어, 자는구나, 잘 자는구나 하면서.

그러고 와서 저녁 준비해서 먹고, 설거지하고 나면 이제 하루가 끝나. 보통 엄마랑 같이 눕는데, 엄마는 한두 시간 자다가 깨지. 그사이에도 화장실 가느라고 누웠다 일어났다 여러 번 반복하니까. 밤이 사실 제일 힘들어. 나도 종일 따라다니다 보면 밤에는 기운이 빠지거든. 그런데 잠이 들려고 하면 화장실에 가야 되고, 또 누워서 잠이 들려고 하면 가니까 어쩔 땐 너무 힘들지. 이게 몇 번 반복되면 피곤한데 또 잠이 안 와요. 그럼 다음 날이 힘들어지고 컨디션이 엉키는 거야.

아무튼 어찌저찌해서 같이 좀 자다가 엄마가 새벽 1, 2시쯤 깨거든. 그때는 약기운이 잘 도는 시간이라 몸이 좀 괜찮아. 그럼 소파로 가서 책도 읽고, 영화 같은 것도 보고 하는 거지. 내가 과일 미리 깎아 두면 그것도 잘 드시고 그래. 그렇게 있다가 벨을 누르면 내가 가서 침대로 같이 와서 또 잠을 청하지.

이걸 잘 반복하면서 하루하루 살아가는 거야. 몸이 정말 조금씩 조금씩 나아지거든. 처음에는 근육도 없어서 누워서 다리를 들거나 하지도 못했잖아. 그래도 이제 운동을 해서 근육이 좀 붙고 하잖아. 이게 쭉 느는 게 아니고 한 이삼일 열심히 하면 또 어디가 아프고, 몸살기가 있고, 근육통이 있고 그래서 쉬어야 돼. 허벅지가 아프고, 발이 아프고, 어디가 불편하고 계속 아파. 해 볼 만하면 아프고, 해 볼 만하면 아프니까 옆에서 조바심이 나지. 근데 어쩌겠어. 그러면 또 맞춰서 새로 방법을 찾아보는 거지. 컨디션이 좋아지다 나빠지다 하는 거 같아도 길게 보면 몇 년 전보다 확실히 나아졌어. 병이 진행되어도 체력은 더 올라가니까 이게 버틸 만한 거야.

**바다 앞에 있는 그네에 앉아**

　쉽지는 않아. 또 처음이 아니잖아. 2011년쯤이었지, 엄마가 처음으로 아팠던 게. 그 시기에 너네는 서울에 있고, 우리는 양양에 살면서 엄마가 서울을 왔다 갔다 했어. 소설 공부하느라고. 소설 잘 쓴다는 소리도 듣고, 친구들하고 소설 얘기, 문학 얘기 하니까 신이 났지. 대학 때 못 해 본 걸 한다고. 그렇게 잘 지내다가 어느 날 뒤꿈치가 좀 끌린다고 하더라고. 대학병원에 가 보니까 후종인대골화증이래. 점점 걷는 것도 힘들고 통증이 심해져서 수술을 해야 한다고 했지. 희귀병이라 그 부위를 수술하면 세계에서 세 번째래. 수술하자면서 의사가 자길 위해 기도해 달라고까지 얘기하더라고.

 수술 날짜를 잡고 왔는데, 아는 사람이 수술 전에 마지막으로 가 보라면서 명의라고 해운대 백병원에 있는 양반을 소개해 주더라고. 그때 부랴부랴 가느라 캐리어도 없이 짐을 보따리에 막 싸서 갔던 거 같아. 둘이서 가는데 마음이 참 쓸쓸하더라고. 하여튼 진료를 받았는데, 수술은 두고 보자고 해. CT (전산단순촬영술)상으로는 안 좋지만, 환자가 걷고 이런 걸 보면 괜찮다고. 돌아가는 길에도 아파서 화장실 갈 때는 휴게실에 있는 휠체어로 움직이고, 몸이 막 시리대서 찜질팩도 사고, 그렇게 저렇게 하면서 아주 억지로 왔어.

 그다음 날, 따뜻해야 되니까 욕조를 사고, 주물 난로도 해서 연통도 뽑고. 그리고 나무를 살 데가 없어서 있는 나무를 주워 오기도 하고, 엔진 톱을 사서 나무를 하면서 병구완을 시작했지. 아침에는 일어나자마자 목욕하고, 난로는 하루 종일 때고, 그 앞에다가 누울 수 있는 소파를 놓고, 방에는 전동 침대도 놨어. 소파에서 열기를 계속 쬐다가 힘들면 전동 침대에 누워 있었어. 안 좋을 때는 움직이는 게 안 되니까 전동 침대에서 밥을 먹고, 화장실 갈 때도 내가 안다시피 가고 그랬지. 대부분은 소파에 있었어. 책 보면서.

 그때 불을 때면서 나무하는 걸 시작한 거지. 처음에는 나무를 안 팔아서 시작한 건데, 다음 해에 보니까 팔긴 하는데 값이 비싸더라고. 나는 그때 돈을 좀 아꼈어. 너네도 다 서울에 있고 그래서. 보니까 살짝살짝 하면 하겠더라고. 그래서 그냥 했는데, 위험한 적도 꽤 있었어. 발등을 찍는다든지, 나무가 확 쏠려 온다거나 일촉즉발로 잘못하면 크게 다칠 법한 섬뜩한 상황이. 친한 선생님도 같이 따라왔다가 "아이고, 난 이건 못 하겠다." 그러는데, 나도 무슨 정신으로 했는지. 그렇게 하면서 한 3년 간병을 했어.

그때 엄마가 먹는 약이 뇌전증 환자들한테 주는 약이었는데, 통증이 가라앉질 않으니 아예 신경을 차단하는 식으로 하는 거지. 하체를 칼로 써는 거 같다고 했었거든. 약이 잘 듣지도 않고. 그래서 하루에 세 번 목욕을 뜨뜻하게 하고, 파스 같은 걸로 다리를 계속 마사지했어. 근데, 뭐 요령 있게 하는 것도 아니니까 나중에는 손이 아프더라고. 손가락이 자꾸 뒤틀리고 통증도 생기고. 지문도 그때 많이 닳았어. 상황이 워낙 안 좋으니까 몸은 힘든 줄 잘 몰랐어. 나중에 괜찮아지면서 목욕하고 마사지하는 걸 한 번씩 줄였더니 훨씬 쉬워서 그제야 힘들었구나 싶더라고.

엄마가 한창 아플 때 책을 제일 많이 봤어. 그 정신력이 참 존경스러워. 좀 괜찮아진 다음에는 와인이랑 안주를 가지고 바다에 가서 파도를 봤어. 바다 앞에 있는 그네에 앉아 차 오디오를 틀면 음악이 들리거든. 거기서 와인 한잔씩 먹는 낭만을 즐겼지. 둘이서 손을 잡고, 노래를 듣고, 얘기도 하고. 아픈데 그렇게 즐길 수 있는 것도 참 대단한 거야. 나는 이때 엄마가 참 대단한 사람이구나, 아픈 사람이 저런데 내가 더 힘을 내야겠구나 생각했어. 그게 간병하는 데 힘이 많이 됐어.

또 인상적인 일 하나가 초반에 주변에서 도와주려고 집에 와서 음식을 해 주고 그런 사람들이 있었단 말이야. 일반적으로 대개 여자들이 음식을 많이 하고, 남자들은 잘 안 하니까. 내가 요리를 못하기도 했고. 근데 엄마가 이게 반대 상황이어도 이렇게 됐겠냐는 거야. 이 사람 저 사람이 계속 집에 음식해 준다고 드나드는 상황이. 내가 해야 된다고 딱 잘라 말하더라고. 아픈 사람이 돌봄받으면서 이런 이야기를 하기가 어렵잖아. 참 대단한 거야. 그렇게 해서 나도 배웠어. 굉장히 크게 느끼고. 그런 게 위로가 많이 된 거 같아. 이 사람이 대단한 사람이구나 하고.

원래 병원에서는 좋아질 수 없다고 했는데, 간병을 하다 보니까 조금 괜찮아지는 때가 와. 그때 엄마가 밤에 별이랑 달 보는 거랑 집 근처 계곡 물소리 듣는 걸 좋아했거든. 그래서 손을 잡고 조심조심 나가서 별도 보고, 물소리도 듣다 오고 했어. 조금씩 걷게 된 거지. 그렇게 한 3년 정도 지났을 때야. 후종인대골화증이, 인대가 자라서 뼈가 되는 게 문제인데, 더 자라지는 않는다고 그랬어. 엄청 기뻤지. 2년에 한 번씩 오라면서 의사가 "인생 그렇게 살아서 뭐 합니까. 그냥 병이 없는 것처럼 사세요." 이러더라고. 그때는 그렇게 또 일상으로 돌아갔어. 엄마는 소설을 쓰고, 나는 다시 농사도 짓고.

## 나 혼자 세상에 떨어져 있는

그러다가 가까이 살던 막냇동생네하고 사이가 틀어지는 바람에 서울로 이사를 왔지. 차라리 살아 본 적 없는 곳에서 살아 보자 싶더라고. 엄청 큰 결정이었지. 지방 중소도시에 살면서 커뮤니티를 가지다가 그렇게 가는 게 어려워. 예순 넘으면 사는 곳을 옮기는 일에도 다 보수적으로 되는 거야. 안심이 안 되잖아. 불안하고. 그래도 나는 나가도 살아갈 자신이 있어서 통영이나 이런 남쪽 바다를 생각했는데, 네가 서울에 있고 하니까 한동안 서울에 살아도 좋겠다 싶어서 서울로 왔지.

서울 와서 나는 재즈를 좋아하니까 색소폰도 배우고, 해방촌에서 고전 읽는 모임도 하고 그랬어. 주민센터에서 탁구도 했지. 엄마는 소설 모임을 열심히 하다가 신춘문예가 됐어. 2018년에 한라일보 시상식에 가면서 겸사겸사 제주도 여행을 했는데, 그때까지 엄마 상태가 참 좋았어. 수상 연설도 잘하고, 행복한 때였어.

근데 조금 지나서 엄마가 발에 힘이 없어서 좀 끌린다는 얘기를 했어. 아주 힘든 정도는 아닌데 뭔가 좀 이상하다고. 그러다가 너랑 프랑스 여행을 다녀왔지. 우리가 자동차를 몰고 남프랑스를 다니면서 카뮈 묘역도 가고, 영화감독 아녜스 바르다가 살던 바닷가 마을도 가고. 잘 다녀왔는데 돌아와서 몸이 안 좋은 거야.

우리가 보기에 얼굴이 굳는 게 파킨슨병 같은 느낌이 있어서 대학병원에 얘기했더니 아니라고 해. 그때 정면 돌파를 했어야 했는데, 그걸 믿고 싶은 마음이 너무 간절해서 '아유, 아니지 그럼. 아니고말고.' 그랬어. 사실은 그때부터 발병했던 거지. 의사가 그렇게 말하더라도 한두 군데 더 알아봤어야 되는데, 그걸 못 했어.

아니라고 했는데, 병이 점점 더 깊어지는 거야. 또 그즈음 네가 우울증이 심했어. 처음엔 그걸 몰라서 오해도 했어. 네가 쌀쌀한 거 같고. 엄마도 아픈데 밥도 잘 챙기지 않고, 엄마가 아파서 토하는데 방에서 나오지도 않아. 뭔가 전체적으로 이상한 거야. 원래 알던 네가 아니야. 그때 네가 말을 안 했는데도 잘못하면 크게 아플 수 있겠다는 생각을 했어.

엄마도 아프지, 너도 그렇지……. 내가 참 어디 의지할 데가 없더라. 나중에는 네가 병원에 가서 진단받고 약도 처방받고 그랬지. 지나고 봤을 때, 힘든 건 사실 이때가 제일 힘들었어. 딴 세상에 있는 거 같은 느낌이 들더라고. 집에 있다가 나가서 담배를 피우면 도로에서 차가 막 빵빵하면서 지나가는데, 나하고는 관계가 없는 세상 같은 거야. 나 혼자 세상에 떨어져 있는, 그런 걸 경험했어.

아무튼 엄마는 점점 움직이는 게 잘 안 되니까 샤워도 시키고 밥도 먹여 주고 그랬잖아. 그러다 파킨슨병 진단을 받았지. 파킨슨병은 약이 있어야 되거든. 그런데 의사가 봐서 파킨

순병이라고 하더라도 검사 결과가 없으면 약을 안 줘요. 검사를 받는 게 어떤 건 한 달이 넘어서 일정이 나와. 통증이 말도 못 해서 하루 종일 누워서 앓고 있는데. 발을 동동 굴러 가면서 여기저기 얘기하며 일정을 조정해서 일주일 안에 약을 먹게 됐지.

약을 제대로 처방받아서 먹으니 아픈 게 좀 나아졌어. 그전까지만 해도 식사를 못 해서 떠먹여 주는데, 그것도 못 넘기고 그랬잖아. 근데 이제 좀 괜찮아진 거야. 그때쯤 일산으로 이사해서 호수공원을 매일 걸었지. 걸어야 몸이 굳는 게 덜하니까. 살도 다 빠져서 근육이 하나 없었어. 이때부터 천천히 걸어가면서 힘을 키우기 시작했지.

## 둘만의 세계야, 지금은

1년쯤 일산에 살다가 겨울 지나고 구례에 가서 봄을 보자, 남도의 봄을. 그런 생각을 했어. 나는 예전부터 계절 중에 봄이 제일 좋았어. 새싹들이 막 올라오고, 따뜻하고 그런 게. 속초에 살 때부터, 그때는 봄만 되면 신문에 섬진강의 봄 풍경이 실렸거든. 아름답다고. 그때 내가 한창 교사로 일할 땐데, 학교만 없으면 섬진강의 봄을 한번 느껴 보고 싶다고 막연하게 생각했었어. 벚꽃 철 되어서 한번 가 보자 해서 거기서 한 달 살기를 했어. 도시 전체가 온통 벚꽃인데, 특히나 섬진강을 끼고 화개장터에서 화엄사 쪽으로 있는 벚꽃 터널, 거기가 정말 너무 좋더라고. 그렇게 한 달이 끝났는데, 엄마가 더 있고 싶대. 그래서, 뭐 지금 있는 이 집에서 2년 가까이 살았어.

하루 중에 운동 말고 중요한 일과가 엄마 소설 쓰는 건데, 제일 컨디션이 좋은 시간을 소설 쓰는 시간으로 빼 놔. 전에는 엄마가 컴퓨터 조작이 잘 안 되니까 오탈자가 많아서 밤에 쳐 놓으면 아침에 읽어 보면서 다시 써 주는 일을 끊임없이 했어. 그러다가 출판사에서 연락이 와서 예전에 쓴 거랑 새로 쓴 걸 모아서 첫 번째 책이 나왔지.

그 뒤로 글을 한참 못 썼어. 구례 와서도 앓았으니 엄두를 못 냈지. 그러다 어느 정도 좋아지고 다시 글을 쓰기 시작했어. 소설을. 예전처럼은 힘들어서 이번엔 엄마가 말하면 내가 적는 식으로 했지. 그렇게 소설들을 다 썼어. 특히 많이 쓴 건 산책할 때 엄마가 생각나는 걸 말하면 내가 핸드폰에다 막 써. 그런 다음에 작업할 때 불러 주면 엄마가 또 이어 나가지. 그렇게 해서 『여름의 여름』을 냈어. 두 번째 소설책을.

사실 엄마가 아프니까 힘들지. 그래도 같이 산책할 때, 좋은 경치를 볼 때, 글 가지고 이야기할 때, 여행할 때의 즐거움들이 있거든. 어려움도 많지만 즐거움도 많았어. 2년 동안 정신적으로 육체적으로 서로 더 깊숙해지는 게 있더라고. 지금은 다른 활동을 안 하고 완전히 둘이 있으니까 예전이랑 다르지. 둘만의 세계야, 지금은.

그러면서 또 어떤 걸 발견했냐 하면, 엄마가 독립적으로 할 수 없는 일이 많을수록 내 잔소리가 많아지는 거야. 피아노는 적당히만 쳐라, 물건을 들고 걷지 말아라, 코너로 가지 말아라. 나도 상황에 대한 어려움이 내면화되어서 건강을 해치는 일을 하면 긴장하고, 순간적으로 너무 단호하게 이야기를 하게 되는 거지. 뭐라고 하는 게 아니라 같이 할 수 있게 이야기해야 하는데, 어떤 건 고쳐지고 어떤 건 잘 안 되고 그래.

그게 상호작용이기 때문에, 그리고 경계가 아주 불분명한 것도 있어. 약 먹을 시간이 가까워지면 몸이 굳으니까 피아노를 치지 말라고 하는데 계속 치고 있다거나 그러면 나도 화가 버럭 나는 거지. 어떻게든 좋게 해 보려고 갖은 애를 쓰는데 안 따라 주면 자꾸 화가 나거든. 그런 일들도 같이 겪어 나갔어. 그래도 옛날 같으면 기분이 상할 일도 이제는 내가 이야기하면 엄마가 어느 정도 이해해 줘. 둘이 조정해 나가야지.

근데 지금, 잘 살고 있어. 누구보다 씩씩하게 둘이 노년을 보내. 아빠는 그래. 어차피 유한한 삶 안에서 헤매는 게 인생인데, 주어진 환경을 원통하다고 해 봐야 다 소용없는 거잖아. 그냥 쪼끔 좋아지면 같이 기뻐하고, 하다가 안 되는 일은 어쩔 수 없는 거고. 아무튼 최선은 다해. 모든 사람들이 왔다 가는 건 마찬가지니까. 지금을 잘 보내야 된다, 그렇게 생각하면서 스트레스를 덜 받으려고 노력해.

## 엄마는 노래를 부르며 나를 어르고

아빠는 엄마가 일찍 돌아가셨잖아. 그때는 세상이 아주 다 사라져 버리는 기분이었지. 공부한다고 서울에 있어서 돌아가신 뒤에 고향에 왔으니까 아무것도 못 했거든. 그래서 한편으로는 내가 우리 어머니한테 못 했던 걸 아내한테 한다는 생각도 해.

나한테 제일 오래된 기억이, 세 살쯤 된 거 같은데, 우리 엄마가 나를 어르면서 "산 너머 남촌에는 누가 살길래" 그 노래(〈산 너머 남촌에는〉)를 부르고 있는 거야. 그땐 뭐 어디 갈 데가 있나. 집에 앉아 노래를 부르면서 나를 어르고 그랬어. 아버지랑은 살갑지 못했고, 어머니가 사랑을 아주 많이 주셨지. 나랑 정서적으로 잘 맞는 것도 있었고, 또 그 시절의 한계인데, 내가 장남이라는 것도 있었을 거야.

우리 아버지는 원래 북한 함경남도 문천에 사시다가 1.4 후퇴 때 내려오셨대. 김일성대학교 물리학과 학생이었는데, 지주 계급이라 문제가 생기니 내려온 모양이야. 그렇게 와서, 강원 영동 쪽에서 교사를 하셨어. 그땐 교원 양성소가 있어서 대학을 안 나와도 중학교만 나오고 거길 다니면 교사를 할 수 있었대. 다른 실향민도 많이들 그랬겠지만, 고향에 대한 그리움, 부모 형제들에 대한 그리움 때문에 술을 자시면 "고향이 그리워도 못 가는 신세" 같은 노래(〈꿈에 본 내 고향〉)를 부르며 혼자 우시기도 하고 그랬던 기억이 있어.

　어머니는 원래 속초 청대리 출신이셨는데, 이야기를 들은 게 거의 없어. 말씀이 많은 편도 아니었고, 일찍 돌아가셔서. 초등학교까지는 속초에서 다니셨고, 그 뒤에는 결혼한 언니가 있던 부산에 가서 공장에 다니셨대. 그러다 다시 속초로 와서 열아홉에 결혼을 한 거지. 우리 아버지가 가족도 없고, 고향에도 못 가니까 사는 게 시들시들하잖아. 그래서 아버지 친구가 소개해 엄마랑 만나게 했나 봐. 처음 선본 건데, 그렇게 만나게 됐나 봐. 그리고 스무 살에 나를 낳았대. 1954년 교암에서. 거기가 내 출생지야.

　나는 그냥 얌전하고, 내성적인 애였어. 공부를 아주 잘하지는 못하고 그래도 잘하는 축에는 속하는. 어린 시절 좋았던 건, 그때는 뭐 따로 어디 휴가 가고 그런 게 없었거든. 여름에 어른들끼리 근처에서 고기 잡아 어죽도 끓여 먹고 그러면 가서 같이 먹고 놀았던 기억이 나. 강가에 모래가 있고 미루나무도 자라고 하는데, 거기서 새알을 줍고 그랬지.

　국민학교 6학년부터 쭉 살았던 속초는 실향민이 많고, 수복 지구고 하니까 다른 동네보다 반공에 열을 올리고 훨씬 더 보수적이야. 당장 우리 아버지도 북에서 넘어온 분이고. 공산당들이 남의 걸 뺏고 그랬다, 이런 식으로 많이 말했지. 아버지랑 같이 온 사람들이 그러더라고. 옛날에 많이 하는 말 있잖아. 그 동네에서 그 집안 땅 안 밟고 다닐 수 없었다고. 그렇게 부자였다니까 김일성 정권 들어서면서 토지개혁 하고 이럴 때 다 빼앗겼겠지. 그러고 나니 뭘 하려고 하면 출신 성분 때문에 안 된다 했다고 그래. 일반 민중들의 증오심도 있었대. "저것들 지주들은 우리가 다 죽게 만들어 놨는데도 모여서 농사 짓고 산다."면서 비웃었다는 이야기를 들었어. 나중에 내가 좌파 운동을 하니까 아버지랑 같이 북에서 온 분들이 "그 자식은 자기 아버지가 고초를 겪고 내려왔는데, 어떻게 좌파 활동을 하냐."면서 그렇게 뭐라고 했대.

## 세상에도 슬픔이 많은 거야

내가 고등학교를 졸업하고 1972년도에 재수를 하러 서울에 올라갔거든. 아까도 말했지만 거기서 어머니가 돌아가셨다는 소식을 들었어. 아프신 건 알고 있었는데 갑자기 악화된 거지. 정말 무지무지한 충격이었어. 어머니가 이야기하지 말라고 해서 돌아가신 뒤에야 소식을 들었어. 임종을 못 지켰지. 그러고 나서는 공부고 뭐고 다 그만뒀어. 후유증이 굉장히 컸어. 감옥 가고 이런 건 비교도 안 되게. 하늘이 무너지더라. 정말 아예 다른 세상에 온 것처럼.

1년 좀 넘게 방황하다가 허전해서 낚시질도 다니고, 속초여고 학생들이 수학을 가르쳐 달래서 수학도 가르쳐 주고, 그냥 그렇게 생활을 했어. 나중에 그중 한 학생이 강원대 수학과를 간다고 해. 나도 수학을 좋아하니까 그럼 내 원서도 하나 가져다 달라고 해서 그냥 강원대 수학과를 간 거지. 뭘 하자 그런 생각도 없고, 그냥 있었던 거 같아. 그때를 떠올려 보면 청년의 밝음, 그런 건 없었어.

강원대학교에 가서 1974년도에, 아마 1학년 오뉴월 정도 같은데, 운동권 학생들을 만나 어울리기 시작했어. 정재돈, 원영만, 심태산, 최승수, 뭐 그런 친구들이랑 어울리면서 운동권에 접어들었지. 그때 내가 어머니 돌아가신 게 정말 슬펐는데, 세상에도 슬픔이 많은 거야. 그런 슬픔에 마음이 움직여 운동을 하게 된 거 같아.

초반에는 세미나나 공부도 별로 안 하고, 그냥 몰려다니며 울분을 터트리고 그랬어. 그 친구들이 데모를 해야 된다, 하면 어떻게 할 거냐, 뭐 이런 이야기를 하면서 모여 다니는데 거기를 한동안 쫓아다녔어. 그렇게 한 1년을 집회도 다니고, 유인물도 돌리면서 지냈지. 그러다 보니 학교에서 문제 학생으로 분류된 거야. 그런 학생들은 교련 점수를 안 주고 징집해 버리거든. 나도 교련 수업을 듣긴 들었는데, 학점을 안 주더라고. 그래서 1학년 마치고 1975년도에 군대에 가야 했어. 군대는, 뭐 힘들었지.

제대하고 학교에 와서는 친구들이랑 '민중문화연구회'라는 언더 서클을 만들었는데, 1978년도였던 거 같아. 사회과학도 공부하고, 시국에 대해 이야기도 나누고. 그러다가 1979년도에 본격적으로 데모를 시작했어. 처음 대학 갔을 때는 사람들이 거의 없었는데, 복학하고 나니까 좀 모였어. 이때가 박정희 때잖아. 뭐 그냥, 계속 민주화 운동이야. 끊임없이 유신 정권의 부당성을 얘기했는데, 이해부터 시국에 변화가 생기기 시작해.

**긴급조치 해제하라! 박정희는 물러나라!**

1979년, 그때가 오원춘 사건°이 있고, 또 YH 사건°°이 있었어. 이게 나중에 부마 항쟁으로 이어지거든. 이때 오원춘 사건의 중심인물이 정재돈이야. 그 친구가 그때 안동 가톨릭농민회에서 일했거든. 그러니 걔는, 뭐 계속 투쟁 중이었고, 나도

○ 1978년 경상북도 영양군 청기면 농민들은 군과 농협에서 알선한 씨감자를 심었으나 싹이 나지 않아 농사를 망쳤다. 가톨릭농민회 임원이었던 오원춘이 국가를 상대로 피해 보상을 받았고, 이를 농민들에게 알리는 강연을 하다 1979년 5월 기관원에 납치돼 끌려다니며 폭행당했다. 풀려난 오원춘은 진실을 밝혔고, 천주교 안동교구 가톨릭농민회와 사제단은 7월 17일 이 사건을 전국에 폭로했다.

○○ 1979년 8월 9일, YH무역의 여성 노동자들은 무책임하게 폐업한 회사를 상대로 생존권 보장을 요구하며 농성을 했다. 신민당사에서 농성하던 이들을 공권력이 강제 진압 했으며, 이 과정에서 여성 노동자 중 한 명이 사망했다.

대학에서 같이 활동하던 사람들이랑 이런 사건이 있으니 여름 방학이 끝나면 바로 데모를 하자고 이야기를 했지. 그래서 재돈이랑 우스갯소리처럼 "우리가 동시에 활동하면 거의 같이 잡혀가겠구나", "야, 너는 먼저 들어가 있으니까 내가 들어갈 때 너는 편하겠다." 그런 말도 하고 그랬어.

그때는 선동을 해도 대규모 가두시위를 하는 분위기는 못 되거든. 고작 유인물을 뿌리는 정도야. 그럴 거면 전국에서 제일 먼저 하는 것도 의미가 있지 않느냐, 빨리 터트려 보자고 해서 개학하는 날 시작한 거야. 원래는 3차로 나눠 한 팀이 먼저 하고, 다른 날 또 하려고 했어. 나는 2차로 되어 있었는데, 이게 사람이 얼마 안 되다 보니까 다들 현장에 있었어. 현장에 있으니까 동조를 하게 되지.

주도하는 친구들이 학생 식당에서 유인물을 나눠 주고 식탁 위에 올라가 "긴급조치 해제하라! 박정희는 물러나라!" 하고 외치면, 우리가 유신헌법이 반민주적 헌법이라거나 시국에 대한 비판도 하고 그렇게 되는 거지. 그때는 대학에 사복 경찰들이 있었어. 또 체육과 학생들 중에 끄나풀이 된 애들이 있어서 같이 달려드니까 결국 거기 있던 사람들이 다 잡혔어. 잡혀서 조사하니까 선동한 사람이나 동조한 사람이나 다 연결되어 있던 거지. 그때 긴급조치 9호 위반으로 들어가면서, 중심인물이 되어 버렸어.

그게 1979년 9월이었는데, 춘천교도소로 가서 죄수복도 입고 수번도 받았지. 감옥에 들어가니까 갑자기 걱정되는 게 다른 게 아니라, 그때 내 친구가 과외를 소개해 줘서 돈은 받고 아직 수업을 다 안 해 줬단 말이야. 그 학생들이 신경 쓰이더라고.

그때 우리는 사상 문제로 온 거라 다 독방이었어. 앞에는 삼척 간첩단 조작 사건°에 연루된 사람들이 쭉 있었고. 거기서 수어도 배웠어. 내 앞에 있는 사람이 수어를 보여 주면서 기역, 니은 이런 식으로 하면 대충 알잖아. 그걸 보고 배워서, 시간은 많으니 이걸로 대화를 했어. 그때 그 사람 부인이 면회를 와서 이혼해 달라고 했나 봐. 그래서 이혼해 주고 쓸쓸해하던 게 기억이 나.

그러던 어느 날 교도소에, 그때는 소지라고 했는데, 수감된 사람들 중에 교도소 일을 도와주면서 다니는 사람이 "(손으로 목을 그으며) 프레지던트 박 다이, 다이!" 이러면서 지나가더라고. 전혀 생각도 못 했지. 거기 화장실 창문을 나무판자로 가려 놨는데, 그 사이 틈으로 보니까 밖에 조기가 걸려 있더라고. 그리고 군인들이 있는 걸 봤지. 근데 조기가 걸려 있는 걸 보니 민주화가 성공한 건 아니구나 생각했어. 그리고 긴급조치가 해제되어 나왔어.

○ 1965년과 1968년 남파된 진형식을 돌본 가족과 고종사촌의 일가가 10여 년 뒤 갑자기 체포되어 간첩으로 몰리며 두 명은 사형이 집행되고, 10명은 징역형이 확정됐다. 온갖 고문과 협박 끝에 나온 수사 결과였다. 2016년 대법원은 전원 무죄라는 판결을 내렸다.

감옥에서 나와 1980년에 복학하고, 춘천농고로 교생실습을 나갔어. 서울의 봄이잖아. 그래서 집회는 계속됐는데, 별로 크게 나서서 한 건 없었어. 교생실습을 나가 가르쳐야 되니까. 원래 가르치는 게 아닌데, 그때는 이틀 정도 되면 교사가 자기 수업을 막 줬거든. 그래서 데모하는 데 앞에 서고 그러지는 못했고, 원래도 나는 막 앞에 서서 연설하고 그런 건 잘 못하고, 별로 하고 싶지 않아 했어. 대신, 학교 끝나면 모여서 계획 짜고, 앞으로 어떤 방향이 좋을지 고민하는 자리는 함께했지. 이건 몇 명만 모여서 하거든.

그러다가 1980년 5월 18일에 전국 계엄령을 선포하기 전에, 17일에 전국에서 운동 좀 하는 학생들을 다 잡아들였어. 그리고 18일에 5.18이 일어난 거지. 나는 그때 술을 먹다가 후배 하숙집에서 잤는데, 거기에 형사들이 와서 잡혔어. 바로 보안사 지하실로 끌고 가서 막 두드려 패더라. 큰 교실 같은 곳에 모아 놓고 다짜고짜 패기 시작하는데, 끔찍했지.

다음 날 조사할 애들은 보안사에 넘겨서 잠도 안 재우고 고문하면서 조사를 해. 주로 물었던 게 데모나 활동에서 어떤 역할을 했냐, 김대중 쪽 사람이 춘천에 와서 운동권 학생들을 만났다는데 만났냐, 그런 걸 많이 물어봤어. 나는 그때 만나자고 하길래 정치하는 사람들은 정치하는 사람들대로 하고, 우리는 우리대로 해야지, 정치랑 이렇게 체계적으로 만날 건 아닌 거 같다고 해서 안 만났어. 또 우리끼리도 만나지 말자고 이야기했던 거 같은데, 만난 사람도 있더라고. 나중에 보니 그 사람들은 정치에 관심을 가진 사람들이더라.

내가 그때 잡혀간 게 전에 주요하게 활동을 해서 요시찰 인물로 찍혀 그런 거거든. 앞에서 드러나게 한 건 크게 없었고. 저녁때마다 가서 계획을 세우는 건 계속했는데, 이건 몇 명이 따로 만난 거라 고문하고 그래도 끝까지 안 드러나더라고. 보안사에서도 집회를 선동하고 앞에서 마이크 잡고 연설하던 사람들 위주로 조사했어. 그래서 그 사람들은 〈계엄법〉에 의해 처벌한다고 군 형무소로 이송하고, 나는 화천에 있는 군부대에 가서, 그땐 삼청교육대가 없을 땐데 거기랑 비슷하게 봉 체조 하면서 육체적으로 고통스러운 훈련을 받았지. 거기서 한 달은 더 있었을 거야.

그러다 학교에 다시 돌아온 게 1980년 9월쯤이야. 내가 교생실습 기간을 2주 남기고 연행되는 바람에 제대로 다 못 했거든. 그리고 몇 학점 부족해서 한 학기 더 다녔어. 그해에는 수업도 좀 듣고 하면서 운동권 학생들을 만나러 다녔어. 근데 워낙 두들겨 맞아서 선배 그룹에 속하는 사람들은 아예 안 나와. 3, 4학년들을 만나려고 하면 벌써 힘들어하는 게 보이더라. 아예 기세가 꺾인 거야. 눈을 다 내리깔고 피하더라고. 그 외에 활동할 만한 사람들은 5.18 무렵 연행됐고……. 그때는 조금이라도 연설한 사람들은 다 연행이야. 그러니 중점적으로 활동할 사람이 없는 거지. 학생운동이 초토화된 거야.

너무 아무도 없으니까…… 그동안 해 온 게 있는데, 이걸 누군가가 해야지 넋 놓고 있을 수는 없겠더라. 위험한 일이니 두렵긴 했는데 그래도 내가 그때 그런 정도 깡은 있었나 봐. 그래서 1학년 학생들을 만나 조직하기 시작했어. 그래도 1학년들은 그냥 좀 휩쓸렸다는 식으로 대처하면 비교적 큰일 없이 나왔단 말이야. 조사받고 얻어맞아도 기가 살아 있는 친구들도 있었고. 같이할 수 있는 친구들이 있었던 거지. 그렇게 다시 조직하고 독서 토론회도 만들고 했어. 학교에 형사들이 다니고 분위기가 살벌해 움직이기가 쉽지는 않았어. 그래도 그때 모여 시작한 게 나중에 사람들이 강원대학교에서 활발하게 활동하는 계기가 됐지. 꽤 잘 복원이 됐어.

### 자전거 하나에 셋이 앉아서

내가 네 엄마랑 만난 게 1980년 12월 23일이야. 엄마는 학교 딱 1년 다닌 새내기 교사고, 나는 감옥 다녀와 이제 1학년들이랑 조직을 다시 만들 때지. 엄마가 그때 전원다방에 갔다가 백일장에서 자주 보던 춘천고등학교 후배를 만난 거야. 그 후배가 "누나, 내가 학사주점에 술을 마시고 거스름돈을 안 받은 게 있는데, 가서 술 마시자." 하니 할 일도 없으니까 따라간 거지. 거기 갔더니 아는 후배가 있었는데, 걔가 그날 생일이었대. 사람들이 모여 있으니까 합류한 거지. 서로 다 아니까. 그래서 같이 술을 마시고 나오는데, 눈이 오더라는 거야. 그러니까 이 친구가 "눈도 오는데 양언이 형 보고 싶다. 양언이 형 보러 가자!" 해서 거기서부터 한 시간을 걸어서 우리 집에 온 거야. 10명쯤 왔어. 근데 네 엄마는 길도 모르는 사람이 제일 앞장서서 걸어 왔더라고. 그래서 그날 만났지.

밤새도록 놀고 새벽에나 헤어졌는데, 그다음 날 엄마가 어떤 선배를 만나기로 했는데 그 선배가 나를 만나러 간다는 거야. 논문 때문에 뭐 물어볼 게 있다고 하더래. 그래서 또 같이 온 거지. 그런 식으로 며칠 사이에 몇 번을 더 만났어. 그러면서 자연스럽게 연애를 시작했지.

나는 1982년 3월에 졸업했어. 그때는 신협이나 YMCA에서 일해도 운동 쪽에 속했거든. 그래서 그런 쪽 아니면 농민운동을 해야겠다 생각했어. 원래 YMCA에 가기로 했는데, 그만두겠다던 사람이 계속한다고 해서 그냥 교사 발령을 받았지, 평창으로. 근데 후배가 찾아와 한 달 뒤에 집회를 한다는 거야. 그때 집회를 한다는 건 그냥 감옥에 간다는 거거든. 시국이 그랬어. 전국적으로 5.18 이후에 쑥대밭을 만들었기 때문에 조직을 재건하고 학생운동을 활성화해 데모를 한 게 전국에서 처음이야. 근데 그렇게 하겠다는 거야. 그래서, 뭐 참 그렇지. 밥 사 먹이고 아마 돈 좀 주고 그랬겠지. 그게 성조기 사건°이라고, 그때 데모하고 감옥에 갔던 친구들이 예전에 같이 공부하던 그 친구들이었어.

　나는 그즈음 엄마하고 양구에 가서 이쪽 부모님한테 인사를 하기로 했단 말이야, 토요일에. 근데 그 성조기 사건과 연결해 배후를 캐니까 내가 나왔다는 거지. 일요일에 조사받으러 춘천으로 오라는 거야. 고민하다 일단 인사를 드리고 거기서 하루 자고, 엄마랑 춘천으로 왔어. 근데 내가 조사를 받으러 가는데 혼자 있으면 불안할 거 같잖아. 그래서 친구를 불러 공지천에 가서 놀고, 몇 시까지 내가 안 오면 집으로 가라고 했지. 그럼 내가 바로 못 나오는 거니까.

　하도 조사받으러 다녀서 나도 이제 조사관들을 잘 안단 말이야. 그래서 조사관들에게 "말해 봐라. 구속시킬 거냐, 아니면 내보낼 거냐? 구속시키면 어쩔 수 없고, 내보낸다면 내가 내일 수업도 있고, 막차를 타야 되니까 조사를 좀 빨리 진행하자." 그랬더니, 처음에는 최열 씨, 환경 운동 하는 그분이 배후인 줄 알았대. 그랬는데, 조사하다 보니 정양언이라는 거야. 근데 정양언이 지금은 졸업하고 교사 나가서 잘하고 있는데, 그걸 다시 구속시켜 봐야 운동권 하나 다시 만드는 건데 그럴 필요가 없다고 결론이 났대. 최열이면 구속시키려고 했대.

　○ 강원도 성조기 소각 시위. 1982년 강원대학교에서 반미, 반독재 시위 중 미국 국기를 불태운 사건. 〈국가보안법〉과 〈집회 및 시위에 관한 법률〉 위반으로 유죄판결을 받았다. 1980년 12월 31일 〈국가보안법〉이 개정된 이후 운동권 학생에게 처음 적용된 사례이다.

그래서 내가 후배들을 고문했냐고 물어봤어. 고문은 안 했다고 하더라고. 그러면 후배들 조서에 쓴 그 말이 다 사실이니까 그대로 진행하라고 말했지. 후배들 조서는 안 보고. 그 친구들이 이야기를 바르게 했을 테니까. 그래서 조서 빨리 쓰고, 손도장 찍고 나와서 엄마랑 막차를 탈 수 있었어. 아마 그날 엄마 자취방으로 갔던 거 같아. 이래저래 마음도 안 좋고 하니까.

## 이래저래 사람은 괜찮다고

엄마랑 2년 정도 만나고 결혼했는데, 지금 생각해 보면 서로 그렇게 잘 알지는 못했던 거 같아. 우리 시대는 요즘처럼 생활적인 것까지 맞춰 보고 산다거나 그런 생각은 못 했거든. 엄마도, 내가 다정한 성격인 줄 전혀 몰랐다고 하니까. 오히려 센 이미지로 보고, 운동권이니 중요한 일을 한다고 그런 걸 높이 샀다는데, 아주 허당이지. 그래도 둘이 지향하는 가치나 그런 건 그때나 지금이나 비슷해.

근데 엄마가 공교롭게 아빠 이야기를 많이 들었대. 그때 엄마를 좋아하는 사람들도 꽤 있었는데 엄마는 그 사람들이 마음에 안 들었대고. 엄마 선배가 내가 사람이 괜찮다며, 서양사 강독을 듣는다니까 너도 들어보라고 했대. 그래서 엄마가 그걸 들으러 갔다잖아. 근데 그때 나는 또 친구가 수업을 바꿔 달라는 바람에 바꿔 줬거든. 그래서 같이 못 들었지. 또 언제는 나랑 잠깐 만났던 사람이 있는데, 엄마 후배였어. 그 사람이 내가 가난한 집 맏이라서 그렇지 사람은 좋다고 했나 봐. 아무튼 이래저래 사람은 괜찮다고 말을 많이 들었던 거지. 결혼하기에 조건은 좀 그래도. 근데 엄마가 조건보다는 사람을 크게 생각하니까 만나다가 결혼도 하게 된 거지.

결혼해서 처음에는 진부에 있는 엄마 자취방에서 살면서 평창으로 통학했어. 그러다 그다음 해 3월 엄마가 나랑 같은 평창으로 발령이 나 이사를 갔지. 방 두 칸짜리 집에서 너를 낳았어. 거기는 방하고 부엌이 떨어져 있고 부엌에서 방으로 들어오는 것도 턱이 높아 좀 힘들어. 세수는 밖에서 펌프로 물을 받아서 하는데, 샤워나 목욕이 안 되니까 엄마가 임신했을 때는 다라이를 하나 사서 그걸 방에다 놓고 씻겨 주고 그랬어.

네가 태어날 때 엄청 힘들었어. 네가 돌다가 가로로 갈비뼈 사이에 꼈잖아. 임신하고 내내 산부인과를 다녔는데 아무 말이 없다가 태어날 때가 다 되니까 산도가 좁아서 여기서 낳기 어렵다고 큰 병원으로 가라더라고. 원주기독병원으로 급하게 택시를 타고 갔지. 처음에는 엄마랑 너랑 둘 다 죽는다고 할 정도였으니까 상황이 좋지 않았어. 아이를 낳고 엄마는 배가 오히려 더 부풀고, 의사도 서울에 전화 걸면서 의견 교환하고 그러더라고. 나중에 가스가 빠지고 회복돼서야 다 같이 퇴원했어. 널 낳고 보름 더 있었나 그랬던 거 같아. 그래서 이제 세 식구가 된 거지. 자전거 하나에 셋이 앉아서 타고 다니고 그랬어. 그때는 자전거를 맡기면 아기들이 탈 수 있게 의자를 달아 주는 게 있었거든. 지금 차에 유아용 시트 설치하는 것처럼. 그걸 해서 여름에 너를 앞에 태우고 강둑을 달리면 네가 막 웃으면서 그렇게 좋아해. 그때가 여러 가지로 불안할 땐데, 그 순간에는 진짜 세상을 다 가진 것처럼 그렇게 행복했어.

그때 시골 할머니들 중에 애들 봐주는 분이 있어서 너를 맡겼는데, 낮에 너무 재우니까 밤에 잠을 전혀 안 자. 다음 날 학교 가야 되는데 아기가 아예 안 자니까 밤을 새고 수업이 안 되지, 뭐. 계속 잠을 못 자니까 너무 힘들어. 나는 수업 없을 때 숙직실에서도 좀 자고 했는데, 숙직실이 그때, 뭐 남자들 공간이잖아. 그러니까 엄마는 쉴 곳도 없는 거지. 도무지 안 되겠어서 양구로 가. 양구에서 너를 봐주신다고 했거든. 오토바이를 사서 아침에 데려다주고 출근하고 그랬지. 근데 양구 할머니, 할아버지 두 분이 워낙 술을 많이 마시고 하니까 너를 맡겨 놓고도 불안했어. 잘 보고는 있나 이런 게 계속 신경 쓰이고 하는 거지.

### 첫차로 온 신문을 오토바이로 배달하고

평창여고에 있을 때, Y교사회°가 조직됐어. Y교사회가 만들어지면서 원영만을 비롯해 강원도에서 의식 있는 사람들이 모이고 선언문도 만들었어. 그때 강원도는 징계까지는 안 갔는데, 감시를 받게 되는 상황이 벌어지기 시작했지. Y교사회가 있다가 전교협°°이라는 게 만들어졌고, 다시 전교조(전국교직원노동조합)가 만들어지는 식으로 진행됐어. 다른 지역은 어땠는지 모르겠는데, 강원도는 Y교사회가 교사 운동에서 중심적인 역할을 했지.

양구종고(양구종합고등학교)에 갔을 때쯤, 교사협의회가 결성되어 나도 거기 참가하면서 학교 내에서 조직하는 데 공을 들였어. 상당히 많은 사람들이 교사협의회에 들어왔어. 어느 정도였냐면 그때 천주교회 공간을 빌리거나 누구네 하숙집을 빌려 비디오도 보고 이야기도 나누고 하는데, 광주 민주화 항쟁에 대한 비디오를 빌려오기도 하고 그랬거든. 그렇게 어디서 모인다고 하면, 교직원들 중에서 교련 선생 이런 사람들은 아주 보수적이었단 말이야. 근데 교사협의회에 든 사람이 워낙 많으니 안 가면 너무 왕따를 당할 거 같아서 들어오지도 못하고 안

○ 한국 YMCA 중등교육자 협의회. 독재 정권 아래서 자율성을 갖지 못하고 정권의 홍보에 이용되는 교육 현장에 문제의식을 가진 교사들에 의해 만들어졌다. 1986년 5월 10일 전국 800여 명의 교사들이 교육민주화선언을 했다.

○○ 전국교사협의회. Y교사회의 뜻을 이어 1987년 9월 27일 창립되었다.

들어오지도 못하고 마루에 걸터앉아 안절부절못하더라고. 그런 풍경까지 있었어. 그렇게 활성화됐지.

그 당시에 대한교련(대한교육연합회)이라고 지금 한국교총(한국교원단체총연합회) 전신이 있거든. 거기서 탈퇴시키는 것도 운동이었어. 그때 우리 학교가 강원도뿐만 아니라 전국에서 세 번째로 많이 탈퇴하고 그랬어. 그래서 대한교련에 든 사람이 주임들, 뭐 이런 사람들 빼놓고는 별로 없었어. 주임 중에도 탈퇴한 사람이 있었으니, 결국 교장도 학교 운영을 교사협의회와 같이 협의할 정도가 됐지.

또 이때 한겨레신문이 국민주로 해서 만들어졌거든. 나도 많은 돈은 아니지만, 몇 번 돈을 내서 주식을 샀어. 근데 양구까지는 배달이 안 되는 거야. 그래서 춘천 한겨레신문 지국에 연락을 해서 첫차로 배달을 해 달라고 했지. 그러면 내가 오토바이를 타고 가서 신문을 수령해 배달을 하는 거야. 교사들도 있고, 무슨 약국의 약사도 본다고 하고. 그렇게 해서 독자를 자꾸 만들어 냈어.

구독자가 많아지니 안 되겠더라고. 옆에 앉은 선생님도 대학 때 운동권이었는데, 둘이서 신문을 돌렸어. 학교 오기 전 새벽에. 읍내는 그렇게 둘이 돌리고, 이게 자꾸 선전을 하면서 읍내 말고 다른 곳에서도 보겠다는 사람이 생겨났어. 그건 일단 학교로 가져왔지. 학교에 면이나 리에 사는 학생이 있을 거 아니야? 그 동네 학생들 편에 보내는 거야. 그때 서울대 다니면서 방위 하는 학생이 있었는데, 그 사람도 본다고 하고. 이런 식으로 100부까지 늘어났어. 그러니까 조선일보 지국에서 내가 직업을 두 개나 가지고 있다고 하더라고. 그래서 그건 아니고 보겠다는 사람한테 전해 주는 거다, 이렇게 해명도 하고 그랬어. 그렇게 잘되어 '한겨레 독자의 밤'도 만들어서 개울가에서 같이 놀고 술도 마시고 그랬지.

## 빨갱이 애는 봐줄 수 없다고

양구에서 하빈이도 태어났는데, 걔가 돌을 못 했어. 걔 생일이 12월 14일인데, 돌이 되는 해 12월 10일에 아버지가 돌아가셨거든. 아버지가 돌아가시고, 사실 그럴 필요가 없었는데 내가 고향인 속초로 가야겠다는 생각이 들었어. 그때 내 의식 구조가 그랬어. 1989년 3월 속초에 갔는데, 가자마자 1989년이잖아. 전교조가 시작됐어. 내 외사촌네가 속초에 있어서 하빈이를 봐주기로 했거든. 근데 속초에 가자마자 내가 전교조 지회장을 하게 돼. 사람들도 잘 모르는데 가자마자 그렇게 된 거야. 전교조가 만들어지면서 막 투쟁도 하고 그러는데, 내가 지회장을 맡으니까 그게 〈국가공무원법〉 위반으로 방송에 나오는 거지. 그러니까 방송 나간 날 저녁에 바로 애를 못 봐준다고 하더라고. 빨갱이 애를 볼 수 없다고. 그래서, 뭐 당장 어떻게 해. 그날 양구로 바로 가서 다시 아이를 맡겼지. 하빈이가 안 떨어지려고 울고 그랬지. 당장 봐줄 사람을 구해야 되는데 잘 안 됐어.

그런 중에 전교조는 급하게 돌아갔어. 탈퇴 안 하면 해직시킨다 이러고. 나는 이런저런 생각을 해 보니까 고향에 와서, 자신이 없더라고. 이걸 계속 끌고 나갈 자신이. 엄마도 절대로 직접적으로 이야기는 하지 않는데, 고민을 많이 하니까 월경이 끊기고 막 그러더라고. 총체적으로 보면 그냥 내가 그 상황을 밀고 나갈 자신이 없었던 거 같아. 아마 피해 가고 싶었던 거 같아.

그리고 또 하나는 나는 전교협을 조금 더 끌고 가는 게 맞다고 생각했었거든. 전교조보다 교협이 더 대중적이니까. 근데 교협 상승부들은 이미 방향을 잡고 밀었지. 노조를 띄워야 한다는 핵심 멤버들의 생각이 있었던 거 같아. 그게 더 투쟁적인 조직이니까. 그건 맞지. 근데 교협은 훨씬 포괄적이고 대중들과 함께할 수는 있었지. 근데, 뭐 하여튼 내가 자신이 없었어, 자신이. 그래서 그때 탈퇴 각서를 쓸 때, 어울려서 탈퇴를 했어. 그때 비난도 많이 받았어. 속초에서는 황시백 선생님, 박종헌 선생님 이렇게 해직을 당했어. 나머지 사람들은 남아 있고 그랬지.

그래서 탈퇴를 했는데, 그 사람들이 전부 전교조를 외면한 건 아니었거든. 마음은 있는데, 일단 상황이 이러니까 탈퇴한 사람들도 많았어. 그래서 같이 교사 운동을 계속하긴 했어. 그러다 보니 속초는 조직들이 거의 그대로 살아 있어서 학교 안에서 교장, 교감을 견제할 수 있었지. 각서는 전교조 탈퇴라고 했지만 그래도 활동은 같이했으니까 교직원회의 같은 곳에서도 발언하기가 괜찮았지. 학교에는 교사협의회가 있었고, 학교 밖에는 돈을 걷어서 전교조 사무실을 만들고 했어. 탈퇴한 사람들이었지만, 활동은 계속한 거지. 그렇다 해도 그때는 서명한 사람과 아닌 사람이, 학교에 남아 있는 사람과 해직된 사람이 나뉘는 상황이었고, 어떻게든 그 상황을 통과해야 했으니까. 힘든 때였지.

그래도 그때쯤 즐거웠던 게 있다면, 네가 초등학교 저학년 때인데, 학교까지 꽤 멀었거든. 학교 가면서 같이 노래 부르고 이야기하다가 하빈이는 놀이방에, 너는 초등학교에 데려다줘야 되는데, 모르고 내가 근무하는 학교로 바로 가서 다시 데려다주고 교무회의에 늦는 일이 많았어. 〈찔레꽃〉, 〈클레멘타인〉, 〈타박네〉, 〈얼굴〉 같은 노래를 많이 불렀지. 그게 기억에 많이 남아.


### '다시 만난 사람들'과 '나누고 함께하는 모임'

그러다가 1993년도쯤 지역운동을 시작해. 흩어져 있는 운동권 사람들을 모아 '다시 만난 사람들'이라는 걸 만들었거든.

한 달에 한 번 만나는 느슨한 모임인데, 그렇게 뭔가 좀 해 볼 생각이었지. 1994년에는 청초호를 매립하려 해서 그걸 반대하는 청초호 되살리기 운동을 해. 거길 지키려고 텐트 치고 자기도 했는데, 속초는 그걸 하고 나서 환경운동연합이 만들어져. 그때쯤 경실련(경제정의실천시민연합)도 만들었고, 우리밀 살리기 운동도 했지. 이때가 독재에 반대하는 민주화 운동에서 시민운동으로 넘어가는 때였던 거 같아.

그러다가 2004년부터 민주노총(전국민주노동조합총연맹) 속초시협의회 의장을 하게 돼. 그 전까지는 전교조가 민주노총 소속이지만, 딱히 민주노총 일에 참여를 안 했거든. 근데 내가 지의장이 되면서 전교조가 적극적으로 참여했지. 택시노조에서 데모를 한다거나 환경미화원들이 노조 만들려고 데모를 할 때 전교조도 많이 결합하게 된 거지.

그때 지역 조직이 많아지거든. 속초 성폭력상담소도 만들어지고. 이 단체들이 유기적으로 연결되면 좋겠다고 생각했어. 그래서 '다시 만난 사람들'을 해체하고 '나누고 함께하는 모임'을 만들었어. 이게 뭐냐면, 지역에 있는 운동 조직들이 한꺼번에 모이는 거야. 시민운동 단체, 노동운동 단체 대부분이. 그러면서 민주노총 투쟁할 때 시민단체들도 같이하고, 또 시민단체에 일이 있으면 민주노총에서 같이하고 했어. 그 전까지는 노동단체랑 시민단체가 모임을 같이 안 했거든.

처음 만들 때는 지역의 운동 조직을 좌지우지하려는 게 아니냐 그런 말도 나왔는데, 나중에는 이해들을 했어. 지역운동들을 잘 이어지게 해서 서로 좀 돕자. 속사정을 알면 상부상조할 수 있지 않겠느냐. 그리고 회비를 모아 단체 상근 활동가들을 경제적으로 지원하자(중요한 일을 하는데도 돈은 워낙 조금 받으니까). 그렇게 해서 지원을 하기 시작해. 그걸 그래도 한 20년 했지.

## 그럴 때 눈빛들이 다들 빛나고

운동을 하다 보면 뭐가 잘되는 때보다 안 될 때가 많잖아. 그래도 하나씩 힘이 되는 기억이 있어. 예전에 집회를 가는데, 이게 집회가 안 될 거 같아. 경찰들이 따라오고 해서. 전교조 결성 초기였던 거 같은데, 나중에는 큰 버스를 대절해서 타고 다니기도 했지만 초기엔 그러지 못했거든. 가면 막 잡으니까. 그래서 각자 루트를 정해서 속초 근방의 어디로 미리 가 있어. 서울로 가는 길이 아니라 좀 다른 길로 빠져 있는 거야. 전교조 집회 한다고 하면 경찰이 감시하니까. 그러다 괜찮겠다 하면 각자 가는 거지.

근데 서울로 올라가면 거기서도 쉽지가 않아. 그래도 다들 어떻게 피하고 피해서, 요리조리해서 결국 약속 장소에 가 보면 사람들이 어렵사리 모인단 말이야. 그럴 때 눈빛들이 다들 빛나고, 그런 걸 보는 게 좋았던 거 같아. 그렇게 하나씩 모이면 집회가 되고 그러는 게, 힘들지만 다들 용기를 가지고 오는구나 하는 식으로.

살면서 이런 비슷한 일을 겪으면 그래도 여유가 생기고, 뭐랄까 아름다움에 대한 믿음, 희망 같은 게 생기는 거 같아. 세상이 아름다울 수 있다, 그런 거 있잖아. 추악한 게 잔뜩 있는데, 그래도 어떤 순간에 사람이 아름다운 게 있구나 하는 생각을 할 수 있는 건 굉장히 중요한 거 같아. 이게 있어야 계속해 나갈 수 있거든.

나중에, 아마 전교조 합법화되고 나서 같은데, 상황이 나아져서 큰 집회가 있으면 버스를 대절해 서울에 갔단 말이야. 그리고 집회 끝나면 늦게 돌아오잖아. 그러면 다 같이 차 안에서 하루 있었던 이야기를 나누거든. 그럴 때도 좋았어. 서로 바라보며 하루 어땠는지 이야기하면 그게 또 기운이 나고. 이렇게 멀리서도 같이 시위하러 가는 사람들이 있다는 게.


## '두엄'이라는 이름대로

그러던 중에 우리는 양양에 있는 동네 간곡리로 이사를 갔어. 네가 초등학교 다니던 때니까 내가 지역운동을 막 시작할 때야. 버스도 하나 안 다니는 시골이잖아. 동네가 따뜻하고 너무 마음에 들었지만 불편한 게 많긴 했어. 겨울에 학교 가기 힘든 적도 많았지. 눈이 많이 와 차가 묻혀서, 집에 갇혀 밥해 먹고. 또 어떤 때는 밤에 미리 차를 멀리 큰길에 빼놓고 거기까지 한참을 걸어갔지. 눈에 발이 푹푹 빠지면서. 불편한 가운데서도 재밌게 잘 지냈어. 눈 오고 달이 뜨고 하면 눈에 빠져 가면서 노래 부르고 걸어가 만둣국 사 먹고 오고 그런 낭만도 있었어.

내가 대학 때 스스로 지은 호가 '두엄'이었단 말이야. 대학 때부터 농사짓고 싶었어. 농부가 꿈이었지. 시골에 오자마자 집을 짓고 살면서 농사짓고 싶은데 밭이 없잖아. 그래서 근처에 사는 선생님 밭에서 같이 짓고 그랬어. 그렇게 밭을 얻어 농사를 한참 짓다가 골짜기에 땅이 싸게 나왔어. 700평(약 2314 제곱미터)이었는데, 그 정도만 되어도 온갖 걸 다 심어. 푸성귀도 심고, 감자도 심고, 깨도 심고, 이걸 다 유기농으로 했지. 시간만 나면 밭에 가 있었어.

그때는 운동을 좀 정리한 상태였어. 계속하긴 했는데, 대표를 맡는 건 그만할 때도 됐다고 생각했지. 민주노총 일도 끝나고, '나누고 함께하는 모임'도 한 5년간 회장을 해서 그것도 정리하고. 아무튼 그 시기에 전체적으로 자연스럽게 정리가 됐어.

700평을 제초제도 안 치고 하려니, 아주 부지런히 달라붙었지. 하지 같은 때는 새벽 4시에 일어나 일하다가 밥 먹고 출근하고, 또 저녁때도 해가 있으면 밭에 가 살았어. 아주 재밌게 했지. 그리고 퇴직할 즈음 그 앞에 땅이 나와서 거기도 샀어. 거기가 원래 밭으로 쓸 수 없는 땅이었는데, 차차 정비를 해서 농사를 지을 수 있게 만들었지. 그때 일본 사람이 쓴 농사 책이랑 니어링 부부가 거름 만들었던 걸 보면서 영감을 얻어 퇴비를 만들었어. 한약 무거리랑 음식 찌꺼기, 나무껍질, 나뭇잎 같은 걸로. 덕분에 밭이 좋았지.

 처음에는 태평 농법 같은 것도 해봤어. 그게 좀 멋있어 보이잖아. 작물이랑 풀이랑 잡초를 같이 키운다는 게. 근데 잘 안 돼. 잡초가 다른 밭으로 넘어가고 막. 그래서 결국은 그냥 열심히 김맸지. 농사를 정말 원 없이 지어 봤어. 고구마랑 야콘도 몇 가마씩 하고, 깨 농사가 잘되어서 참기름이 됫병으로 한 20개씩 나오고. 고추랑 배추도 동네 분들이 어떻게 이렇게 잘됐냐고 하고. 수수, 팥, 녹두, 도라지, 더덕……. 생각나는 건 다 심어 봤어.

 땀 흘리며 호미질하다가도 바람에 나뭇가지들이 흔들리고 구름 떠가는 걸 보는 순간들이 좋더라고. 작물들 자라는 걸 봐도 좋고. 그리고 농사짓는다는 게, 직접 노동을 해서 내가 먹을 걸 내가 가꾸는 것 자체가 의미가 있잖아. 내가 농사를 지어 작물이 나오고, 남들하고 나눠 먹기도 하는 게 가치 있게 사는 느낌이 들었달까. 언젠가 여행을 갔는데 직업을 적으라는 거야. 그때 '농부'라고 적으면서 기분이 아주 좋았지.

## 맨발로 모래사장을 걸어 보고 싶댔거든

　우리가 같이한 일 중에 기억에 많이 남는 게 엄마가 후종인대골화증을 빠져나올 때 해파랑길을 걸었던 거야. 그때가 정말 좋았어. 나도 퇴직했고, 엄마도 걸을 수 있게 되었고. 엄마가 한창 아플 때, 맨발로 모래사장을 걸어 보고 싶댔거든. 그래서 기념으로 같이 걷자고 이야기하게 된 거야. 원래 둘이 갈 생각이었는데, 마침 너네도 시간이 된다고 해서 너네 방학 때, 7월에 같이 해파랑길을 걸었지. 엄마가 걷게 된 기념으로 양양에서 출발해 동해 바다를 따라 부산까지 걷는 거야.
　영덕쯤 가서는 네가 발이 아파 고생했지, 신발을 잘못 신고 가서. 그러다 동해에서는 엄마가 허리가 아프다고 해서 "야, 안 되겠다. 그러면 여기서 그만하자." 했잖아. 그러다가 거기서 이틀 밤을 잤나? 앉지도 못하고 그래서 겁도 나고 해 병원도 다녀오고. 그런데 쉬다 보니 또 괜찮아졌어. 그래서 걷다가 망상쯤에서는 밤에 누구는 앓는 소리를 하고, 누구는 이를 뿌득뿌득 갈고, 또 누구는 잠꼬대를 하고 세 명이 다 그러는 거야. 자다 깨서 '이게 내가 무슨 짓을 하는 건가.' 그런 생각이 들었다니까. 방 하나에서 아주 진풍경이었지.
　걸어 다니니까 아침, 점심, 저녁을 싹싹 비우면서 아주 잘 먹었어. 『걷기예찬』°에 보면 걷는 것은 음식을 재탄생시킨다는 말이 있는데, 그게 딱 맞아. 먹을 때마다 백반 반찬을 싹 비우고 그래서 거기 식당 주인들이 좋아했지. 그렇게 해서 영덕을 지나 경주 쪽으로 해서 포항으로 내려가 울산, 부산으로 가지. 부산 이기대를 지나 해맞이공원까지 갔지. 그렇게 해서 33일 걸렸나 했던 거 같아. 제일 오랫동안 같이 여행을 했지.

그리고 제주도 가서 강정마을 투쟁하는 팀들이 제주도 걷기 한다고 해서 하루를 걸었잖아. 근데 자려고 보니 체육관 마루에 다들 모여서 자는 거야. 그리고 샤워도 찬물이야. 엄마가 샤워도 할 수가 없고, 찬 바닥인데 안 되지. 무슨 일이 생길 줄 알고. 그래서 밤에 철수해 숙소에 와서 비행기 타고 집에 돌아왔지. 큰 경험이었어. 한 달 이상을 하루 종일 걸었으니까. 그때는 웬만큼 걷는 건 무섭지 않았어. 압도적으로 걸었으니까. 지금도 가끔 그때 생각하면 '야, 진짜 잘 다녀왔구나.' 싶어. 이런 기억들이 살면서 중요한 거 같아. 점점 더 '좋은 시간들을 그냥 흘려보내지 말고 잘 기억해야지.' 그런 생각을 해.

## 아내를 돌보는 걸 내 마지막 운동으로

사실 간병하는 게 힘들 때는 엄청 힘들었어. 코로나19 백신 맞고 상태가 너무 나빠졌는데, 그땐 진짜 퍼뜩퍼뜩 깜짝깜

○ 다비드 르 브르통, 『걷기예찬』, 김화영 옮김, 현대문학, 2002.

짝 놀라기도 했고. 몸이 굳지 않으려면 운동을 계속해야 하니까 나가서 걷고, 아프면 살살 달래서 집에서 걷고, 스트레칭하고 그러면서 사이사이 밥하고, 집안일 챙기고. 또 엄마가 밤에 잠을 못 자고, 침대에 잠시 누워 있지도 못하니까 나도 못 자는 거야. 낮에 종일 간병해야 되는데, 밤에도 자지를 못하니까. 그땐 정말 힘들더라. '이렇게 하면 내 수명이 한 5년은 줄어들겠구나.' 하는 생각이 들었어. 사람이 몸이 안 좋거나 피곤할 때가 있잖아. 로봇이 아니니까. 그런데 어떤 상황에서도 계속 케어를 해내야 하거든. 다른 방법이 없으니까.

근데, 뭐 그럴지라도 평생 민주화 운동인지, 뭐 이런 운동 속에서 살았다면 이제는 아내를 돌보는 운동을 내 마지막 생에서의 운동으로 잡아야겠다. 다른 것도 내가 목숨을 걸다시피 하고 고문도 당하고 했는데, 내 아내를 위하는 건 가장 기초적인 건데, 힘들어도 해야 하고. 그렇게 삶을 살아가면 그 나름대로 의미가 큰 거다. 내 살아왔던 것의 연장선으로.

나도 일흔 되고 하니까 확실히 전보다 더 힘들어. 만만했으면 생각을 그렇게까지 가져가지 않지. 그렇게 마음을 다잡는다고 봐야지. 뭐, 그것도 다 팔자니까 받아들이고 그 속에서 유쾌하게 지내는 편이야. 거기에 매몰되어 있으면 일상도 망치고 내 삶도 초라해지잖아. 숙명적으로 오면, 그건 받아들이고 그 안에서 어떻게 의미 있고 재미있게 살 수 있는지 생각해야지.

이번에 옛날부터 살아온 이야기를 쭉 해 보니까, 처음에는 그냥 딸이 하는데 같이해야지 그런 생각으로 했는데 갈수록 이야기를 주고받는 그 자체가 즐겁더라. 구체적으로 행복감이 있고 기쁘고. 시작할 때는 이런 건 생각을 못 했어.

지나고 나서 생각해 보면 인생이라는 게 다 우여곡절이 있어. 문제는 흥을 내는 거야. 흥만 있으면 다 돼. 엄마가 아픈 와중에도 책을 읽고, 요리 맛있게 해 먹고, 나가서 자연을 보면 흥이 나는 사람이라 너무 다행이야. 위대하다고 할 만한 거 같아. 그렇게 흥을 만들면 생활하는 데 의미가 생겨. 그런 것들이 엄청난 힘이고 큰 매력이라서 나한테 힘을 주지. 어느 정도 삶이 지나면서 사회생활도 끝나고, 이제 나는 엄마랑 같이 지내는 시간들, 서로 사랑하는 시간들, 이런 게 의미가 있는 시간이야.

하여튼 인생이 그런 건데, 나이 먹으면 다 힘들고, 죽어 가는 과정이고 그래. 태어나면서부터 죽어 가는 과정이지만, 이제는 눈앞에서 가까워지는 과정이니까. 병들면 더하고. 그러그러한 사이에서 그래도 즐겁고 의미 있게 살아 보려고, 어떤 방향성을 가지고 살아 보려고 노력한 거 같아. 그리고 내가 보기에는 지나고 나니까 만족도 있었어, 이 세월이.

# 기록

## 정연빈

일상에서 만나는 낯선 순간을 좋아한다. 균열의 틈을 붙잡아 단단한 현실에서 보이지 않던, 이상하고 재미있는 것을 찾으려 한다. 세계의 얼룩 같은 이야기를 더 많이 듣고 싶다. 그동안 쓰거나 엮는 일, 이미지를 배치하는 일, 제품의 이름을 짓는 일과 강의하는 일 등으로 생활했다. 우울증이 심할 때도 이상하게 데모는 꾸준히 나간다. 고양이 다다와 함께 우울하고 명랑하게 살아간다.


## 후기

8년 전, 나는 구로를 기록하는 일을 하고 있었다. 그날은 구로동맹파업에 참가한 여성 노동자를 인터뷰하고 집에 돌아왔다. 마침 아빠가 서울에 와서 맛있는 저녁을 먹었고, 어쩌면 술도 한잔 마셨던 것 같다. 그러고 나서 늦게까지 녹취를 풀었다. 낮에 들었던 말들을 한참 받아 적고 있는데, 잠들었던 아빠가 비명을 질렀다. 지금껏 들어본 적 없는 큰 소리였다.

 그날 아빠는 고등법원에 다녀왔다. 학생운동을 하다 겪은 사건을 증언하러 간 거였는데, 살면서 그 일에 대해 말해 본 적이 없어 기억을 끄집어내는 데 시간이 꽤 걸렸다고 했다. 30년이 넘는 시간이 흘렀고, 함께 활동했던 사람들과도 종종 만났는데, 이야기해 본 적이 없다는 게 의아하기도 하고 마음이 쓰였다. 내가 어떻게 그런 엄청난 일을 말 한마디 없이 지나갈 수 있냐고 묻자 아빠는 이런 식으로 말을 줄였던 거 같다. "다들 말을 잘 안 해. 그 얘기가 아주 힘든 사람도 있고 하니까. 여러 가지 이유로……."

비명 소리에 놀라 뛰어갔다 자리로 돌아오면서 아빠의 삶을 제대로 들어 봐야겠다고 생각했다. 하루 종일 인터뷰를 하고 온 탓에 가까운 사람의 삶을 모르면서 바깥으로만 돌고 있다는 기분도 들었다. 아빠의 이야기는 자연으로만 호명되고, 삶의 공간으로 진지하게 다뤄지지 않는 강원도의 이야기이기도 했다. 그곳에서 나고 자라, 학생운동을, 다시 지역 운동을 하며 살아온 삶의 의미와 아빠가 가진 고유한 개인성이 잘 어우러지면 좋겠다는 바람도 슬며시 더해 보았다.

그 뒤로 긴 시간이 지난 뒤에야 노회찬재단의 구술생애사 기록팀을 만났다. 그동안 상황이 바뀌어 아빠는 가정 내 돌봄으로 채워진 하루를 들려주었다. 그리고 다르게 보이는 과거의 활동과 현재의 돌봄 노동 사이에서 자신만의 맥락을 찾고 있었다. 인터뷰를 시작하고도 작업은 느린 속도로 천천히 진행되었다. 책을 엮다니. 구술사 강좌에 갈 때는 생각도 하지 못한 일이다.

우울증으로 깊이 고여 있다가 "불안은 모두 소문일 뿐"이라는 최현숙 작가의 말에 이끌려 찾아간 자리였다. 동료가 생기면 좋겠다는 기대도 있었지만 그건 정말 운이 좋아야 가능한 일이니까 하고 서둘러 마음을 접었다. 그런데 정말, 운이 좋았다. 함께해 준 사람들이 없었다면 작업을 마치기 어려웠을 거다. 기다려 주고, 손잡아 한 걸음씩 걸어 준 사람들에 기대어 여기까지 왔다. 커다란 감사를 보낸다.

글을 정리하는 과정에서 아빠가 지나치게 모범적으로 그려진 건 아니냐는 말을 들었다. 딸이 보기에 납득이 가느냐거나 혹시 예전에 큰 잘못을 하신 건 아니냐고 묻는 사람도 있었다. 그러니까 내가 종종 "아빠! 맞는 말 좀 그만해!"라고 외치는 데는 다 이유가 있었던 거다. 다른 사람이 보기에 과할 정도로 모범적인 사람과 있다 보면, 그 말이 맞더라도 슬쩍 비껴 불량 식품을 먹고 싶어진달까. 문득, 이렇게 사느라 아빠는 자기 욕망에 몰두해 본 적이 없겠다 싶어 아쉬운 마음이 들었다. 하지만 이내 생각이 훌쩍 뛰어 그게 뭐 그렇게 중요한 일인가 싶었다. 무엇보다 삶은 내 생각보다 훨씬 다면적이고 복잡하게 구성되어 있을 테니까.

마무리하고 보니 역시 부족한 게 많다. 하지만 첫 구술사 작업에서 오래 묵혀 둔 일을 풀어내 기쁘다. 기회가 닿는다면, 이야기의 틈새를 열고 들어가 더 깊은 곳에서 아빠가 했던 고민과 마음의 흔들림을 만나고 싶다. 부족한 점들은 다음, 또 다음 작업에서 채워 나가기로 한다. 그동안 궁금했던 인물과 들어야 할 이야기를 가만히 떠올려 본다. 나는 또 느리게 움직일 테고. 어려운 일은 분명 생길 거다. 그때마다 첫 작업의 경험이 단단한 힘이 되어 줄 거라 믿는다.

S#3

## 3화.
## 이걸 모르고 살았다면
## 얼마나 억울했을 거냐

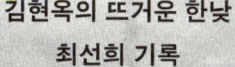

김현옥의 뜨거운 한낮
최선희 기록

## 주인공

**김현옥**

1961년 전라남도 거금도에서 태어났다. 아버지의 술주정과 폭력, 농사일을 피해 19세에 서울로 도망 나와 공장에 다녔다. 야학을 만나 노동법과 노동자의 철학을 배우고 가슴 뛰는 삶을 살게 되었다. 힘들었어도 이걸 몰랐으면 어쩔 뻔했나 싶다. 느리고 둔하지만 성실하고 지구력이 강하다. TV 보는 것을 좋아하고 바느질, 요리, 사물놀이를 잘한다. '이모네 식당'으로 가정을 지탱했고 지금은 사회적 협동조합 '품마을'에서 바느질을 하고 있다.

## 차라리 가난했더라면

　1961년생이고 전라남도 고흥 옆 거금도에서 태어났어요. 8남매 중에 다섯째고 위로 언니 둘, 오빠 둘, 남동생 하나, 여동생 둘이고요.
　우리 동네는 섬인데 거기가 바닷가라 바람이 세니까 농사보다는 겨울에 김을 생산해서 그게 좀 돈이 됐어요. 김발°을 하려면 가을에 준비를 다 해요. 대나무를 잘라 김이 대나무에 붙게끔 하는 건데, 가을에 가을걷이 끝난 뒤 바다에 던져 놓으면 겨울이 되어 김이 거기에 붙는 거예요. 또 언덕배기에 밭을 일궈 밭농사가 많았어요. 그런 데는 차도 안 들어가고 경운기도 안 들어가니까 다 등에 메고 머리에 이고……. 그래서 우리가 맨날 자매들끼리 만나면 하는 얘기가 있어요. "어렸을 때 너무 이고 다니는 걸 시켜서 우리가 키가 안 자란 것이다. 옆으로만 퍼진 것이다."
　바람이 많으니 밭에 고구마를 많이 심었어요. 고구마는 뿌리가 땅으로 들어가 바람을 안 맞잖아요. 그러니까 고구마를 진짜 많이 생산했어요. 고구마 자체를 판매하는 게 아니라 얇

---

　○ 김을 양식할 때, 김의 홀씨가 붙어 자라도록 바닷속에 세워 두는 물건. 대나무를 쪼개어 엮어 놓기도 하고 나일론 실로 그물처럼 얽기도 한다.

게 썰어서 말렸어요. 밭이나 평지 같은 데에 뿌리거나 양철 지붕 위에 널어 말렸어요. 그렇게 뿌려 놨는데 비가 떨어진다? 그러면 한밤중에 2시고 3시고 횃불을 펼쳐 놓은 채 그걸 줍는 거예요. 급하니까 요만한 애들까지 다 동원되는 거지. 봄부터 가을까지 농사일하고 겨울에는 김 생산하고 그랬어.

내가 제일 싫었던 게, 차라리 가난해서 논밭이 없으면 좋았을 텐데, 농사가 엄청 많은 집에 태어난 거예요. 계속 일하러 나가야 하니 아침에 해 뜨는 게 무서운 거야. 농사일에도 큰일이 있잖아요. 탈곡하는 날은 막 동원되잖아요. 그럼 학교도 안 가고 계속 일해야 하는 거지. 학교는 초등학교밖에 안 보냈어. 공부도 안 가르치고 일만 시켜 먹는 거지. 딱 큰오빠만 대학까지 가르쳤어요.

그때 막 산업화가 되면서 다들 도시로 갔어요. 내가 어렸을 때는 동네에 오빠들이 좀 있었는데 "도시로 가면 돈을 번다." 그러면서 다 서울로 가 버렸어. (아버지가 농사일을 도우라고) 못 가게 했는데 우리 형제들도 몰래 도망을 갔어요. 언니 오빠들이 배 타고 한밤중에 떠나고 나만 남았지. 내가 어렸을 땐 되게 순종적이었어요. 부모님이 "너는 가만히 있어라." 그렇게 얘기하니까 그냥 있었지.

## 어린 마음에 우린 아버지의 '노예' 같았어요

아버지는 바람피우고 도박하고 술 먹고……. 가정 폭력에 시달려서 어렸을 때 너무 무서웠어요. 아버지가 저기서부터 고래고래 소리를 지르면서 오면 집 안을 다 부수고 엄마한테 손찌검하고. 그러니까 일은 일대로 시달리고 아버지의 폭력에 시달리고. 자식들은 진짜 자식이 아니라 노예 같다고, 어린 마음에 꼭 노예 같은 느낌이 들었어요.

둘째 언니가 열일곱 살 되던 해, 아버지가 엄마를 폭행할 때 언니가 엄마를 보호하려다가 엄청 많이 맞았어요. 그러고 나서 언니가 집을 떠났어. 그 뒤로 연락이 다 끊겨 버렸지. 영원히. 진짜 영원히.

찾으려고 노력도 하고 그랬는데 못 찾았어요. 아무리 화가 나도 살아 있다면 고향에 돌아오거나 친구들을 통해서라도 형제들한테 연락했을 텐데 아무것도 없었어요. 그래서 사망하지 않았을까 생각하고 있어요. 열일곱 살 때 나갔으니 주민등록증이 없었잖아요. 그러니까 찾기가 힘든 거죠. 그게 여실히 보여 주는 거지. 우리가 얼마나 폭력이 심한 가정에서 살았나.

"영원히 오지 않겠다. 나는 이 땅을 밟지 않겠다. 이 섬으로 오지 않겠다." 그렇게 편지를 쓰고 나갔어요. 남자 친구가, 동네 오빠가 있었는데 언니가 너무 애원하니까 배로 밤중에 태워다 줬대. 그때 그 오빠 말은 부산으로 갔다고 그래. 연락을 서로 어느 정도 주고받았는데 언제부터인가 연락이 안 되고 다 끊겨 버린 거지. 아버지도 자기가 때려서 나갔지만 계속 찾았고, 엄마는 유명한 점쟁이는 다 찾아다녔어요. 언제 딸이 돌아올까, 어느 쪽에 있나, 살아 있는가 죽어 있는가, 맨날 그런 거 보러 다니고……. 진짜 한이죠, 한. 한으로 남았지.

2009년에 부모님 두 분 다 돌아가시고 우리도 나이 먹으니까 둘째 언니 사망신고를 해야 하지 않나 하는 얘기가 나왔어요. 그래서 큰오빠가 언니 사망신고를 했어요.

아무튼 언니 오빠들은 다 도망하고 나중에 동생 둘하고 나만 남아 있었어요. 그래도 동생들은 학교도 다녔는데 나는 열여덟 살이 되니까 그때부터 결혼시키려고 그랬어요. 중매쟁이들이 집에 왔다 갔다 하고, 하하하!

근데 결혼하면 엄마처럼 살 것 같은 거예요. 어린 마음에도 저렇게는 못 산다 했던 것 같아요. 서울 보내 달라고 계속 그러면서 뭔 열병 같은 게 났어요. 막 앓고 비몽사몽 하면서 서울 가고 싶다고 하니까 아버지가 저러다 뭔 일이 나겠구나 싶었던지, 친척분이 서울에 가는데 "그러면 언니 집에 가서 서울살이를 한 보름만 하다가 와라." 그랬어요. 그렇게 서울로 올라왔다가 안 내려간 거죠. 서울에 있는 형제들도 "그놈의 집구석 다시는 가지 마라." 그러고요.

## 처음 간 데가 옥수동 미싱자수 공장이었어요

열아홉 살에 서울로 와서 그때부터 공장 생활을 했지. 처음에 올라와 들어간 데는 옥수동에 있는 지하 공장이었어요. 미싱자수를 하는 데였죠. 이걸 어떻게 배웠냐면 바로 위의 작은오빠가 "너는 나이 먹고 올라왔으니……." 하면서, 아니 열아홉 살인데 나를 늙은이 취급을 하는 거야. 그때는 시다°가 뭐 열세 살, 열네 살 이랬을 때니까. (나이도 많은데) 시다를 지금부터 하면 그건 너무 서러운 일이니 자기가 받은 월급으로 학원을 보내 주겠다 한 거야. 그때가 1980년이었는데 미싱자수가 유행해서 을지로, 종로 그쪽에 학원이 엄청 많았어요. 오빠가 "기술을 가르쳐 줄 테니 기술자로 들어가야 한다." 그랬지.

지금 생각하면 대단해요. 오빠가 절대 시골로 돌아가면 안 된다고 했어요. 아버지 폭력을 피해 맨발로 도망간 오빠가 작은오빠예요. 그 오빠가 인쇄소에 다녔거든요. 거기 다니면서 나를 학원에 보내 준 거야. 3개월 동안 미싱자수 학원을 보내줘서 기술을 배웠는데 그 학원에서 취직시켜 준 데가 옥수동 미싱자수 하는 데였어요.

거긴 몇 달 안 다닌 것 같아요. 한 6개월 다녔나? 못 견디고

○ 일하는 사람 옆에서 그 일을 거들어 주는 사람. 보조원, 밑부분을 뜻하는 일본어에서 유래.

내가 도망 나왔어요. 눈만 뜨면 일을 하고 월급도 쥐꼬리만 해. 열두 명에서 열다섯 명 정도가 있는데 엄청 기다란 방이 하나 있어서 그냥 자기 짐을 머리맡에 놓고 거기에서 다 자는 거야. 밥하는 사람도 당번을 정해 돌아가면서 밥을 해서 자기들이 알아서 먹고살아야 하는 거지. 숙소가 거기에 있다 보니까 진짜 아침 8시부터 일하면 밤 10시까지 일하는 경우가 많았어요. 일이 밀리면 밤 12시까지도 하고. 그래서 이건 아니다 싶었지.

거기가 버스 종점, 엄청 변두리였어. 뭐 사러 간다고 잠깐 나온 것처럼 해서 겨우겨우 뛰쳐나왔는데 내가 늦게 도망 나오다 보니 버스는 없고 택시가 있었어요. 거기 옥수동에서 택시를 타고 지금 건대 있는 능동 있잖아요. 큰언니가 거기서 결혼 생활을 하고 있었는데 택시를 타고 거기까지 온 거죠.

도망칠 때 너무 살벌한 거야. 그 기억이 남아 있어요. 왜 꼬꼬무°에 무슨 기술고등학교인가에서 화재가 크게 나서 사람 엄청 많이 죽은 이야기가 있었잖아요. 그걸 보면서 '아이고, 우리도 만약에 불이 났으면 그 속에서 다 죽었겠다.' 그 생각을 했지. 철문을 밖에서 다 잠갔으니까. 동갑내기 친구가 하나 있었는데 도망칠 때 내가 같이 나가자고 그랬던 것 같아. 그랬는데 걔는 안 오고 나만 뛰쳐나온 거지.

○ 〈꼬리에 꼬리를 무는 그날 이야기〉. 과거의 사건을 자세하게 알려주는 TV 예능 프로그램.

다음에 들어간 데가 가정집에서 이불을 만드는 곳이었어요. 처음에는 자수 때문에 들어갔는데 그 집에서는 자수가 사양산업이라면서 미싱으로 하는 누비가 있는데 간단하니까 자기들이 가르쳐 주겠다는 거예요. 그래서 거기서 누비를 배웠어요.

가정집에 공장이 조그맣게 있었어요. 부업처럼 하는 집인데 거기서 부부가 누비이불을 만들어서 동대문시장에 납품하고 직원은 한두 명 있었어요. 근데 그 집이 천국 같았어. 전에 옥수동 거긴 일을 너무 많이 해서 도망쳤는데 그 집에서는 그래도 (아침) 8시부터 (저녁) 7시까지만 일했으니까 너무 좋은 거야. 거기 다니면서 야학에 다녔어.

야학을 (저녁) 7시 반 정도에 시작했으니까 일 끝나고 갔지. 내가 아침에 일을 한 시간 일찍 해 줄 테니 저녁에 한 시간 일찍 끝내 달라고 하니까 그걸 들어줬어요.


## 야학을 만나고 가슴이 막 뛰었죠

우리 또래들이 학교 못 다닌 사람이 많아요. 나는 열아홉에 서울로 왔는데 '내가 이렇게 늦은 나이에 공부할 수 있을까? 공부할 수 있으면 좋겠다.' 이런 생각을 늘 했죠.

추운 겨울에 이렇게 걸어 다니는데 전봇대에 야학생을 모집한다고 딱 그게(전단지) 보이니까 가슴이 막 뛰는 거야. 옛날에 전봇대에 뭘 많이 붙이잖아요. 동생이랑 나랑 같이 있었는데 나는 나이가 너무 많아서 (입학이) 안 될 것 같고 동생이라도 데려가자 그래서 동생하고 나하고 언니랑 셋이서 야학을 찾아 갔어요.

면목동에 성당이 있었는데 거기 성당 지하에 '녹지야학'이라고 있었어요. 동생을 여기 입학시키려고 그런다 했더니 "그럼 언니는 다닐 생각이 없냐?" 그러더라고. "저는 나이를 너무 많이 먹어서 안 됩니다." 그랬더니 웃으면서 나보다 훨씬 나이 많은 사람도 다닌다는 거예요. 그 말을 듣는데 진짜 가슴이 막 뛰었어요. 희망이 생겨서 너무너무 좋았죠.

야학 다닐 때가 내 인생에서 제일 좋았던 때인 것 같아. 일을 해야 먹고사니까 낮에는 일하고 저녁에 야학에 가서 맨날 졸지만 너무 좋았어요. 야유회도 같이 가고 수학여행도 가고 그게 추억이 가장 크고 그렇지. 야학 교사들이 우리가 못 가졌던 것들을 최대한 해 주려고 노력했던 것 같아. 대학생들이 맨날 자기들 학교 끝나고 저녁 시간에 밤 12시가 다 되도록 우리를 가르친 거죠. 처음에 중등부로 들어갔는데 중간에 고등부까지 생겨서 중등부·고등부를 거기서 다 다녔어요. 그때 야학이 굉장히 발달해서 처음에는 한 개 반이었는데 나중에 세 개 반까지 됐어요.

거기 성당 신부님이 정말 좋았어요. 양노일 신부님이라고 외국인 신부님이었는데 진짜 헌신적인 분이셨죠. 자기도 생전 난방을 안 했어요. 따뜻하게 살면 안 된다고. 그런 돈을 모아서 계속 야학을 지원해 주었어요. 지금은 내가 다녔던 야학이 없어졌지만, 같이했던 사람들 모임이 지금까지도 있어요. 한 60명이 카톡 방에 모여 있어요. 그때 교사로 일했던 사람, 학생으로 다녔던 사람, 다 있어요. 야학에서 이렇게까지 계속 모이는 경우도 드물다고 그래요. 이제 다 나이 먹고 늙어서 자녀들 결혼식 하고 이럴 때 서로 만나지.

## 나는 벌어서 내가 다 썼어요

그때 야학에서 가르친 게 '노동 야학'이었어요. 『철학이란 무엇인가』, 『노동자의 철학』 이런 책을 읽고 '어떻게 살아야 되나' 그런 걸 배웠죠. 야학에서 '근로기준법'이 어떻고 '노동자가 주인인 세상'이 어떻고 이런 말을 들으니 얼마나 반짝반짝해. '아, 내가 진짜 중요한 사람이구나!' 그걸 그때 느꼈지. 뭔가 좌절 속에 살다가 야학에 다니면서 나에 대해 생각하게 되고, 자부심을 갖고 살아야 되겠다는 걸 느끼고, 그게 뿌리가 돼서 노조 활동도 했던 거죠. 야학했던 데가 성당이었잖아요. 성당에 '지오쎄'라고 '가톨릭노동청년회'°라는 데가 있었어요. 야학 다니던 친구들하고 몇 명이 가톨릭노동청년회 활동을 했었는데 거기에서도 노동이 신성하고 주체적으로 살아야 하고 이런 기본적인 학습을 해 줬어요.

그땐 청바지 하나에 운동화 한 켤레, 옷이 두 벌, 진짜 옷이 딱 두 벌이었던 것 같아. 그러고 다니고 꾸미는 데는 관심이 전혀 없는 거지. 맨날 선머슴처럼 하고 다녔어. 화장품도 결혼해서 처음으로 발라 본 것 같아요.

나는 집을 벗어나는 순간 진짜 내 맘대로 살겠다고 결심했어요. 돈을 벌면 내가 다 써. 저축도 안 하고. 그때 당시에는 죄다 모아서 집에들 보내는 문화였어. 딸들이 돈 벌러 서울로 오면 그 돈을 모아 동생을 가르쳤는데 나는 월급을 받으면 그걸 다 썼어요. 내 치장을 하는 게 아니라 그냥 맨날 어울려 다니면서 그 돈을 다 썼어. 오죽하면 같이 다니는 동생뻘 되는 애가 "언니 지갑에는 항상 돈이 있는 것 같아." 그럴 정도로 있는

○ 가톨릭노동청년회Jenesse Ouvrière Chrétienne, JOC는 1925년 인간의 존엄성과 노동의 소중함을 일깨우기 위해 조셉레옹 카르댕 Joseph-Léon Cardjin 추기경이 벨기에에서 창설한 청년 노동자 운동 단체다. 한국에서는 1958년 11월 16일 명동성당에서 첫 투사 선서식을 진행하고 공식 발족했다. JOC 조직은 성당을 통해 확대되었고 각 공장에 직장팀이 결성되었다. JOC는 노동자는 세상을 만들어 가는 귀한 존재이며 사회를 정의롭게 변화시켜야 하는 사명을 지닌 존재임을 설파하고 노동과 신앙을 통합해 성찰하는 교육을 했다. JOC는 1960년대와 70년대, 80년대에 우리나라가 급격하게 산업화되는 과정에서 드러난 노동 왜곡 현실에 저항하면서 나라의 민주화와 민중의 인권을 회복하는 데 기여했다(『한국가톨릭노동청년회 50년의 기록』, 민주화운동기념사업회, 2009).

돈을 다 써 버리니까 엄마, 아버지가 "다른 집은 돈 벌어 동생도 가르치고, TV도 사고, 밥솥도 사고 그러는데 너는 도대체 돈 벌어서 뭐 하냐?" 그랬지. 어찌 보면 내가 가장 자유로웠던 때죠. 하고 싶은 대로 살았던 때니까.

**최초의 싸움**

누비이불집에는 그래도 야학 다니는 동안 3, 4년은 다닌 것 같아요. 그러다가 내가 스물네 살인가 됐어요. (노조) 활동을 못 하고 이불 공장에 혼자 그렇게 있으니까 그만두고 신내동에 있는 봉제 공장에 들어갔죠. 내가 노조를 만들어서 노동자들에게 노동법이 있고 노동조합도 만들 수 있다는 걸 알려야겠다, 나름대로 그런 정의로운 생각을 하면서요.

그런데 공장에 들어가고 얼마 되지도 않아서 사장이 파산 선고를 한다는 거야. 거기는 60명 정도 있었는데 내가 들어갔을 때 벌써 임금이 5개월 밀린 사람, 3개월 밀린 사람…… 이렇게 임금이 다 밀려 있었어. 일을 막 힘들게는 안 했는데 임금이 다 체불돼 있는 거예요. 사장이 문을 닫는다고 선언을 하고 임금도 안 주고 사라져 버렸어요. 공장은 안 돌아가고 그럼 돈은 어디서 받아야 되나 전부 막막해하고……. 이제 내가 할 일이 딱 생긴 거지. 그래서 들어가자마자 최초의 싸움은 거기서 했던 것 같아.

"우리 임금 받으러 노동부에 가자!" 하고 거기서 다섯 명인가 여섯 명인가가 북부 노동청을 같이 갔어. 근데 근로감독관°을 잘 만난 것 같아요. 당시에 싸가지 없는 인간들도 많았는데 그 감독관은 잘해 줬던 것 같아. 임금 못 받은 사람들이 몇명이고, 몇 개월씩 밀렸는지 그걸 다 알아야 한다며 우리한테 실태를 자세히 물어보더라고. 전부 말하고 돌아왔는데 며칠 동안 안 보이던 사장이 딱 나타났어요. 그게 연락이 갔나 봐.

사장이 초췌한 모습으로 나타났는데 사람들이 "사장님 얼굴이 너무 초췌해 보인다. 너무 불쌍하다." 그래서 내가 "네가 더 불쌍하다. 돈도 못 받은 우리가 불쌍하지 왜 저 사람이 불쌍하냐?" 그랬어요. 근데 사장은 문제를 전혀 해결하려 하지 않았어요. 다들 막막해하고만 있었는데 근로감독관이 직접 와서는 납품 업체에 연락해서 기계하고 물건을 처분해 우리가 (못 받은 임금의) 60프로는 받을 수 있다고 알려 줬지.

나는 항상 남자들이 좀 비겁했던 것 같아. 전혀 안 보이다가 돈 받을 때 되니까 어떻게 알았는지 다 온 거야. 진짜 한 명도 빠짐없이 다 왔어. 그때 통쾌했던 게 그걸 받아 냈던 거, 약

○ 근로감독관은 〈근로기준법〉에 따라 근로조건의 기준을 확보하기 위해 고용노동부와 그 소속 기관에 둔 감독관으로 〈근로기준법〉이나 그 밖의 노동관계 법령을 위반하는 것에 대해 사법경찰관의 직무를 수행한다.

간 뭐지, 되게 그 뿌듯함이……. 처음 해 보는 건데 그게 진짜 뿌듯함으로 남아서 정말 열심히 살게 된 계기가 되지 않았나 싶어. '우리가 할 수 있다.' 그걸 그때 느낀 거죠. 그때는 직접 돈을 봉투에 담아서 차례차례 줄을 서서 받았어요. 그러니까 그게 굉장히 보람이 있었고 아직도 눈에 선하지.

**새벽 한문반**

그다음에 면목동에 있는 봉제 공장을 들어갔어요. 그때가 1984년이었나? 내가 스물넷인가 스물다섯 살 때예요. 거기가 예전에 YH° 가발 공장이 있던 데인데 봉제 공장으로 바뀐 거예요. 생산라인이며 숙소도 다 그대로 있으면서 봉제 공장으로 바뀌었는데 바뀐 이름이 '삼우'였어요. 거기 진짜 사람이 많아. 150명 정도 되려나? 그렇게 사람이 많아도 그때 삼우에 노조가 없었어요. 마침 그 근처에 우리 야학이 있었고 그래서 우리

○ 1966년 설립된 가발 제조업체 YH무역은 창립자의 외화 빼돌리기와 무리한 사업 확장, 제2차 석유파동 등으로 인한 경기 침체로 일방적인 폐업을 결정했다. YH무역 노동조합원들은 1979년 8월 9일 신민당사에서 농성을 시작했다. 8월 11일 새벽 2시 2000여 명의 경찰이 농성장에 투입되면서 23분 만에 진압되었다. 이 과정에서 22세 여성 노동자 김경숙이 숨진 채 발견됐고 박정희 유신 정권을 무너뜨리는 계기가 되었다.

가 거기 들어가 노동조합을 만들어 보자는 생각을 했지.

그렇게 들어갔는데 내가 제일 힘들었던 데가 거기야. 전광판에 그 (생산량) 개수 찍는 거 그게 계속 뜨면서 총반장이 마이크 잡고 계속 재촉하고 노동강도가 너무 세. 너무나 힘들었던 데야. 진짜 잊을 수가 없어요. 라인이 쫙 있으면 하루에 400매, 500매씩 만들어야 해요. 근데 내가 (공장 일 하러) 어렸을 때 안 나오고 좀 나이 들어서 나왔잖아요. 손도 느린 데다가 처음부터 미싱이 아니고 자수를 하다가 중간에 미싱을 해서 잘 못해. 그래서 아픔이 있지.

이렇게 위의 위치에 못 있고 부속품을 만들거나 뭐 이런 데 있는 거야. A급으로 있어야 되는데 맨 하빠리○ 쪽에 있다 보니까 힘이 없는 거지. 그래서 노조는 못 만들고 일만 죽도록 하는데 주변에 선배 언니들이 "넌 일 속에 그냥 묻혀 가고 있다. 차라리 나와라." 이렇게 말할 정도로 맨날 일에 치여 아무 생각 안 나는 거야.

그래도 거기 다닐 때 사람들이 아까우니까 야학에서 아침 한문반을 만들었어요. 맨날 야근을 하니까 생각한 게 아침에 한문을 가르치는 걸 하자, 새벽에 나와서 공부를 하자는 거였죠. 근데 사람들이 엄청 온 거예요. 40명이 넘었어요. 그걸 배우겠다고 그 이른 시간에……. 그래서 주도했던 사람들이 다

○ '하빠리'의 방언. 품위나 지위가 맨 아래에 속하는 사람.

깜짝 놀랐죠. 그때는 딸들을 안 가르쳤잖아요. 그러니 한문을 가르친다고 여기 벽에 붙여 놓으니까 근처 공장에서 다 온 거예요. 내가 다니던 삼우에서도 많이 왔어요.

아침에는 한문을 배우고 주말에는 저녁에 모여 기타 치면서 노래도 배우고, 그러다 수련회 가서 공장 생활이 얼마나 참담한지 이야기하고 그런 걸 깨쳐 나가야 하지 않느냐, 이렇게 하나씩 하나씩 해 나갔는데 그게 되게 뿌듯했던 것 같아요.

근데 1기만 하고 끝났어요. 피곤해서 견딜 수가 없는 거야. 여덟 시간만 근무하면 다 했을 거야. 근데 열두 시간 이상 노동하고 새벽에 나오는 게 얼마나 피곤하겠어요. 그래서 한 달 정도 되니까 다 나가떨어져. 나조차도 "오메, 이거 못 하겠네." 알 성도로 힘들어서, 그러면 빨리 졸업시키자고 했지. 힘들어서 떨어져 나간 사람도 있지만 끝까지 온 사람들이랑 그래도 졸업을 했어요. 한문반을 끝내고 나도 그 회사를 나왔지. 여기는 너무 일하느라고 활동을 못 하겠구나 판단을 한 거죠.


## 뱅뱅

그러고 나서 들어간 데가 '뱅뱅'이었죠. 그래도 뱅뱅은 살 만했어. 일은 저녁 8시까지 했지만 강도가 세지도 않았고 야간을 안 했거든. 나는 맨날 청바지 뒷주머니를 달았는데 그때도 다 한 가지씩만 하는 거야. 삼우라는 회사가 얼마나 악독했던지 뱅뱅은 그래도 천국 같았어. 뱅뱅은 매수 빼기°가 없었어요.

그때 힘이 됐던 게 뱅뱅에 학생 출신이 두 명 있었어요. 남자 하나, 여자 하나. 또 성수교회에서 오는 언니가 한 명 있었고. 그 언니는 우리 모임에 합류하지는 않고, 그 학생 출신 두 명하고 나하고 해서 셋은 자주 만났어요. 이 현장을 어떻게 개선해 나갈 건가, 노동조합을 어떻게 만들 건가 그런 논의도 하고 맨날 만나서 노동자들 조직하고 그렇게 해서 노조 설립을 했는데 그때 당시에 난리가 났지. 모이는 것도 몰래몰래 짜장면집에서 모이고 노조 설립도 멀리 가서 저기 도봉산에 가서 했다니까.

근데 지금도 생각하면 내가 주(핵심 인물)가 못 됐어. 거기서 일을 잘하지 못해서. 그러니까 A급들이 움직여야 하는데 나는 그때도 A급이 못 됐어. 삼우에 있을 때는 완전 하빠리였는데 거기서는 그래도 중간은 가서 A급 언니들을 섭외하고 그랬는데 그 학생 출신 여자는 나보다 더했어. 내가 삼우에서 겪은 일을 그 친구도 겪은 거지. 맨날 일 못한다고 무시당하는 거.

현장에서는 진짜 일 잘하는 게 최고야. 그러니까 지금도 만약에 뭘 하려면 핵심으로 있는 사람들이 움직여 줘야 돼. 그

○ 빠듯한 생산량을 정해 놓고 쉴 새 없이 일하도록 관리하는 것을 의미하는 현장의 은어.

때는 그게 그렇게 부러웠어. 내가 저렇게 일을 잘하면 얼마나 좋을까, 항상 그 생각을 했지.

## 짜장면집에서 모이고 도봉산에서 노조를 설립하고

뱅뱅 투쟁 할 때 처음에는 현장 분위기가 진짜 좋았어요. 다들 불만이 있었지. 화장실은 재래식에 문도 안 달려 있었어요. 노크를 하고 들어가는 게 아니라 누가 있나 안을 들여다봐야 하는 거예요. 너무 웃기지 않아? 인권침해지. 그리고 임금은 낮은 데다가 오후 6시 이후는 잔업으로 쳐 줘야 하는데 그것도 제대로 인 해 줬어요.

사회 분위기가 삼엄할 때라 노조 인정이 안 됐어요. 그래서 파업했죠. 1공장, 2공장이 있었는데 내가 1공장에 있고 2공장에는 성수교회 다니는 친구가 있었어요. 1공장, 2공장이 동시에 파업을 하고 식당에서 모이기로 했는데 그때 너무 무섭기도 했지만 그래도 같이하는 사람들이 있었기 때문에 했던 것 같아요.

주동자로 몰린 사람들은 다 잘리고, 일하다가 현장에서 끌려갔죠. 학생 출신 둘도 미싱하다가 경찰한테 질질 끌려갔어요. 학생이 "어차피 우리는 위장 취업자로 감옥에 가니까 우리한테 다 뒤집어씌워라." 그렇게 입을 맞췄어. 우리는 구류만 살고 나왔는데 학생 둘은 그렇게 감옥을 산 거야. 나도 현장에서 미싱하다 끌려갔는데 내가 안 가려고 버티니까 어린 애들이 "언니, 무서워. 언니 말은 맞는데 빨리 그냥 따라가." 그런 게 기억나. 애들은 빨갱이다 불순 세력이다, 무조건 지들이 다 갖다 붙이지. 차에 타자마자 머리에 뭘 뒤집어씌워서 끌려간 데가 나중에 알았는데 장안동°이었어.

파업은, 뭐 이삼일에 끝나고 진짜 투쟁은 오히려 공장 밖에서 했지. 구류 살고 나와 공장으로 못 들어가게 하니까 해고 투쟁을 몇 개월 한 거죠. 성수교회에서 이틀 잤나? 그러고는 성문밖교회°°에서도 먹고 자고 했어. 또 전태일기념관에서도 좀 지내고 그렇게 다닌 거야. 그러면서 밤에 짬짬이 교육을 했지. 그때는 TV도 없었으니까 밤에 같이 모여 얘기하고 노래하고 술 먹고 교육하고 그런 게 제일 기억나. 그리고 해고 투쟁 할 때 아침에 나가서 활동했던 거.

1986년에 시작해서 1987년까지 싸웠으니 우리가 해고 투

---

○ 장안동 대공분실을 의미. 대공분실은 경찰청이 북한의 남파 간첩과 〈국가보안법〉 위반자 등을 취조하고 심문하기 위해 만들었지만 민주화운동, 노동운동을 하거나 정부에 위협이 되는 사람들을 연행해 고문했던 곳으로 유명하다.

○○ 성문밖교회는 1958년 설립된 영등포산업선교회가 정권의 탄압을 피하고 활동의 안정성을 확보하기 위해 만든 신앙 공동체로 1977년 세워졌다. 1970, 80년대 노동자들을 비롯한 사회적 약자들의 안식처가 되었다.

쟁 하는 중에 이한열 열사가 돌아가신 거야. 그 바람에 100만 명 모일 때 투쟁하면서 6월 항쟁°에 참여한 거지. 그래서 외부에서도 진짜 많이 도와줬어요. 그동안 1980년대 초기에 너무 공포스러운 분위기에서 노동운동 쪽이 침체되어 있다가 우리가 투쟁하면서 6월 항쟁하고 같이 맞물려 밖의 지역 활동가들이 진짜 많이 도와줬어요.

싸움이 하도 안 끝나니까 우리가 백화점이나 마트, 학교, 특히 여자 학교를 많이 쫓아다녔어요. 당시에 뱅뱅이 제일 잘 나가는 청바지였거든요. 그래서 이화여대랑, 뭐 어디 어디…… 이런 데를 가서 계속 피켓 들고 불매운동을 하러 다니니까 회사 측에서 연락이 왔어. 그래서 협상이 이루어지고 또 국회의원 중에 민주당 김미경 의원이 중간 역할을 해서 완전한 승리는 아니지만 합의를 했어.

제대로 못 받은 임금이랑 퇴직금, 파업하는 동안의 월급도 다 주기로 약속을 받았지. 또 조건부로 복직해 한 달 동안 가서 일하고 나오기로 했어. 왜냐하면 우리를 너무 간첩으로만 알고 있으니까 한 달 동안 동료들하고 지내는 것도 중요하다고

○ 1987년 6월, 대통령 직선제 개헌 등을 요구하며 전국적으로 전개된 대규모 시민항쟁. 민주헌법쟁취국민운동본부가 기획한 6.10 국민대회를 기점으로 당시 전국 곳곳에서 매일 100회 이상의 시위가 동시다발로 벌어졌다. 6월 항쟁에 참여한 연인원은 400만~500만 명으로 추산되며, 결국 전두환 정권은 1987년 6월 29일 6.29 선언을 통해 대통령 직선제 개헌 요구를 수용했다.

생각한 거지. '한 달 복직해서 동료들하고 잘 지내고 오기'는 잘한 것 같아요. '너무 무서워, 쟤들 빨갱이래.' 이런 눈빛이었던 사람들이랑 같이 얘기도 하고 밥도 먹으면서 조금 풀어졌던 것 같아.

나중에 뺑뺑은 공장 자체를 다 해체시켰대요. 시끄럽다고. 회장이 어떻게 했냐면, 뭐 네댓 명씩 쪼개서 하청을 줘 버린 거야. 그래서 공장 하나로 모여 있던 게 다 폐업해 버린 거지.

**우리는 그런 딸이 없다**

아 광운대, 잊을 수가 없어! 그 학생들이 잘못한 거야. 거기 사례 발표를 하러 갔어. 발표가 끝나고 우리를 끝까지 보호해 줘야 했는데 내버려둬서 밖에서 기다리던 경찰한테 다 붙잡혔지. 경찰서에서 조사받고 훈방 조치를 하는데 모두 가족들이 와서 데려갔고 나하고 어떤 남학생하고 둘만 남았어.

집으로 연락이 갔는데 그랬대. "우리는 딸이 없다." 얼마나 서운했던지 아버지가 그랬는가 "네 오빠 신상을 조질라고 네가 작정을 했냐!" 큰오빠가 유일하게 대학을 나와 포항제철에서 근무하고 있을 때였는데 "너 때문에 오빠 인생에 피해가 가면 안 된다." 해서 경찰서에서 연락이 왔는데 그런 딸이 없다고 그랬다는 거야. 그렇지 않아도 아버지에 대한 게 너무너무 안 좋은데 그게 딱 가슴에 못이 박혔지. 다 시골에서 올라와 데려가고 울고불고 난리가 났는데 나만 안 데려가는 거야.

그래서 형사가 "야, 새끼야. 너는 왜 식구들이 안 데리러 오냐."고 자기네도 직접 인수인계를 해야 된다는 거야. 작은오빠가 제기동에 살고 있었는데 그때는 전화도 없으니까 경찰이 주소 알아내서 결국 형사가 오빠 집까지 차로 태워다 줬어. 빨리 보내고 자기들도 집에 가야 되니까. 그게 너무 안 좋은 추억으로 남아 있지. 버림받은 딸…….

다시 현장으로 들어가야 하는데 결혼한 사람, 시골로 내려간 사람, 뭐 이러면서 다 흩어졌어. 나도 장안동에 있는 조그마한 의류 봉제 하는 데 들어갔지. 고급 옷을 만드는 데였어요. 수녀복인데 하루에 열 장, 스무 장 이 정도만 만드는 대신 엄청 꼼꼼하게 해야 돼.

나는 청바지 하는 데서 일을 배워서 꼼꼼하지 못해. 거기서도 또 하빠리. 거의, 뭐 안감 박고 이런 거. 그러니까 완전히 숙련공들만 모여 있는데 내가 제일 못했지. 그래도 너무 편했어요. 몇 개 해라, 빨리 해라 이런 재촉이 없으니까. 그리고 딱 여덟 시간 근무하고, 또 직원들 생일을 다 챙겨 줬어요. 내가 직장 다니면서 생일 선물 받아 본 게 거기가 처음이었어.

## 열심히 노동운동 해 주면 돈은 내가 벌면 되지

그때 내 나이가 스물일고여덟이었는데 고민이 많았어요. 나이가 많으니까 온 사방에서 왜 결혼 안 하냐 그런 얘기를 하고 나도 많이 지쳐 있었고. 약간 무기력했을 때 중매가 들어온 거죠.

내가 싸워 보니 너무 힘들었잖아요. 그래서 '아유, 나는 이제 이렇게 힘든 거 누가 싸워 준다고 하면 결혼해서 내가 뒷바라지를 해 줘도 되겠다.' 그런 생각을 했죠. 그때 결혼 조건은 노동운동 열심히 하는 사람이면 괜찮겠다는 그거 하나였어요. 그땐 정말 단순했던 것 같아. 지금 같으면 앞뒤 생각하고 계산하고 할 텐데, 그땐 뭐 노동운동 열심히 해 주겠다는데, 노동자를 위해 열심히 하겠다는데…… 거기 꽂혀 있었으니까 그게 전부였던 것 같아요. 소개를 받아서 딱 봤는데 진짜 열심히 하겠구나……. 그다음에, 적어도 날 때리지는 않겠구나…….

남편이 몸에 장애가 좀 있어요. 어릴 때 소아마비를 앓았대요. 집에 같이 인사하러 갔는데 냉랭했죠. 근데 또 내가 임신한 상태로 갔거든요. 옛날엔 임신하면 끝이었죠.

아버지는 "네 나이가 오십이 돼도 후회 안 할까?" 그 말을 했는데 나중에 그게 딱 남더라고요. 내가 결혼할 때는 문제가 될 거라고 생각을 안 했는데 같이 살면서 점점 크게 느껴지는 거지. 저 남자도 좀 그런 거를 각오한 여자랑 결혼했으면 더 낫지 않았을까 그런 생각을 하는 거예요. 전혀 장애에 대해 생각을 안 하고 결혼했으니까 내가 남편에 대해 배려라든가 이런 게 별로 없었어요. 장애인이라는 생각을 별로 안 했으니까 나중에 힘든 거야. 밤에 잘 때 너무 고통스러워했어요. 오히려 지금은 신경이 완전히 다 죽어서 통증이 없어요. 돈 벌고 아이 낳고 키우면서 모든 짐이 나한테 다 안겨져서 나도 힘든데, 밤이면 남편이 고통으로 힘들어하니까 나는 말도 못 하고. 본인은 얼마나 괴롭겠어. 그런데 그런 게 계속 반복되니까 내가 되게 위축되는 거죠.

몇 년 전에 "세상이 이렇게 좋아졌으니 큰 병원에 한번 가보자. 수술해서 좀 완화될 수만 있으면 하자." 내가 적극적으로 얘기해서 삼성병원하고 아산병원 가서 알아봤어요. 그런데 이미 신경이 죽어서 되돌릴 수 없다고 그러더라고. 그러고 나서 남편이 너무나 울었던 것 같아. 조금 희망을 가졌다가 휠체어 생활 하게 되고 이럴 때 되게 슬퍼했지. 근데 다시 또 딛고 일어나고. 그래도 처지지 않고 저렇게 굳건히 또 살아가니까 천만다행이지.

부지런히 사니 건강한 것 같아. 집에서도 잠시를 가만 안 있어. 주특기가 부지런한 거야. 나는 집에 있으면 가만히 있는 걸 좋아하거든. 가만히 TV를 보거나 그냥 누워 있거나 하는데 우리 남편은 계속 뭘 만들어. 뚝딱뚝딱 만들고 계속 집 안에 고칠 거 있으면 고치고. 천성이 부지런하구나. 그래서 안 아프고 저렇게 잘 지내는 것 같아.

## 노동운동을 해도 성차별은 똑같았어요

결혼하고 아이 낳고 그러면서 안산 원곡동에서 친구랑 같이 놀이방도 하게 됐어요. 내 아이를 데리고 같이 영아방을 했지. 진짜 나는 활동은 잠시도 안 쉬었다니까. 애들이 좋아서라기보다는 그때 할 수 있는 활동이 그거밖에 없었어요.

내 애 돌보는 김에 남의 애도 보자 이건데 나중에 보니 그건 아니었던 것 같아. 내 아이랑 남의 아이랑 같이 보면서 생기는 불화가 많았어. 내가 다른 애를 안고 있으면 내 애는 애대로 '왜 엄마가 다른 애를 안아 주지?' 이렇게 이해를 못 하고 울고 다른 애들 때리고. 이건 아니다, 놀이방을 한다면 내 아이는 다른 데 보내야 한다고 내가 그랬지. 그래서 나중에 온 활동가들은 자기 아이는 딴 데 보냈어요.

내가 딸을 하나만 낳았는데 시댁에서는 그놈의 아들 타령을 그렇게 했지. 나는 어려서부터 딸들은 상에서 밥도 못 먹었어요. 어른들하고 아들들은 상에 차려 주고 딸들하고 엄마는 땅바닥에다 밥 놓고 그냥 양푼에다 먹고. 어렸을 때 그렇게 살았어요. 그래서 항상 차별받는다는 걸 느꼈고, 가시네 새끼들이 배우면 뭐 하냐는 말을 들었지.

어렸을 때 나는 책 보는 걸 좋아했어요. 소설책에 빠져서 몇 권짜리 책을 동네 오빠한테 몰래 빌려다 보고 그랬는데 할머니가 "저 책을 불쏘시개 해 버려야 되겠다. 불에다 처질러야 되겠다."고 하는 소리를 진짜 딱지가 앉도록 들었던 것 같아.

그 차별을 또 느낀 게 결혼해서야. 우리 시아버님이 시골에서 농사짓고 사니까 친척분들이 모두 명절에는 거기로 오는 거야. 그러면 우리 시아버지는 그분들 대접을 다 나한테 시킨 거지. 내가 맏며느리니까. 근데 우리 남편도 운동을 하면서도 그 부분만큼은 똑같았어요.

내가 진짜 억울한 게 그런 거였어. 명절 때 맨날 그 치다꺼리하는 거예요. 집에 올 때까지 계속 일해. 여자들만 주방에서 바글바글. 남자들은 일하면 큰일 나는 줄 아는 거야. 우리 남편은, 지금 생각하면 어이없는 게, 자기 혼자일 때는 집에 가지도 않고 명절도 안 챙겨 놓고 왜 결혼하고는 그렇게 꼬박꼬박 가려고 하고 효자 생활을 하려 했는지. 지난 세월 동안 계속 그렇게 살아왔으면서, 왜?

진보 운동 하니까 뭔가 다를 줄 알았더니, 그렇다고 뭐 경제적으로 자유롭게 해 준 것도 아니고 이중 삼중으로 열 뻗치는 거지. 너무 환상을 가진 것도 있었던 것 같아. 진보적이고 생각이 앞서가고 하니까 다를 거라고 착각했지. 그런 걸로도 많이 싸우고 그랬어요. 아니 앞서간다는 사람 생각이 왜 그 따위야!

고맙다는 말은 되게 잘해. 어떨 때는 진심인가 싶을 정도로 너무 표현을 잘하지. 사랑한다는 말도 천연덕스럽게 잘해. 그리고 "내 인생에서 가장 잘한 건 당신을 만난 거다."라는 말도 연속극 대사처럼 잘해. "침 발라." 그러면 옛날에는 침을 발랐는데 요즘에는 "아냐, 진짜야." 이래. 지금은 침 안 발라.

돈 벌고 애 키우면서 진짜 죽도록 일했던 것 같아요. 결혼하고서 내가 마흔일곱 살 때까지 식당 일을 주로 했어요. 진짜 고단하게 일했어요. 처음에 '이모네 식당' 할 때는 말아먹었어요. 빚이 그때 돈으로 한 2000만 원이었어요. 진짜 앞이 안 보이고 죽을 것같이 힘들었을 때가 그때야. 그러고 있는데 서울에 있는 남편 친구가 "재수생 학원이 있는데 거기서 식당을 하면 돈을 벌 것 같다."며 꼬드기더라고. 그 꼬임에 넘어간 거죠. 안양에 살 때였나 그랬는데 먼 데까지 10년 동안 맨날 출퇴근한 거예요. 그 10년 동안 돈을 벌어 빚도 갚고 저축도 하고. 그때 골병 든 거죠.

마흔일곱 살 되던 해에 난소에 탈이 나서 난소 한쪽을 제거하고 한쪽은 제거했다가 다시 붙이는 수술을 했어. 그때 수술하고 만신창이가 돼서 집에 있는데 그 시간이 또 너무 아깝더라고요. 아프긴 한데 이 시간에 뭘 할까 하다가 다시 공부를 하게 됐지. 그때 안양에 한양학원이라고 검정고시 전문 학원이 있었어요. 야학 공부는 했지만 정식으로 이런 정규 학교 공부를 하고 싶었어요. 진짜 시험도 쳐 보고 싶고 그 과정을 다 겪고 싶은 마음이 있었지.

　학원에 등록하고 공부하는데 전부 우리 또래야. 전부 여성이야. 남자는 없어. 그만큼 배우고 싶어도 못 배웠던 여자들이 너무 많은 거지. 검정고시로 중학교 과정 하고 그다음에 고등학교 졸업하고 1년 만에 그걸 다 땄어요. 남편이 적극적으로 도와줬지. 시험 보러 간다 그러면 태워다 주고 또 끝나면 다시 태워 오고. 내가 공부 못하는 거 다 가르쳐 주고 진짜 열심히 해 줬어. 컴퓨터로 할 수 있는 그런 거는 딸하고 남편이 다 해 주고, 졸업하고 나니까 또 방송대 공부를 하고 싶어서 방송대에 입학하고. 방송대는 4년을 다녔어요.

　우리 못 배운 사람들이 한이 맺혀서 학사모 사진 반드시 하자고 남의 학교에 가서 앨범 하나가 가득 차도록 엄청 찍었어요. 사진 찍은 데가 안산 한양대학교예요. 뭉클하죠. 올해 졸업 10주년 됐으니까 여행을 같이 가자고 해서 연말에 중국 여행을 같이 다녀오기로 했어요.


**맨날 못하는 사람이었는데, 지금은 잘하는 사람이에요**

　내가 아프면서 공부도 하게 됐으니까 아픈 게 나쁜 것만은 아니더라고. 쉬어 가며 하고 싶은 걸 하면서 이제 바느질을 배우게 된 거지. 바느질도 아가씨 때 하고 안 하다가 처음으로 공방 가서 배웠는데 손바느질을 하도 열심히 하니까, 남편이 뭐 아예 협동조합을 하는 게 어떻겠냐 그러더라고. 기왕 하는 김에 하자고 그래서 이제 협동조합도 하게 됐어요.

근데 바느질이 너무 좋은 거예요. 아가씨 때는 싫었거든요. 맨날 매수 빼기 하고 딱 한 가지만 계속하니까 재미없죠. 근데 지금은, 뭐 이쁜 거 있으면 찾아서 재단도 내가 하고 미싱도 하고 꿰매기도 하고 이러니까 재미가 있어요. 재미있는 마음으로 일하는 건 이렇게 육십이 넘어서 하는구나. 그래서 어찌 보면 지금이 제일 좋은 거죠.

내일 또 배우는 날이야. 금요일 오후 2시부터 5시까지 하는데 내가 왕언니야. 다 40대, 50대 초반 젊은 엄마들이지. 그걸 배워서 업으로 삼겠다는 사람도 있더라고. 지금 너무너무 열심히 하고 있지. 나는 지금은 잘하는 사람이에요. 현장에서는 맨날 못하는 사람이었는데 지금은 잘하는 사람이에요. 지금은, 뭐 얼추 잘하지.

어렸을 때 오빠가 보는 책 중에 『스파르타쿠스의 난』이라고 있었어요. 그때가 한 열다섯, 열여섯 살? 초등학교 졸업하고 집에 있을 때였는데 스파르타쿠스가 생각하는 거 있잖아. (상기된 목소리로) 그걸 보는 순간 딱 와닿는 게 있었어. 지금도 잊히지가 않아. 진짜 그 짜릿하게 그게 있잖아. 그 책이 나를 깨워 준 첫 번째 책이었던 것 같아요.

그리고 집으로부터 결국은 탈출하고 야학에 가서 공부할

때 "자기 자신을 사랑해야 남도 사랑한다." 그 말하고 『철학 에세이』라는 책에 "노동자가 주인이다." 그게 그렇게 와닿던 것 같아요. 밑줄 그어 가면서 그 책을 보고 또 보고 그랬지. 이런 세상이 있다니! 그걸 모르고 살았다면 얼마나 억울할 거냐. 알아서 힘들었던 일들이 더 많았지만, 사람으로 태어나서 다 알아야 할 것들 아닌가.

내가 늘 너무나 억눌려 있었고 이 세상에서 내가 제일 바보 같다고 생각했는데 야학이나 뭐 이런 걸 통해 그런 것들에서 벗어날 수 있었어. 너무나 신기하고 새 세상을 만난 거지. 고향에서 그냥 시집을 갔으면 어떻게 살고 있을까 그런 생각도 하지. 새벽에 잠이 깨면 옛날 일들이 이렇게 딱 눈앞에 그려지고……. 잘 살았네, 그래 잘 살아왔다, 혼자 그래.

## 기록

### 최선희

안산에서 노동조합과 노동자 공동체 활동을 하고 있다. 일하다 마음 다친 사람들을 치유하는 일이 필요하다고 느껴 상담을 공부하고 중대 재해, 직장 내 괴롭힘 등 트라우마 상담을 하고 있다. 영상, 사진, 그림, 글쓰기 등의 잡다한 취미가 있다. 기록하고 정리하는 일을 좋아한다. 노동자 인문교육 프로그램인 안산노동대학의 운영자이며 거기서 만난 노동자들, 특히 언니들의 이야기들을 기록하겠다는 꿈을 갖고 있다.

### 후기

김현옥 님은 한두 번 인사 정도만 나눈 '선배의 아내'이다. 선배는 노동운동과 진보정당 운동 영역에서 열정적으로 활동해 온 사람으로 알려져 있고, 나는 사실 선배의 아내에 대해선 잘 몰랐다. 전업 활동가를 남편으로 둔 아내의 삶을 어렴풋하게 짐작해 볼 뿐이었다. 우리 윗세대까지만 하더라도 활동가 부부는 다들 비슷하게 살았다. 사회운동에 매진하는 남편과 경제, 육아, 가사, 부모 봉양까지 삶의 영역을 책임지는 아내. 결혼을 앞두고 있을 때 누군가 내게도 그런 말을 했다. "둘 중 한 명은 애 키우고 돈 벌어야 하지 않겠니?" 선택권이 있어 보이지만 사실 '누가 뭘 할까'는 거의 정해져 있었다. 미혼일 때는 펄펄 날던 언니들이 어느 틈엔가 보이지 않다가 가끔 '아무개의 아내'로 소개되었다. 나는 그런 현실이 못마땅했다. 인터뷰 대상으로 언니를 점찍은 데엔 그런 '오기'도 있었다.

인터뷰하고 싶다고 하니 현옥 언니는 "나 같은 사람 쓸 게 뭐가 있다고, 내 남편 이야기나 들어." 했다. 괜히 서글펐고 끝까지 거절할까 봐 조바심이 났다. 나중에 들으니 언니는 그때 조금 설레었다고 했다.

딸에게 "누가 엄마 얘기를 책으로 써 준대. 할까 말까?" 하니 "엄마 얘기를 안 쓰면 누구 이야길 써?"라며 응원해 줬다고 한다. 밖으로 도는 아빠 대신 가정의 모든 일을 도맡았던 엄마였다. 엄마의 고생을 누구보다 가까이서 지켜본 딸이었다. 딸의 응원과 언니의 용기로 이야기가 시작될 수 있었다.

고백하자면 나는 언니의 이야기가 가난한 집의 딸로 태어나 줄곧 누군가를 돌보고 뒷바라지하는 줄거리로 펼쳐질 줄 알았다. 그 사연들을 엮어 "보아라! 그림자 속에 가려진 여성의 삶을!"이라고 말하려 했다. 그런데 언니의 이야기는 일단 '찢어지게 가난한 집에서 태어나'로 시작하지 않았다. 남자 형제들에게 양보하고 희생하지도 않았고 뒤따르고 순응하는 사람도 아니었다. 앗! 뭐지? 언니의 시간 속으로 푹 빠져들었다.

역사책에 나올 법한 굵직한 투쟁 이야기는 없다. 사장이 도망간 공장에서 밀린 월급을 받아 내기 위해 싸우고, 물량 매수 빼기와 잔업 철야로 저녁 모임이 어려운 공장에서는 새벽 공부반을 만들고, 노조 설립을 시도하고, 해고 싸움을 하는 과정은 역사의 한 획을 긋는 거창한 투쟁들은 아니다. 그러나 기록되지 않은 수많은 시도와 고난이 쌓여 결국 거스를 수 없는 시대의 흐름을 만들어 낸 것이 아니겠나. 잊혀 가고 묻혀 가는 이야기를 기록해야겠다! 그렇게 인터뷰의 가닥이 바뀌었다.

언니의 삶을 '누군가의 뒷바라지'로만 보려고 했던 게 미안했다. 언니는 '애기방'을 운영했던 때를 회상하며 "그때 할 수 있었던 활동이 그것뿐이었어."라고 했다. '오순도순 애기방' 뿐만 아니라 '이모네 식당'도 '방송대 학생' 시절도 지금의 협동조합 '품마을'도 언니에겐 끈질긴 삶의 현장이었다. 인터뷰 초기엔 "한 일이 없어 할 말이 없다."던 언니는 구술이 계속될수록 스스로 "나는 한순간도 쉰 적이 없었네. 나 진짜 열심히 살았네."라고 했다. 그 자각의 순간이 묘하게 뭉클했다.

언니의 삶, 어떤 장면은 나에게도 위로가 되었다.

야학의 경험을 들려주며 "학생들이 우리가 못 해 본 것들을 경험하게 해 주려고 그랬던 것 같아."라고 말할 땐 내가 마치 그때의 야학 교사가 된 기분이 들었다. 나도 학생운동을 거쳐 노동운동을 하고 있고 올해로 13년 차를 맞이하는 안산노동대학의 운영자이기도 하다. 우리도 그렇다. 드러나는 행동은 부족하고 삐걱거릴 때가 있지만 마음은 늘 사람에게 정성을 다

하려고 한다. 언니가 30년도 더 된 소감을 말할 때 나는 지금 내 속마음을 알아준 듯 고마웠다.

이 글은 바위에 가 부딪히며 세상을 바꾸는 계란이 되었던 한 여성 노동자의 흔적이다. 하마터면 모르고 묻혔을 이야기, 꼭 기억하고 전해져야 할 이야기를 기록하게 되어 참 다행이다.

S#4

## 4화.
## 남을 위해 따뜻한 옷을 만들지만
## 우리들 마음은 너무 추워요

배서연의 겨울 같은 봄
신정임 기록

## 주인공

### 배서연

1957년 전라북도 부안에서 태어났다. 열네 살에 서울로 올라와 1970년대부터 2020년대까지 봉제 산업의 변화를 온몸으로 겪어 내며 옷을 만들어 왔다. 두 아들을 건실하게 키워 냈다는 자부심이 크고, 청각장애가 있는 큰언니를 지금도 살뜰히 챙긴다. 일을 마치고 밤 10시에 배우러 다닌 판소리를 하며 맛본 희열이 삶의 원동력이다. 언젠가 판소리 한 바탕을 완창하는 게 남은 꿈이다.

진짜 12월, 1월은 너무 추운 겨울이었어요. 집에 100만 원도 못 갖고 갔어요. 이건 그냥 벌이가 없다, 이렇게 말해야 되죠. 정말 겨울이…… 우리는 마음의 겨울이 너무 추워요.

그냥 나를 드러내고 싶어요. 나도 이렇게 살았다. 내 삶도 이랬다고. 또 '봉제인들이 힘들게 일하는 시간과 과정에 비해 너무나 소득이 올바르지 못하다. 사각지대에서 정말 인정을 못 받고 산다.' 이걸 알리고 싶어요. 우리가 30년, 40년을 일해 본들 '평화시장의 미싱사'로만 취급받아요. 봉제 장인 이런 거 없잖아요. 30년, 40년 일해서 우리 삶이 특별하게 더 나아지거나 그런 것도 없고 그냥 허덕이면서 사는 것 같아요.

## 꼴망태 이고 소 먹을 걸 해 놓고 학교에 가

봉제인들 삶이 다 비슷해요. 일단 가난하죠. 가족들이 많고, 공부를 못 해서 밖으로 나오고……. 저도 아버지, 어머니가 계시고 농사도 지었지만 어쩐지 모르게 농사지으면 (남는 게) 없어. 아버지가 젊었을 때 쌀장사를 했는데 실패하신 것 같아요. 농사지어 가을에 벼가 작은방에 꽉꽉 차서 알곡이 다물다물 들어 있었는데 방아만 찧으러 가면 아무것도 없고 엄마는 맨날 우시는 거야. 방아 찧고 나면 아침에 다른 동네에 사는 할머니가 오셔요. "어이, 종태." 하고 왔다 가면 엄마는 우리한테 화풀이를 하셔. 그게 다 빚 갚는 상황이었던 것 같아요.

고향은 전북 부안이에요. 1957년생인데 주민등록상 1958년으로 돼 있어. 부안이 바다도 있고 평야도 있는데 우리는 평야 쪽이었어요. 마을은 컸죠. 30가구 넘게 있었어요. 배씨 집성촌이라 절반은 배씨였을 거예요.

1남 5녀 중에 내가 딸로는 다섯째고 오빠까지 하면 여섯째예요. 바로 위 오빠랑 세 살 차이, 둘째 언니는 아홉 살, 큰언니는 열한 살 차이가 나요. 오빠는 귀한 아들이라고 내가 집안일 다 했어요. 초등학교 2, 3학년짜리가 새벽에 일어나면 꼴망태를 이고 다니면서 소 먹을 풀을 베어 한 망태씩 해 놓고 학교에 갔죠.

언니들은 초등학교 졸업하면서 나갔어요. 말은 나면 제주도로 보내고 사람은 서울로 보내라는 말이 있잖아요. 초등학교라도 졸업시켜 보내면 다행이지. 졸업도 못 하고 나가는 사람들도 많았어요. 뭐라도 밥벌이하러 가야 하니까 집에 있을 수가 없지. 하나라도 입을 덜어야 되니까요. 공장에 가는 사람도 있는데 가정부로 가는 사람들이 더 많았어요. 우리 언니들도 그렇고……. 그래서 집안 심부름은 내가 다 했죠.

내가 아홉 살쯤 됐을 때 우리 아버지가 아파서 집에 들어앉더라고요. 뭔가 했더니 결핵이야. 그래서 그때부터 한 달에 한 번씩 학교 점심시간에 면 소재지에 있는 보건소로 가서 아버지 약을 타다가 드렸어요. 학교에서 한참 걸어가요. 또 보건소 선생님이 안 계시면 기다려야 하잖아요. 학교에 돌아오면 점심시간 끝나고 공부 시간도 다 끝나서 청소 시간일 때도 있어요. 그러면 혼나고……. 그런 생활을 하면서 살았어요.

엄마는 농사도 짓고 남의 집 품팔이도 했어요. 그래야 집에서 돈 몇 푼이라도 쓰고 그러잖아요. 농사짓는 일도 내가 도와야죠. 친구들하고 놀 시간이 어디 있어요? 학교 끝나면 바로 가서 또 풀을 베야 해. 소가 저녁에 먹고 다음 날 아침에도 먹어야 되니까 놀 시간이 없어요. 놀 시간은커녕 숙제할 시간도 없었어요. 그때는 소를 많이들 키우니까 들판에 풀이 없었어요. 동네를 막 서너 개 건너뛰어 다니면서 풀을 베니까 (학교 갔다가) 집에 오면 3시인데 풀 한 망태 베어 놓으면 저녁이야. 저녁밥도 내가 차려 먹은 것 같아요. 그거 치우고 나면 피곤해서 자꾸 꼬꾸라져서 자고 그랬어요.

겨울에는 또 산으로 가서 나무도 해야 돼요. 열 살 먹은 어린애가 저보다 더 큰 나무 덩이를 해 가지고 오다 보면 너무 무거워요. 쉬느라고 나무 덩이를 내려놓으면 내 머리가 없어지는 것 같아. 어렸을 때부터 이렇게 무거운 걸 머리에 이고 다니느라 키도 안 큰 것 같아요.

## 얼른 보따리 싸서 도망 와 버렸어요

아버지는 한 10년 앓고 돌아가셨어요. 그나마 국가에서 결핵을 관리했기 때문에 약값은 안 들었어요. 다른 병이었으면 진짜 살림, 논밭 다 팔았을 거야. 근데 우리가 논밭이 적은 것도 아니었어요. 논이 1600평(약 5300제곱미터)이고 밭이 200평(약 660제곱미터). 이랬으면 그래도 우리 식구들은 먹고살 만해야 했는데 왜 그렇게 어려웠는지 알 수가 없어요.

나도 남의 집에 갈 뻔했어요. (초등학교) 졸업하고 한 1년 집에 있다가 열네 살인가 됐을 때에요. 오빠도 나가고 작은언니도 남의 집 가정부로 가고 큰언니도 결혼했었어요. 엄마랑 아버지랑 잘 살고 있었는데, 큰 형부가 큰애 돌 지나고 작은애는 언니 뱃속에 있는데 돌아가신 거예요. 큰언니가 청각장애가 있는데 애들이 놀려서 초등학교도 졸업을 못 했어요. 공부를 못 하다 보니까 세상 물정을 잘 모르잖아요. 그냥 놔두면 안 되겠으니까 우리 아버지가 서울에서 데려왔어요. 그런데 방이 두 개뿐이라 식구들이 다 집에 붙어 있을 수가 없잖아요. 그래서 내가 밀려났죠.

아버지가 말한 집에 갔는데, 세상에 나하고 동갑인 애가 학교를 다니는데 내가 새벽에 일어나서 그 아이 밥을 해 주고 도시락을 싸 줘야 했어요. 진짜 아무리 없어도 이거는 아닌 것 같아. 어떻게 말을 할 수도 없어서 저녁이면 장독대에 앉아서

지는 해만 쳐다보고 있었어요. 그랬더니 주인아주머니가 안 되겠던 모양이야. 가라고 그러더라고. 처음 그 집에 갔을 때 옷이 너무나 힘하니까 그 집 딸내미 원피스를 하나 내주더라고요. 그걸 입고 있었는데 가라고 그러길래 얼른 그 옷 벗어 놓고 보따리 싸서 집으로 도망 와 버렸어요.

그랬다가 오빠가 있는 서울로 온 거죠. 서울 올 때 아버지랑 같이 부안에서 김제까지 와서 기차를 탔는데, 그때는 몰랐지만 이제 와 나이 먹고 생각해 보니까 아버지가 힘드셨겠더라고. 세상에, 그때 자리도 없는데 야간열차잖아요. 사람도 굉장히 많고, 장마 지는 7월이니 얼마나 더웠겠어요. 김제부터 서울까지 완행열차를 타고 밤새 통로에 앉아서 그렇게 나를 데려간 거지. 그 뒤로는 우리 아버지가 서울을 못 오셨죠. 너무 힘들어지셨으니까. 그게 끝이었어요. 그러다가 돌아가셨죠.

### 열네 살짜리가 공장 일을 뭐를 해요?

서울에 1973년에 왔어요. 그때 창신동에 다닥다닥 붙은 하꼬방(판잣집)이 생각나요. 지붕은 그냥 천때기로 덮어 놨어. 사람 사는 덴가 싶더라고요. 나는 그런 데서는 안 살고 오빠가 가정집에 방 얻어서 살았어요. 그 집은 수도도 있었는데 어떤 집은 공동 수도를 쓰고, 바께스(양동이)에 물 길어다 먹고 그래요. 연탄도 한 장, 두 장씩 사다가 쓰고요. 화장실도 공중화장실 써야죠. 이런 곳이 서울인가 싶을 정도야.

서울 와서 적응하기가 너무 힘들었어요. 처음엔 오빠가 뚝섬에 있는, 인형 만드는 공장에 데려다주더라고. 사람이 많았어요. 몇백 명은 됐을 거야. 3층짜리 건물 하나가 다 인형 공장이었으니까. 근데 시골에 있다가 그렇게 사람 많은 데 들어가니까 내가 못 견디겠더라고요. 땅바닥에 앉아서 인형 뒤집는 일만 했어요. 뾰족한 막대기 하나 꽂아 놓은 걸 줘요. 거기다 인형을 대고 뒤집는 거야. 30분에 몇 개 뒤집는가 하고 경쟁을 시키더라고요. 내가 그런 걸 해 봤어야지. 열네 살짜리가 뭐를 해요? 적게 하면 혼나진 않았는데 창피하죠.

거기서 일주일밖에 안 있었어요. 마음이 없으니까 집 생각만 나지. "오빠, 나 못 하겠어." 그랬더니 마침 오빠가 평화시장 봉제 공장에 아는 사람이 있었어. 같이 그 공장을 다녔어요. 거기서도 힘들었어요. 10명 정도 있는 공장이었는데 내가 봉제 공장에서 쓰는 용어를 모르잖아요. "야, 저기 가서 우라° 좀 가져와라." 그러는데 못 알아들으니 그렇게 구박을 해요. 그때는 사람이 많으니까 사람을 사람으로 안 알고 그러잖아요. 그렇게 구박을 해서 거기서 일을 못 하겠더라고요. 또 한 두어 달 놀았나? 그러다가 오빠랑 같이 중앙시장에 있는 공장을 가게

○ 옷의 안쪽에 대는 안감.

됐어요.

그때는 시다, 미싱 보조, 재봉사·미싱사○ 이렇게 차근차근 올라갔어요. 4인 1조, 3인 1조, 2인 1조로 일했죠. 4인 1조면 미싱사 선생님 한 명이 세 사람을 부리고 일하면서 세 사람 월급은 선생님이 주는 거예요. 1년 반을 시다, 또 1년 반을 보조를 했어요. 미싱 보조는 안감같이 단순한 걸 박고, 시다는 다리미질, 주머니 꺾기 같은 잡다한 일을 하죠.

왜 힘든 게 없어요? 시다가 일하는 테이블이 밑으로 무릎도 안 들어가는 그런 공간이었어요. 판때기가 의자야. 거기에 엉덩이만 대고 쪼그려 앉다시피 한 거죠. 그러면 무릎도 아프고 바닥은 냉방이니까 발에 동상도 걸리고 그랬어요. 난방이라는 게 어디 있어요? 지금들은 전기 히터라도 하나씩 주잖아요. 그때는 난로 같은 것도 없었어. 신발도 양말도 사서 신을 형편도 안 되고 변변한 게 없었잖아요.

다리미도 지금은 스팀이지만 옛날에는 조금만 세면 옷이 타요. 타면 혼났죠. 심부름시키면 (다락을) 올라갔다 내려왔다 하고요. 선생님이 물 달라고 하면 물 갖다 드리고. 선생님 나가면 청소 다 하고 그랬죠.

○ 시다란 미싱사가 작업을 손쉽게 하도록 쪽가위로 다듬기, 다림질 등 중간 작업을 전담해 보조하는 사람을 뜻한다. '미싱 제자'라고 불리는 시다, 미싱 보조를 거쳐 숙련공인 재봉사·미싱사가 되면 재단사가 자른 원단을 재봉해 옷을 만들어 낸다.

그때는 공장마다 다락 없는 데가 없었어요. 우리 키 정도는 그래도 허리를 펴고 다니지만 키 큰 사람은 다락에 올라가면 거의 다 허리 구부리고 다녀요. 위층에서는 재단을 하고 아래층에서는 봉제를 하고 거의 그런 식이었죠. 환기 시설도 변변찮았어요. 벽에 환풍기가 없는 데도 있고요. 지금은 흡입기가 있어도 먼지가 많은데, 그때는 먼지를 다 먹으면서 일했죠. 숨 쉬기가 힘들었어요.

**시다 월급 5000원이 미싱사 되니까 20만 원 돼 버립디다**

월급 5000원 받았어요. 그걸로 어떻게 살아요? 옷 같은 건 사 입을 수가 없지. 먹고, 연탄 사고, 물세 내고……. 진짜 단벌 옷 가지고 일요일 날 빨아서 일주일 입고 다니고 그랬어요. 집은 다행히 언니가 전세를 구해 주고 가서 집세는 안 내도 되는 상황이어서 그냥 산 거죠. 1973년도에 라면땅 하나가 10원이었으니까 그런 거 먹고 점심은 거의 굶고, 저녁에 집에 오면 밥 먹으면서요. 장볼 새가 어디 있어? 일요일 날 담근 김치 하나 놓고 먹었지.

그나마 그때는 통금이 있었으니까 일을 저녁 9시 넘어서까진 안 했어요. 대신 토요일이면 으레 소보로빵 세 개 든 걸 줘요. 그러고선 밤새 일을 시키는 거야. 나는 자취를 해서 아침

한 숟가락 먹고 점심밥도 제대로 못 먹는데 그 소보로빵 세 개가 저녁인 거야. 그거 먹고 일하면 밤 12시쯤 배고프잖아요. 그래도 그게 끝이야. 나갈 수도 없지. 아침 7시까지 일하는데 졸리면 먹으라고 타이밍° 두 알을 줬어요. 쪽잠 잘 새가 어딨어요? 졸다가 미싱에 손가락이 찔리겠다고요? 안 졸다가도 손가락은 찔려요. 작년에도 바늘이 손톱에 들어가서 빼냈다니까요. 미싱 제자를 하던 3년 동안은 밤샘 일을 했는데 그 뒤로 밤샘 지시는 없어졌어요.

그다음에는 한 미싱사 아저씨를 만났어요. 아저씨가 아버지처럼 연세가 많고 착했어요. 다른 사람들은 일 배울 때 가위가 날아왔다고도 하는데 저는 그렇게 힘들게 배우지 않았어요. 한 3년 일을 배워 미싱사가 됐죠. 주머니 하나를 꺾어도 어찌나 꼼꼼하게 꺾던지, 지금도 그 아저씨가 가르쳐 준 기술대로, 그 모양 그대로 주머니를 꺾어요. 싸구려 옷같이 하지 않지.

그때는 일거리가 많았어요. 팔에 꿸 수 있게만 만들어도 옷이 팔린다고 했어. 지금은 실이 질겨서 옷이 잘 뜯어지지 않는데 그때는 한 번 입고 빨면 잘 뜯어졌어. 그런데도 장사가 잘되었어요. 미싱사로 일하다가 하기 싫으면 그냥 아무 때나 옮겨요. 인력시장에 가기도 하고, 친구들 소개로도 가고요. 평화시장 앞 인력시장에 가서 서 있으면 사장들이 와서 "객공°°이에

○ 졸음을 쫓는 각성제.

요? 월급쟁이예요?" 이렇게 물어서 객공 구하면 객공, 월급쟁이 구하는 사람은 월급쟁이 데려가요. 점심시간 한 시간 사이에 인력시장이 바글바글했어요. 사람 하나 지나갈 틈도 없이 100명씩은 있었던 것 같아요.

미싱사 되니까 월급이 20만 원이 돼 버립디다. 내가 벌고 내가 다 가지니까 많데. 시골집에는 안 보냈어요. 나도 먹고살고 결혼 준비를 해야 되잖아요. 솔직히 엄마가 챙겨서 시집 보내 줄 것도 아니고, 나도 엄마한테 맺힌 게 있으니까. 꼭 필요하다면 사 주긴 했죠. 선풍기, TV 같은 거. 봉제 일은 결혼 전 1980년까지 했어요. 1973년부터 한 8년 했네요.

## 선본 지 15일 만에 결혼, 내가 내 발등 찧는 짓거리였죠

같이 살던 둘째 언니는 시집가고 나 혼자 살고 있는데 큰언니가 서울로 왔어요. 내가 방 얻어서 조카들 다 전학시키고, 한 3년 같이 살았던 것 같아요. 그러다가 아버지 대신 농사지으러 내려갔던 오빠가 갑자기 시골 생활을 청산하고 왔어요.

○○ 제품 하나에 일정액의 삯을 받거나, 일하는 시간·능력 따위에 따라 삯을 받으며 일하는 사람. 봉제업계는 월급제 노동자보다 작업한 옷 수량대로 공임을 받는 객공들이 대부분을 차지하고 있다.

좁은 방 하나에서 애들 둘하고 큰언니랑 살고 있는데 오빠까지 오니까 싫더라고.

근데 마침 혼인 자리가 나서 그냥 부랴부랴 결혼해 버렸어요. 우리는 부안인데 거기는 익산이었어요. 동갑이야. 원래는 스물세 살 되는 해 10월에 선을 보자고 했어요. 남편이 군대에 있어서 휴가 나오면 보려고 날을 잡아 놨는데 10.26○ 그때여서 계엄령이 내렸잖아요. 남편은 계엄령으로 못 나오고 시누이하고 시어머니만 선을 보러 온 거야. 나는 그때 스물세 살이라도 정말 수수하게 하고 안 꾸몄어. 왜? 나를 지키기 위해서. 하나라도 더 꾸미고 다니는 애들한테 눈이 가잖아요. 그래서 수수하게 다녔는데 시어머니 마음에 들었나 봐.

1월 1일에 다시 선보자고 해서 갔어요. 눈도 많이 오는데 거길 왜 갔나 몰라. 사람은 건강하고 반듯하게 생겼어. 그래도 이제 군대 갔다 와서 직장도 없는 상황인데 무슨 결혼을 해요? 나는 결혼할 마음의 준비가 안 돼 있고 그냥 사람만 볼 생각이었어요. 그런데 시어머니가 선본 지 3일 만에 서울에 오셔서는 대뜸 "너는 우리 식구다." 하면서 결혼 날짜를 잡았다고 하더라고. 시어머니가 막 서둘러서 내가 갈대처럼 삐쩍 마를 정도로 고민했어요. 언니들은 우리 시어머니가 부지런하고 살림도

---

○ 1979년 10월 26일 중앙정보부장 김재규가 대통령 박정희를 살해한 사건.

살 만큼 사니까 가서 굶어 죽지는 않겠다며 가라더라고. 집은 좀 살더라고요. 농사도 많이 짓고, 집도 지은 지 얼마 안 된 번듯한 양옥집이고.

그렇게 선본 지 보름 만인 1980년 1월, 스물네 살에 결혼했다는 거 아니에요. 데이트 한 번 안 해 보고, 내가 내 발등을 찍는 짓거리였죠. 마음의 준비가 안 됐는데 돈이 준비됐겠어요? 장롱이고 뭐고 없고 대충 이불 보따리만 들고 간 거 같아. 시댁에선 들어와 살기를 바랐는데 내가 시골에선 못 산다고 했어요. 결혼하고 한 달 동안 시골에서 살다가 왔어요.

서울에 와선 우리 언니네 집에 붙어 있던 구멍가게를 했는데 잘 안 돼서 2년인가 하다 그만뒀어요. 또, 남편이 중부시장 쌀가게에서 배달 일 하다가 아버님이 1800만 원을 대 줘서 쌀가게를 차렸어요. 1983년쯤인데 그때 1800만 원이면 큰돈이지. 쌀 한 가마가 6만 원이었으니까 쌀 300가마였어요. 근데 장마당에서 몇십 년은 굴러야 장사를 해 먹지, 남의 집에서 한 1년 있다가 가게를 차린 거잖아요. 장사로 뼈가 굵은 사람들을 어떻게 이겨 먹겠어요? 게다가 남편은 저녁 6시에 수금한다고 나가면 새벽 1, 2시에 들어와요. 자금도 없고 성실하지도 못한 데다가 안 좋은 사람들만 만나서 장사하니 되겠어요? 5, 6년 하다 쫄딱 망했지. 중간에 쌀가게 안에 내가 분식 가게를 차렸는데 그것도 잘 안 됐어요.

끔찍해요. 지금도 그쪽(쌀가게 하던 중부시장) 오장동 쪽으로는 가지를 않잖아요. 처음에 이사 가서 적응하려니 너무 힘들더라고. 가게에 딸린 방 하나에서 개구쟁이 아들 둘을 키웠어요. 작은애 15개월 때 갔으니까 큰애가 다섯 살인가. 그때는 기저귀를 다 빨아 썼잖아요. 가게에 수도도 없어서 물은 옆 가게에서 받아다 쓰고 하루에 얼마씩 줬어요. 연탄보일러에, 화장실도 없었어. (한 번 갈 때마다) 돈 20원 들고 나가서 공중화장실을 쓰고 그랬어요. 건물 양쪽으로 있던 노점 천막들이 위를 덮어서 가게로 바람 한 점, 햇빛 한 점 안 들어왔어요. 환풍이 안 돼서 큰애가 비염이 생겼잖아. 그러니 내가 미치겠는 거야. 속이 터질 것 같아, 그러고 살았던 걸 생각하면…….

남편은 집에 잘 안 들어오고, 가게는 권리금도 제대로 못 받고 팔고 우리가 치러야 할 쌀값도 제대로 못 갚고 도망하다시피 신당동으로 왔어요. 첫째 중학교 다니고 작은애 6학년 때였지.

## 사장님은 자르고 싶은 마음이 굴뚝같았을 텐데 내가 버텼어요

그렇게 1992년에 신당동에 와서 다시 제품 공장으로 갔어요. 내가 봉제하기 싫어서 남편은 봉제를 전혀 모르는 사람으로 고른 것도 있었어요. 근데 봉제 공장 인생이 다시 시작이 된 거죠.

다시 가니 호황기가 지났더라고.. 86아시안게임, 88올림픽 하면서는 일들을 많이 해서 다들 돈도 꽤 벌었던 것 같아요. 원래 비수기에 예비 작업을 많이 했는데 내가 돌아왔을 때는 예비 작업이라는 게 많이 없어졌어요. 예비 작업이 뭐냐면 6월 20일 정도면 여름옷 작업이 다 끝나요. 그럼 가을옷, 겨울옷을 미리 만드는데 그게 예비 작업이야. 미리 만들면 어떻게 해요? 회전되는 돈이 아니니까 단가를 내려요. 원래 1만 원 받았다면 예비 작업 때는 8000원 이렇게. 노느니 이거라도 벌자는 거지. 근데 중국과 교류가 시작(1992년 8월 24일 수교)됐잖아요. 인력도 싸고 그러니까 사람들이 중국에다가 눈을 돌렸어요. 그러면서 예비 작업이 없어졌어. 소련하고도 교류(1990년 9월 30일 수교)를 해서 소련으로 가는 물건들도 많이 있었고요.

오랜만에 제품 공장에 돌아갔으니 손이 걷돌죠. 천이 내 손에 안 붙어요. 그래도 하던 게 있으니까 한 달 정도 지나 익숙해지더라. 그래도 보조부터 했어요. 한 8개월 동안 배웠어. 보조여도 월급이 150만 원 정도는 돼요. 그러다 미싱사 되고. 그다지 나쁘지는 않았는데 IMF 외환 위기 지나면서 많이 힘들어진 것 같아요. 우리는 일하면서 라디오방송을 많이 듣잖아요. 1997년에 IMF가 막 왔을 때 〈이종환, 최유라의 지금은 라디오시대〉에서 의류 재고를 말하면서 우리나라 국민들이 4년 동안 입을 옷이 창고에 쌓여 있다는 얘기가 나왔어요. 재고가 많아서 옷을 안 만들면 나는 어떻게 사나 걱정했더니 그래도 새 옷은 만들어지더라고요.

　내가 처음부터 숙녀복을 한 게 아니라 잠바를 했잖아요. 남자 재킷, 잠바는 대인복이라고 하는데 비수기가 많아요. 5월 초면 일이 끝어져요. 근데 그때는 은행권하고 증권사가 유니폼을 많이 입었거든요. 유니폼 하는 사람들이 그렇게 돈을 많이 번다는 거예요. 그래서 유니폼을 하러 가고 싶은데 내가 숙녀복을 안 해 봐서 데려가는 사람이 없어. 아는 아저씨가 마침 유니폼 하러 간다고 해서 따라갔어요. 월드컵 대회 하던 2002년도야.

　따라가서 죽도록 고생하고 사장님한테 걱정도 많이 들었어요. 유니폼은 대인복하고 완전히 달라요. 천이 예민하고 디자인도 철철이 바뀌잖아요. 디자인대로 디테일하게 하는 걸 내가 정말 힘들어했어요. 사장님한테 "왜 이렇게 꼼꼼하게 못 하냐. 잘 좀 살펴서 해라." 하고 꾸중도 막 들었죠.

　사장님이 나를 자르고 싶은 마음이 굴뚝같았을 텐데 내가 그 집에서 6년을 버텼어요. 그 사장님이 일을 잘해. 양장점 출신이라 샘플을 만들면 아주 작품을 만들었어요. 나는 이 집에서 일을 제대로 배워야 된다는 마음으로 아무리 사장님이 눈치 줘도 안 나갔어요. 자존심 문제가 아니라 여기서 그만두면 어디 갈 데가 없으니까. 빠지는 날도 없이 정말 끈질기게. 성실하게는 했죠. 같이 일하던 아저씨가 "정말 배 선생은 끈기 하나는 있다. 끈기가 사람을 만드는구먼."이라고 했어요. 그렇게 숙녀복 하는 방법을 배웠어요.

　봉제일이 일하는 시간에 비해 보상이 따로 없어요. 또 일 없는 비수기가 길어요. 상반기, 하반기마다 3개월은 성수기, 3개월은 비수기야. 일이 있을 땐 뼛골 빠지게 일해 돈을 벌긴 벌어요. 그렇지만 비수기가 길어 버리니까 일이 없는 달엔 벌어 둔 수입을 나눠 먹기를 하든가 빌려서 쓰든지 해요. 남는 건 없어. 월급쟁이들은 2개월에 한 번씩 상여금이 나온다, 보너스가 나온다 하잖아요. 우리는 그런 게 없어요. 오직 내 몸으로만 벌어서 먹고살아야 되니까 봉제하는 사람들은 일 말고는 취미 생활을 한다거나 다른 것을 쳐다볼 새가 없어요. 나도 그래요. 남편은 생활비를 안 대고 가정에 관심이 없으니까.

**언제 내가 하고 싶은 대로 할까 했는데 그게 판소리였어요**

　봉제인들이 불쌍하기도 하고 딱하기도 해요. 돈 버는 것, 일하는 것밖에 모르고 사니까. 나도 그랬는데 애들 다 가르쳐 놓고 나니까 괜히 우울증 같은 게 오고, 마음이 공허해지더라고요. 애들이 연달아 군대에 갔어요. 너무 공허한 거야. 마침 우리 애가 컴퓨터 켜고 끄고 (인터넷) 카페 찾아다니는 법을 가르쳐 주고 군대를 갔어요. 그래서 카페를 돌아다니다가 어디서 민요를 한대. 내가 국악을 좋아하거든요. 그 카페 지기가 전문가는 아니지만 판소리를 가르쳐 주겠다고 오래요. 그래서 밤 10시에 일 끝나고 거기에 갔어요. 진짜 내가 어디 스트레스를 풀 데가 없었는데 마침 잘 만났던 거 같아. 그때가 2002년이었어요.

그 양반이 목소리도 굵직하니 좋더라고. 그 목소리에 반해 환장을 하고 따라다녔어요. 카페 회원들이 전국에 퍼져 있어요. 그런 사람들을 모아 봉사 공연도 다니니 너무 좋은 거야. 내가 어디 나갈 기회가 없고 맨날 일만 했잖아요. 그러다가 그 끈을 잡아서 돌아다니는 기회가 생긴 거죠. 경상남도도 가고, 논산도 가고 막 사방으로 가는 거야. 될 수 있으면 다 따라다녔어요. 피곤하게 일하고 일요일 아침에 일찍 나가는데도 너무 좋은 거예요. 한복을 입고 공연하잖아요. 예쁜 옷 입고 예쁘게 화장하고 내가 사람들 앞에서 이런 걸 하는구나. 일이 문제가 아니라 그렇게 돌아다니는 게 좋은 거야.

뭣도 모르고 다니고 있었는데 누가 큰 선생님을 찾아가라고 하더라고요. 동료를 따라서, (지금은 고인이 되신) 인간문화재 박송희 선생님한테 가서 한 2년 배우고, 그 선생님 제자분한테 2009년부터 배우고 있어요. 지금은 소리 쪼끔(두 손가락을 벌리면서) 해요. 박송희 선생님이 〈흥보가〉로 인간문화재로 지정되어서 나도 〈흥보가〉를 배웠어요. 사람들은 돈 타령이 들어 있는 첫째 박 타는 게 제일 흥겹다는데 다 재미있어요.

처음 나갔던 대회도 기억나요. 2009년에 충청남도 아산에서 전국 국악대전인가 있었어요. 대회 나가면 덜덜 떨려서 가사도 까먹고 그래. 틀리면 틀리는 대로 끝까지 해야 무대 매너인 거죠. 여기서 꼴등을 하더라도 내가 하고 싶은 걸 한다는 정신으로 했어요. 그랬더니 신인부 대상을 받았어요. 대회 많이 다녔죠. 기차 타고 몇 시간씩 걸려서 군산, 논산, 전라남도…… 지방을 다 다녔어요. 근데 나는 맨날 장려상만 받아. 서랍 열어 보면 장려상이 열 몇 개 될 거야. 그러다가 우수상도 받고요. 열심히 하다 보면 상을 타더라고요.

어렸을 때부터 노래하는 거 좋아했어요. 우리 아버지한테 〈서편제〉에 나오는 그런 고수 북이 하나 있었어요. 가슴에 끼가 많이 들어 있으니까 "아버지, 나 이거 좀 가르쳐 줘요." 그랬더니 유행가에다가 칠 수 있는 북장단을 하나 가르쳐 주시더라고. 겨울에는 그거를 치면서 놀았어요. 동네 아주머니들이 이수미의 〈밤에 우는 새〉 노래를 부르면 내가 거기에 장단을 맞춰서 쳤어요.

그때는 반공 웅변대회가 있었잖아요. 내가 구강 구조가 부정교합이야. (턱을 가리키며) 이게 빠져 있으니까 애들이 맨날 합죽이라고 놀렸어요. 초등학교 3학년 때 선생님이 한번은 "교내 웅변대회에서 웅변할 사람?" 하고 물었어요. 아무도 손을 안 들어. 근데 내가 가슴이 막 이글이글 불타올라서 하고 싶은 거예요. 손을 들었어. "나와서 여기 좀 읽어 봐." 하셔서 교단 앞에 나갔는데 애들이 내 입만 쳐다보는 것 같아. 얼굴이 파래

져서 한 줄을 못 읽고 내려왔어요.

그게 한이 됐어. '나는 하고 싶은 대로 자신 있게 앞에 가서 한 번 펼쳐 보지도 못했다.'는 게 가슴에 맺혀 있었어요. 정말 나 같은 사람은 아무것도 못 하고 사는가. 그런데 커서 TV를 보니까 탤런트들도 부정교합인 사람들이 있어요. 아, 용기를 얻었지. 나는 언제 무대에 가서 하고 싶은 대로 할까 했는데 그게 판소리였어요. 내가 할 수 있는, 하고 싶은 걸 정정당당하게 끝까지 하고 내려오기. 나는 그게 꿈이었거든요. 그 꿈은 이뤘어요.

## 공부를 하니까 내 자존심, 자존감이 올라갔어요

또, 내가 공부를 하고는 싶었는데 공부할 시간이 안 됐어요. 일만 시킬 생각을 하지 누가 야간학교 할 시간에 보내 주질 않잖아. 그리고 시다 할 때 월급 5000원 받았는데, 거기서 시간을 빼서 더 적게 받으면 어떻게 살아요? 그러니 나는 일해야 된다는 생각만 하고 있었죠.

그러다가 공부를 하게 된 계기가 있어요. 우리 (둘째) 아들이 2014년에 결혼을 하고 딸을 낳았어요. 내가 이름 때문에 스트레스를 많이 받아서 아들 보고 "이름 좀 예쁘게 지어 줘라." 했더니 "그럼 엄마가 지어 줘요." 그래. 마침 내가 오가며 눈에

든 작명소가 있어서 거기를 갔어요.

　가자마자 내가 이름 때문에 평생 스트레스 받고 살았다고 우리 손녀딸 이름 예쁘게 지어 달라고 했어요. 애기 이름을 몇 개 불러 주더니, 그 어르신이 내 이름도 물어봐요. 말했더니 "당신은 몸에 안 맞는 옷을 입고 있는 격"이라고, 그 이름을 계속 갖고 있으면 애들이 병에 걸릴 수도 있대요. 상술일지도 모르지만 그 말을 들은 부모가 어떻게 해요? 만약에 애가 아프면 내가 이름을 안 바꿔서 이렇다고 후회하잖아요. 후회하기 전에 이름을 바꿨어요.

　여러 개 줬는데 글 서書에 맞이할 연延, 그게 제일 낫더라고. 글을 맞이한다는 거니까 공부잖아요. 이름 딱 정해 놓고 보니까 동대문에 있던 수도학원이 내 눈에 크게 들어오는 거야. 내가 언제 저기를 갈까 생각만 하고 있었는데 갈 용기가 생긴 거예요. 가서 "나도 공부할 수 있어요?"라고 물어봤어요.. "어휴, 선생님보다 더 나이 많으신 분들도 충분히 합격하니까 공부하세요."라고 해.

　2016년 8월이었는데 망설이다가 가서 공부를 했죠. 나이 예순에 너무 재밌는 거야. 수학 빼고는. 과목마다 커트라인이 있는 게 아니라 전체 평균으로 하잖아요. 8월에 시작해서 다음 해 4월에 중학교 과정은 패스를 하더라고요. 하던 거니까 일단 고등학교까지는 해야지. 고등 과정을 정말 죽기 살기로 했어요. 그때는 새벽반에, 일요반까지 끊었어요. 월요일부터 토요일까지는 새벽 6시에 가서 수업 듣고 출근하고, 일요일엔 오전 10시부터 오후 6시까지 공부했어요. 자신감이 생길 때까지 문제를 계속 풀었더니 그해 8월에 (합격)되더라고요. 나랑 같이한 사람들 10명 중 두 사람만 합격했어. 시험 보고 맞춰 보니까 (합격인지 아닌지) 대충은 알아요. 하늘을 나는 기분이었지. 공부를 하니까 내 자존심, 자존감이 올라갔어요. 고등학교 졸업장을 큰아들한테 보여 줬어. "어때, 엄마도 할 수 있지? 엄마 자랑스럽냐?"고 물었더니 그렇다고 하더라고요.

방통대는 그 이듬해에 갔죠. 그때는 그렇게 힘이, 공부할 의욕이 있었던 것 같아요. 한번 넣어 봤어요. 들어가기는 쉬워도 나오기는 힘들다는 방통대. 일단은 들어갔으니까 4년 내에 공부는 마쳐야겠다고 생각했는데 마쳐지더라고. 2018년에 들어가 2023년 2월에 졸업했어요. 오리엔테이션도 가고 엠티도 갔죠. 출강만 안 할 뿐 하는 행사는 일반 대학교하고 똑같아요. 학생들 연령대도 다양해. 젊은이들부터 70대까지. 문화교양학과여서 다양한 문화를 접할 수 있으니까 좋더구먼. 세계가 이렇게 돌아가는구나, 공부가 이렇게 재밌구나 하고 느꼈어요. 왜 진작 도전을 못 했을까. 더 젊었을 때 했으면 뭔가 다르게 진로를 바꿨을 것 같은 생각이 들어요.

어려서는 너무 공부하고 싶은데 여유가 없었어요. 시간을 안 줘서 공부를 못 해. 우리 엄마는 공부에 대해 관심이 없었으니까. 한번은 보건소에서 아버지 약을 타 와서는 볼멘소리로

"나 다음부터는 약 타러 안 가." 하면서 불평을 했어요. 다른 애들은 다 학교만 다니는데 나는 왜 약을 타러 다니느냐고. 그러면 나를 어르고 달래 줘야 할 거 아냐. 그러기는커녕 이 노인네 둘이 날 구석에다 몰아 놓고 가타부타 말도 없이 빗자루로 때리더라고. 잊어버리지도 않아요. 그 뒤로 살면서 공부해야겠다는 생각이 포기가 안 되더라고. 상급 학교 졸업장 하나 없이 이렇게 살다가 죽는 건가? 어떻게 해서든지 내가 해 보고 싶다고 생각했는데 지금은 공부를 해서 만족해요.

## 일도 없지만 사람은 더 없어요

지금은 신당동에서 일해요. 일하는 사람만 네 명, 사장님까지 해서 다섯 명이에요. 원래 사장 동생이 재단사를 했었는데 월급이 밀리니까 그만뒀어요. 패턴 전문이던 사장님이 재단을 하고 있죠. 봉제업이 원래 일하는 사람들이 들락거리기를 자주 하는데 여기는 다들 4년에서 6년씩 같이 일해서 거의 가족이나 마찬가지예요. 집보다 여기서 시간을 더 많이 보내잖아요. 그러다 보니 마음이 이심전심으로 통해요.

주로 숙녀복을 만들어요. 토털이지. 바지, 원피스, 블라우스, 재킷, 코트, 사파리, 바바리, 다 하죠. 입맛에 맞는 것만 골라 할 수가 없어요. 일이 있으면 해야지. 봉제 일은 대부분 만든 옷 개수대로 받는 객공이니까 일하는 시간 통제가 안 돼요. 어떤 사람들은 새벽 6시 전부터 나와 일을 한다니까. 요즘은 교통이 발달해서 늦게까지 차가 있고 자가용도 있고 그러니까 자기 능력대로 하는 거야. 그런데 우리는 한 번 반란이 일어나서 사장님이 아침 8시부터 시작해서 저녁 10시에 끝내라고 정리된 상태예요. 점심하고 저녁 먹는 시간 빼면 열세 시간 정도 일해요. 집에 가면 씻고 잠만 자는 거지. 그래서 내가 밖으로 나가질 못해요.

그나마 코로나19 오면서 도매시장이 5일만 장사를 하고 토요일은 안 했어요. 그러면서 우리도 같이 (토요일 날 일을) 하는 데도 있지만 안 하는 데가 더 많아졌어요. 바쁠 때 토요일 날 3, 4시까지는 하지만 그 이상은 안 넘어가요. 그래도 여기 봉제업은 일이 없다고 사람을 자르지는 않아요. 일이 없으면 그냥 스스로 나가요. 간다고 말리지도 않아요. 말릴 수도 없어. 보장을 못 해 주니까 사장도 가겠다면 보내죠. 지금은 일도 없는데 사람이 더 없어요. 나간 사람 빈자리를 채우려 해도 사람이 없어요. 나부터도 내 새끼가 더 좋은 자리에서 일하는 걸 바라지. 이렇게 사각지대에서, 4대 보험도 보장이 안 되는 데서 일 시키려고 할 사람이 없죠.

또 지금은 일거리가 많지 않다 보니 누굴 가르치지 않고 그냥 혼자씩 해요. 근데 나는 혼자 안 해 봐서 짝꿍이 있어야 돼요. 짝꿍도 기술 레벨은 같은데 그 사람은 오래 앉아 있는 걸 힘들어해서 올라갔다 내려갔다 하는 일을 택한 거지. 옷감도 갖다주고 부속물도 챙겨 주고 미리 뒤 작업 준비를 해 놓는다든가 그런 일들이요. 나 같은 경우는 출근해서 점심 먹을 때까지 화장실 아니면 거의 일어날 일이 없어요. 화장실도 밥 먹을 시간 돼서 그때 가고 계속 재봉틀 앞에 앉아 있죠. 쉬는 시간도 없이 계속 앉아 있으니까 어떤 때는 허리가 꼬여요.

지금 내가 만으로 예순여섯이니 근로 능력이 떨어지기도 했지만 코로나 이후로 일이 더 없고 더 어려워졌어요. 옷에 (장신구 등) 안 붙어 있던 것도 붙어 있고 디자인이 업그레이드됐어요. 안 박아도 될 걸 박음질을 해야 되는 상황이야. 이렇게 만드니까 하나 만드는 데 시간이 많이 걸리고, 만든 옷 개수가 나오질 않아요. 아침 8시부터 밤 10시까지 해 봐야 15만 원 하기가 힘들더라고. 보통 20만 원은 넘어야 되는데 그렇게 안 돼요.

단가는 딱 가격이 정해져 있는 게 아니에요. 얼마나 손이 많이 가느냐 적게 가느냐 거기서 가격이 달라지니까요. 10년 전하고 단가가 크게 차이가 안 나요. 한 장에 4000원짜리 스커트를 한 시간에 다섯 장은 만들어요. 그럼 2만 원이잖아요. 시간당 2만 원은요, 진짜 말도 안 되는 가격인 게 우리가 거의 30~40년 일했는데 그거잖아요. 사람들은 돈 많이 번다고 그러지만 우리가 쌓은 경력하고 노동하는 시간을 비교하면 얼마 안 돼요. 우리는 오직 몸으로 시간으로 때워서 버는 거야. 엄마 가장도, 아빠 가장도 있는데 이들은 정말 죽자 살자 고개 한 번 안 들고 옆 사람이 죽는지 사는지도 모르고 그렇게 일을 해요. 봉제 산업이 사양산업이라는 게 이렇게 현실에 드러나요. 인정도 대접도 안 해 줘요. 임금, 단가 깎을 생각만 하고…….

지금은 옷을 다들 인터넷에서 사잖아요. 다 차이나야. 나는 평소에는 불량 난 거 주워 입는데 인터넷 광고 보고 2만 9000원인가 하는 남방을 하나 사 봤어요. 해외 직구라고 해서 미국에서 오는 줄 알았는데 중국산이더라고. 그것도 주문한 지 28일 만에 왔어요. 아니, 한 달 만에 온 옷이 단추가 네 개 달려 있는데 단춧구멍 네 개 중에 두 개만 박음질돼 있는 거야. 고객센터에 전화해서 사진을 보냈더니 수선비 3000원을 보낼 테니 수선하시라 해서 내가 돈 3000원을 돌려받았다니까요. 이렇게 허술한데 (원산지를 바꾸는) 라벨 작업을 안 하겠다고 하면서도 아직도 없어지지 않았어요. 그렇게 다 밖에서 만들어 와서 이렇게 안에서 판다니까요. 그러면 어떻게 돼요? 우리들이 할 일이 있어야 돈을 벌어서 우리나라에서 소비를 하잖아요. 싸다고 밖에서만 갖고 오면 자기들 욕심만 생각하는 거 아니에요?

## 쪽수가 적은 것보다 하나라도 더 있는 게 낫잖아요

내가 (창신동에) 1973년도에 왔을 때 전태일 열사 소문이 있더라고. 그 양반이 3년 전에 돌아가신 건데 청계피복노조 활동을 귀동냥으로 듣고, 사람들이 유인물을 돌리고 그러니까 어린 마음에 그런 게 있구나 하고 받아들였어요. 근데 내 짝꿍은 유인물을 돌리다가 경찰한테 쫓겨서 숨어 다니고 그랬대. 짝꿍은 청우회(옛 청계피복노조의 조합원 모임) 회원이면서 야학 때부터 전태일 정신을 계승받아 청계피복노조 운동을 하고 다녔더라고. 정작 청계피복노조는 빛을 발하지 못하고 없어져 버렸잖아요. 그러나 한국 노동운동의 밑거름은 됐지.

짝꿍이 2018년에 봉제인지회(화섬식품노조 서울봉제인지회) 창립한다고 거기를 간대요. 청우회 하고 야학 했던 사람들은 계속 잊지 않고 있었더라고. 짝꿍이 간다고 해서 내가 "단가 좀 많이 받게 해 줘."라고 했더니 "언니가 가입도 안 하면서 그런 말을 하냐." 그러더라고. 굉장히 독설을 했어요. 나한테 가입하자는 말도 안 했으면서……. 나는 운동을 하러 다니는 그런 급진적인 건 아니었고, 운동을 하는 사람들이 있다고만 알았죠. 어느 날은 짝꿍이 가입서를 돌리더라고. 쓰라고 해서 그냥 썼어요.

봉제인지회는 '봉제인들이 한국 경제 발전에 주역을 한 분들이다. 이들한테 최소한 할 수 있는 일을 좀 찾아 줘라.' 이런 걸 요구하기 위해 뭉쳤다고 하더라고요. 그러면 쪽수가 하나라도 더 있는 게 낫잖아요. 이렇게 많은 사람들이 이렇게 힘들게 살아가고 있다고. 10명이 힘든 거 하고 100명이 힘들게 사는 거하고 사람들이 생각하는 게 다르잖아요.

지회장이 부르더라고. 대의원에 출마 좀 해 달라고. 그래서 했어요. 급진적인 건 안 좋아하는데 나이도 먹고 애들도 다 커서 집에 있으면 맨날 잠만 자잖아요. 흩어진 봉제인들을 한데 모아서 큰소리 한번 내 보자는 취지로 만들었는데 내가 조금이라도 힘이 될 수 있으면 괜찮을 것 같아서 대의원을 하게 됐죠.

또 봉제인지회에서 '지음'이라는 봉사 모임을 해요. 우리 재능이 있잖아요. 다른 사람들은 예술로 재능 기부 하는데 우리도 만드는 솜씨가 있으니까 해 보자고 시작했죠. 2021년 가을부터 했나. 처음에 아기 턱받이 만들어서 미혼모 지원 모임으로 했어요. 어떻게 하면 애들이 예뻐 보이고 편하고 튼튼할까. 이런 거 다 따져서 순면 원단으로 정말 예쁘게 만들었어요. 어르신들 도시락 배달하는 데 쓰는 가방도 만들어서 전달하고요.

## 봄이 되면 좀 더 따뜻한 이야기가 나올까요?

나에게 봉제란 삶의 터전이자 금지라고 해야 되나. 그래도 그걸 했기 때문에 내가 아이들을 건사했어요. 봉제 공장에서 일하는 거 본 적 없으시죠? 잘라 놓은 천 쪼가리들이 옷으로 만들어진다는 게 얼마나 신기해요. 또 내가 만들어 놓은 옷을 다른 사람들이 예쁘게 입잖아요. 그걸 보면 '내가 이렇게 옷을 예쁘게도 만드네.' 하면서 뿌듯하죠. 맨날 만들어도 내가 만족이 안 돼요. 봉제한 지 40년 넘은 요즘에야 좀 괜찮게 만드는구나 이런 생각이 들더라고요.

그런데 지금은 봉제업이 너무 어려워서 직업 전환을 해야 하나 고민이에요. 지난 11월부터 1월까지 일이 정말 없었어요. 2월 초에는 1주일에 3, 4일 일했다니까요. 또 세 번 네 번 출근했어도 밤 10시까지 꾸준히 열세 시간씩 일을 했으면 그나마 나은데 일감이 없어서 낮 1시에 가라고 할 때도 있고, 5시에 퇴근할 때도 있으니 벌이가 없는 거죠. 그것도 사업주들이 결제를 못 받아서 월급이 밀려요. 나는 짝꿍하고 반씩 나눠야 하는데 100만 원 남짓, 얼마 되지도 않는 돈을 나눠 쓸 수도 없고 짝꿍보단 내가 형편이 좀 낫지 싶어서 먼저 채워 주다 보니 나도 힘들어지는 거예요. 봄, 여름에 부지런히 벌어서 안 먹고 안 쓰고 통장에 좀 모아 둔 거 홀라당 다 나갔어요.

일이 많을 때는 400만 원 넘게 벌기도 하는데 그게 1년 열두 달 내내 그러는 게 아니라 3월에서 6월 정도까지만 그래요. 지금은 임가공비는 오르지 않고 공정은 복잡해져서 400만 원 번다고 할 수도 없고요. 그러려면 거의 뼈를 갈아 넣는 수준이어야 해요. 새벽부터 밤까지 점심, 저녁 식사 시간도 따로 있지 않고 20분 안에 끝나. 밥을 입에 넣고 가서 일을 해요. 숨 돌릴 시간이 없다니까요. 겨울은 일이 없어서 너무 춥고……. 작년

겨울, 지지난 겨울도 그랬는데 올겨울은 더 추워요.

어디 보따리 싸 갖고 가고 싶어도 옮길 데도 없어요. 지금 다른 업계도 힘들겠지만 의류 봉제업계는 너무 힘들어서 폐업하고 비어 있는 공장들이 많아요. 진짜 직업을 전환해야 하나 싶지만 지금은 사람 구하는 데가 없잖아요. 그렇다고 애들한테 돈 달란 소리는 더 못 하겠고. 또 애들이 주는 돈은 안쓰럽고 안타까워 못 쓰겠어요. 아직은 건강하니까 내가 경제활동을 할 수 있으면 해서 애들한테 부담을 안 주는 게 부모, 엄마의 도리가 아닐까, 이런 생각을 해요.

판소리는 계속 배우고 싶어요. 이거는요, 끝이 없어. 마지막 하고 싶은 게 판소리 한 바탕(마당)을 발표하는 거예요. 선생님 말씀이 하면 할수록 좋아지는 게 소리래요. 내가 이런 결심을 하고 열심히 하는 것하고, 해야 될 때가 돼서 그때만 조금 열심히 하는 거하고 또 다르더라고요. 소리판에서 소리꾼으로 인정받는 것. 죽기 전 버킷 리스트 중 하나예요. 그런데 2023년에 뇌동맥류 시술받고 나서는 기억력이 약해졌어요. 그게 관건이야. 언제쯤 할지는 모르겠어요. 내가 일을 하니까 강습을 한 달에 몇 번씩 정해 놓고 갈 수가 없잖아요. 또 일이 없을 때는 돈이 없어서 못 가고요. 벌이가 있어야 활동을 하고, 학원비를 내야 강습을 하는데 나는 못 가지.

봄이 되면 좀 더 따뜻한 이야기가 나올까요? 봄이 와도 비슷할 것 같아요. 우리는 매년 겨울이 추우니까. 봉제인들이 남을 위해 따뜻한 옷을 만들지만 자신들 마음은 너무 추운 겨울을 지내고 있어요.

## 기록

**신정임**

이야기의 힘을 믿는 기록노동자다. 『우리 같이 노조 해요』, 『이태원으로 연결합니다』(공저) 등을 썼고, 싸람(싸우는 노동자를 기록하는 사람들)으로도 활동하고 있다. 『우리들의 드라마』로 구술 생애사의 문도 열었다. 그래서 감사하다. 앞으로도 삶의 이야기를 찾아 세상을 누빌 예정이다.

## 후기

중학교 때인가 가정 시간에 치마 만들기를 했다. 배운 대로 열심히 바느질을 했는데 만들고 나니 난감했다. 허리띠 밑으로 바늘땀들이 다 보였던 것. 뜯고서 다시 해야 하나 울상을 짓고 있는데 아빠가 조용히 바늘에 실을 꿰셨다. 치마를 둘러 가며 감침질을 하자 감쪽같이 바늘땀들이 사라졌다. 양복점을 접은 지 10년이 더 지났는데도 아빠의 손은 기억하고 있었다. 바느질 잘하는 법을.

    구술 생애사 대상을 고민하면서 그때가 떠올랐다. 의식주만큼 우리 삶과 가까운 소재도 없으니 피부 가까이 있는 이야기를 끄집어내고 싶었다. 전국화학섬유식품산업노동조합 서울봉제인지회로부터 조합원을 소개받았다. 40년 봉제 베테랑 배서연 씨였다.

첫 만남 장소는 동대문디자인플라자DDP. 대형 우주선이 내려앉은 듯한 현대식 건물을 뒤로하고 DDP가 그늘로 밀어내고 있는 주변 지역의 평화시장, 남평화상가 등에 녹아 있을 봉제인의 인생 이야기를 듣는 게 아이러니했다. 부조화해서 더 열심히 듣고 싶었다. 그런데 카페 안이 시끄러워서 밖으로 나와야 했다. 야외 테이블에서의 대화가 걱정됐는데 주변 소음이 신경 쓰이지 않았다. 그만큼 배서연 씨는 달변가였다. 청산유수처럼 막힘없이 말을 해서가 아니다. 일화 등을 생생하게 들려줘서 내가 꼭 그곳에 있는 듯한 느낌이 들었다. 그가 소 먹일 풀을 베러 다니던 어린 시절 시골 마을, 손을 호호 불면서 재봉틀을 돌리던 1970년대 봉제 공장, 옆 가게 수도에서 물을 받아다 쓰던 중부시장 쌀가게…….

그가 거쳐 온 시간과 공간을 상상하면서 그의 이야기를 따라갔다. 파란만장한 인생 드라마엔 배경음악도 있었다. 밖에 놓인 피아노를 놀러 온 사람들이 돌아가면서 연주했다. 다양한 장르의 음악이 들려왔다. 판소리를 하는 예술가답게 그도 피아노 소리가 좋았는지 인터뷰를 마치고 지하철역으로 향하면서 피아노 연주자를 유심히 지켜봤다. 조금 더 걷자 음악도 없이 춤을 추는 젊은이들이 보였다. 그는 "블루투스 스피커라도 있으면 좋을 텐데."라며 안타까워하더니 "좋을 때다."라고 혼잣 말을 하며 그들을 지나쳐 갔다. 공부를 비롯해 하고 싶은 일들을 해 볼 엄두도 내보지 못한 배서연 씨의 청춘이 겹쳐졌다.

비록 그는 마음껏 청춘을 누리진 못했지만 그가 엮어 온 인생은 누구보다 찬란했다. 실질적인 가장으로 두 아들을 키워 내면서 1년 만에 중고등학교 검정고시를 통과하고 전국 판소리 경연 대회에 나갈 정도로 판소리 실력을 쌓은 이야기를 들려줄 때 그는 눈을 반짝였다. 그 반짝이는 이야기를 바로 곁에서 들을 수 있어서 행복했다. 나도 "하고 싶은 걸 정정당당하게 끝까지 하고 오는 꿈을 이뤘다."고 자부심 넘치게 말하는 그를 닮고 싶다는 생각을 했다.

그동안 다양한 기록 작업을 해 왔는데 오로지 구술로만 글을 구성한 건 이번이 처음이었다. 그래서 시행착오도 많이 겪었다. 서너 번 만나 쌓인 많은 목소리 중 어느 것을 넣고 빼야 할지 몰라 갈팡질팡했다. 꼭 넣고 싶은 이야기가 너무 많았던 탓도 있다. 그만큼 배서연 씨가 좋은 구술자였다는 뜻. 첫 번째 구술 생애사 주인공으로 그를 만난 건 큰 복이었다. 덕분에 또 다른 구술 작업을 하고 싶다는 바람을 품었다. 온전히 구술자의 목소리에 집중해 그의 세계로 빨려 들어가는 구술 작업의 매력을 알아 버렸기 때문이다. 새로운 세계의 문을 열게 해 준 배서연 님께 감사하다는 말씀을 전하고 싶다. 요즘 옷을 입을 때면 가끔씩 바늘땀을 살펴본다. 누군가의 삶이 담긴 바늘땀인 걸 기억하고 싶기 때문이다.

S#5

## 5화.
## 밥도 못 먹었냐는 그 말

이경희의 천 길 물속
이수정 기록

# 주인공

**이경희**(가명)

평안북도에서 태어나 마흔아홉에 탈북해, 경계를 넘어 한국에 온 지 15년 차인 청소 노동자. 북에서나 남에서나 한결같이 열심히 살아온 사람이라 회사 동료들에게는 일명 '깐깐한 반장'으로 통한다. 일터에서는 경계 밖에서 머뭇거리기보다 자신의 존재를 당당히 드러내는 여성 노동자이지만 북에 두고 온 아들 이야기에서만큼은 머뭇거리며 눈시울이 붉어지는 어머니.

## 제 이름은 이경희°입니다

저는 올해 예순두 살이고 평안북도 의주군에서 태어났어요. 오빠가 하나 있고 밑에는 여자 동생만 네 명 있어요. 자식들은 많은데 아빠는 폐 쪽으로 환자다 보니까 일을 못 했고 엄마가 엄청 고생했지. 저는 북한에서 태어나서 살다가 마흔아홉에 여기 왔거든요? 그때까지 정말 먹을 걱정이라든가 입을 걱정 이런 거 안 해 보고 산 적이 없어요. 진짜 옥수수밥도 배불리 못 먹고 자식 둘 있는 게 항상 굶어 살아야 했어요. 하루 두 끼 굶기 일쑤였거든요. 제가 지금도 우리 동료들한테 얘기해요. 북한에서 쌀밥은 둘째 치고 옥수수밥 아니 옥수수 죽이래도 배불리 먹을 형편이었으면 나 여기 안 온다, 진짜 너무 죽을 것같이 막바지가 돼서 여기 오게 됐다고요. 어릴 때 기억요? 진짜 너무 힘들고 가난했던 거 말고는 솔직히 기억나는 게 없어요.

오빠는 외아들이라고 부모님들이 투자를 했죠. 우리 이모부가 평양에서 주민등록 관리하는 일을 했는데 오빠를 평양시 거주자로 만들어 줬어요. 그거 엄청 힘들어요. 돈도 쓰고 힘도 쓰고 그래야 되는 거예요. 평양에 거주하면 공급도 좋고 일자리도 좋으니까요. 이제 오빠는 됐는데 딸이 또 많잖아요. 그래

○ 구술자의 요청으로 본인 및 등장인물들의 이름은 모두 가명을 사용했다.

서 큰딸인 저라도 시골에서 농사일을 안 시키고 대학 보내서 직장 생활을 할 수 있게 하자 해서 부모님이 엄청 많이 시도하셨어요. 제가 공부를 잘해서 대학은 제힘으로 갔는데 대학을 나와도 농촌 출신이면 다시 자기 고향으로 가야 되거든요? 농산과, 기계과, 수의과같이 여러 과가 있는데 제일 좋은 게 수의과예요. 수의과로 가는 그때 우리 부모님이 힘을 좀 쓰셨죠. 왜냐면 수의과는 농촌이 아니라 시내로 배치받을 수 있거든요. 아무래도 시골보다는 도시가 공급이 좋으니까요. 졸업하고, 묘향산 아시죠? 거기 전문적으로 닭을 키우는 공장에 배치를 받은 거예요. 그거 진짜 쉽지 않아요. 묘향산이면 그때 공급이 엄청 좋았거든요. 묘향산에는 '국제친선전람관'○이 있어요. 북에서는 금강산 다음이 묘향산이죠. 관광객이 많아요. 북한 사람도 오고 외국 사람들도 오고. 그러니까 국가에서 공급받는 게 다른 데보다 더 많아요. 물자도 많고 평양만큼은 못해도 거기만 해도 진짜 좋죠.

    1979년도에 대학○○ 가서 1983년도에 졸업하고 바로 묘향산에 배치받아 한 4년 근무했어요. 그러다 북창군이라고 화력발전소가 있는 평안남도로 시집을 가게 됐어요. 우리 외삼촌

○ 북한에서 각국 국가수반들에게 받은 선물들을 보관·전시하는 곳. 조선시대 전통 건축양식을 현대적으로 응용해 1978년에 건립했다.
○○ 당시에는 소학교 4년, 중고등학교 5년으로 9년제 의무교육이 실시되던 시기. 김정은 집권기에 12년제 의무교육으로 변화되었다.

이 정치범 수용소에서 죄인들을 관리하는 큰 간부를 했거든요. 저희 엄마가 딸들도 많고 시골에서 너무 힘들게 사니까 "누나, 경희는 내가 여기서 시집보내고 결혼식도 해 줄게." 하고 저를 맡은 거예요. 거기서는 그냥 남자 집에서 여자 상, 여자 집에서 남자 상 차려 주면 그게 결혼식이에요. 우리 시집하고 외삼촌네가 앞뒷집이었는데 시부모님들이 법 없이도 살 사람들, 뭐 그냥 진짜 당에 대한 충실성밖에 모르는 분들이니까 중매한 거예요. 삼촌이 차를 가지고 묘향산 닭 공장까지 저를 데리러 왔더라고요. 삼촌 집에 따라가서 한 번 딱 만나고 약혼식을 했어요. 약혼이 1987년도 6월 즈음이고 결혼은 이듬해 2월에 했어요. 얼굴 한 번 보고 약혼식 하고 몇 개월 후에 결혼한 거예요, 진짜 얼결에. 결혼하고 시부모님 집에 들어가서 살다가 아들을 1989년도에 낳았고 걔가 세 살 되는 해에 너무 먹고살기 힘드니까, 아유 안 되겠다 싶어 직장을 알아 봤어요.

## 돈이 되는 건 닥치는 대로

1989, 90년도 그때는 북한이 그래도 좀 살 만했어요. 외삼촌은 정치범 수용소(관리소)에서 별°을 달고 있으면서 큰 간부를 했고 외숙모는 큰 상점의 점장이었어요. 그러니 외삼촌네는 생활이 진짜 괜찮았죠. 조카가 식구 많은 시부모 집에서 고

생을 하니까 삼촌이 작은 집을 하나 잡아 주고 양정사업소○○에 취직도 시켜 줬어요. 관리소 안에는 죄인들, 별 단 사람들, 관리 성원들 따로따로 이렇게 부류별로 배급소가 총 13개 있는데 사업소에서 양곡을 가공하면 그걸 각 배급소로 내보내는 일을 제가 했거든요. 힘이 막강하고 그만하면 직업이 진짜 좋았어요. 쌀에서 쌀 골라○○○ 먹는 그런 직업. 저는 그나마 힘 있는 삼촌이 사업소 책임자한테 "우리 조카 있는데 일 좀 한자리 줘라." 해서 된 거예요. 큰아이 세 살 때니까 1991년도부터 총 12년을 거기에 다녔어요. 근데 외삼촌이 이제 나이가 차니까 자연히 제대가 됐어요. 그러니까 간부과에서 벌써 연락이 오더라고요. 제 자리에 청년사업부장 와이프를 배치한 거예요. 거기는 그래요. 이경희가 지금 양정사업소 재정지도원이다 그러면 "쟤는 누구 연줄로 들어왔지? 뒷배경에 누가 있지?" 하고 뒤에서 얘기가 되는 거예요. 그래서 밀어낼 수 없겠구나 하

○ 관리소는 인민보안성에서 관리하는 구역으로 농장, 탄광, 정미소, 공장 등 다양한 시설을 갖추고 있다. 인민보안성은 치안 유지를 주 임무로 하는 국가기구로서 우리의 경찰청에 준한다. 별을 달았다는 것은 관리소 당위원회 간부를 뜻한다.

○○ 정미소 혹은 도정 공장. 벼, 보리 등 곡물을 가공하는 시설로 북에서는 국가가 만들고 관리한다.

○○○ 북에서 흔히 쓰는 표현으로 여기에서는 상대적으로 풍요로웠다는 뜻. 쌀의 도정 정도에 따라 배급 대상이 다른데 현미에 가까운 쌀은 주민에게, 백미는 주로 간부들에게 배급된다고 한다.

면 포기하는 거고, 쟤 정도는 내가 밀어낼 수 있어 그러면 밀어내는 거죠. 그렇게 13년째 되는 해에 직업을 나앉은 그담에부터 저는 하강선을 걷기 시작한 거죠.

우리 남편은 보잘것없는 공무직장○ 노동자였으니 힘이 없었어요. 그런데 애들은 커 가지 직업은 떼웠지○○ 너무 막막하더라고요. 그래서 조금 있는 돈 가지고 장사를 했는데 장사할 사람들이 따로 있지 아무나 장사해서 척척 돈이 벌어지는 게 아니더라고요. 2004년 이후로 한 4년 넘게 장사했어요. 신의주 가서 중국 사람들한테 물건을 사서 평남도에 와서 팔았어요. 처음에는 옛날 그 CD 알판○○○을 사 왔어요. CDR에 넣어서 영화 보는 거요. 중국 사람들한테도 한국 거가 제일 인기 있었는데 저도 〈천국의 계단〉, 〈약속〉, 〈검은 사월〉 같은 거 아직도 기억이 나요. 한 차에(한 개에) 대여섯 가지가 딱 압축해서 들어 있어요. 몰래 갖고 다녀야 하는데 진짜 그거는 요런 쇼핑백에다 넣어서 왔다 갔다 하면 돈이 엄청 떨어지거든요. 처음에는 중국 드라마를 보다가 사람들이 이렇게 머리가 깨기 시작하니까 그담엔 한국 드라마도 봤어요. 5부작, 10부작이 들어 있는 알판 하나에 중국 거는 500원이지만 한국 드라마는 1000원,

○ 기계 설비를 고치고 부속품을 만드는 일을 하는 직장.
○○ 떼였지. '떼우다'는 '떼다'의 북한말.
○○○ 음악이나 영화, 드라마 등을 콤팩트디스크CD에 복사한 것.

2000원 했어요. 근데 그것도 점점 노출이 돼서 무섭기도 하고, 돈을 떼이기도 하고 해서 그만뒀어요. 그담엔 총천연색 TV, 쿠쿠 압력밥솥 같은 거 팔았어요. 한국 거가 좋죠. 중국 거는 진짜 몇 달 안 쓰면 '퍽' 하고 바킹(패킹)도 고장 나고 그래요. 벌써 가격도 몇 배 차이 나요. 나중엔 관리소 안 도자기 공장에서 나오는 사발하고 접시 같은 거를 평안남도 순천 장마당에 내다 팔기도 했어요. 아우, 저 베라벨(별의별) 짓 다 했어요. 남들보다 조금이라도 싸게 팔아서 회전도를 늘리고 그랬는데 나중엔 그것도 너무 사람이 많으니까 어려워졌어요.

장사하러 다니다가 2009년도에, 국경 연선°이라고 그러면 아시려나? 거기까지 왔댔어요. 마지막에 제가 완전 바닥 생활 할 때 정말 힘들었어요. '안 되겠다. 가자. 내가 중국으로 건너가다 죽든, 중국에서 걔들한테 죽더라도 쌀밥이라도 얻어먹고 죽자.'는 생각으로 국경 연선에 간 거예요. 근데 그때는 경비도 심하니까 못 건너가겠더라고요.

○ '경계선'을 뜻하는 북한말로 북한과 중국의 경계를 말한다.

## 내 언제든지 길만 열리면 이 제도를 뜬다

우리 남편은 열성 당원이에요. '죽도 못 먹어도 나는 우리 김정일 장군을 수호한다.' 이런 마인드거든요, 완전. 저는 살짝 생각이 바뀌었죠. '내가 왜 이런 데서 죽을 때까지 옥수수죽도 없어서 이렇게 바들바들하게 살아야 돼? 번(번듯)한 생활은 아니더라도 나도 좀 어디 가서 쌀밥이라도 실컷 먹다가 죽으면 안 될까.' 이런 생각. 완전 하늘 땅 차이인 거죠. 솔직히 처음에 내 직업이 좋다 보니까 10여 년 넘게 우리 가족이랑 시댁까지 다 먹여 살렸거든요. 내 본분인 줄 알고 당연히 한 거죠. 근데 직업을 탁 잃고 나니까 그게 아니더라고. 다른 여자들은 남편 등에 업고 떵떵거리며 사는데 나는 이게 뭐야 싶으면서 그때는 생각이 벌써, 이 삐또(핀트)가 바뀌는 거예요. 그러니까 저는 남편하고 사실 경계를 뒀죠. 속을 절대 말 안 하고 '내 언제든지 길만 열리면 이 제도를 뜬다.' 이렇게 생각을 하고 있었던 거예요. 속으로 그렇게 생각해도 사실 남편하고 그런 얘기 못 했어요. 이제 부부간에 싸우다가 뱉김(홧김)에 신문을 탁 찢었는데 그 뒷면에 김정일인지 김일성 사진이 있었던 거예요. 그걸 신고해서 남편이 수용소에 간 일도 있었어요. 흔치는 않은데 가끔씩이라도 그런 일이 있으니까 절대 얘기 못 해요, 절대.

내가 양정사업소 있으면서 알게 됐던 사람, 지금 여기 같이 왔어요. 그분은 저보다 더했어요. 제도에 대한 배신감에 막 싫증내고 엄청 저주했거든요. 이 제도는 '잘못 떨어진 씨앗'이라고 하면서 불만이 엄청 많았어요. 지금 저랑 같이 사는데 그분 와이프하고 저하고도 친하게 지냈어요. 그 집에서 한국 드라마도 몰래몰래 같이 보고 그분하고 북한에서 장사도 하고 그랬어요. 그분은 양곡을 물어 오는 인수 지도원이고 저는 그거를 받아서 각 배급소에 나눠 주면서 입고 잡고, 출고 뚫고 그런 일을 같이했어요. 근데 그분도 그래요. 솔직히 자기가 바라는 간부 사원만 됐어도 여기 안 왔다고요. 간부가 되려고 손을 넣었는데 안 됐어요. 도중에 손을 넣은 사람이 중간에 떼먹었는지 어쨌는지 알 수가 없어요. 그러니 "야, 내 생돈을 왜 네 입에다 처넣어? 내 돈 내놔." 이렇게 된 거지. 이 사람도 삐또가 딱 돌아간 거지. 어느 날 자기 와이프한테 "나 여기서 도저히 안 되겠다. 나 갈 건데 어떡할래?" 그랬대요. 자기 속마음을 재고 재다가 그 얘기를 했는데 와이프가 못 간다고 하니까 아차 싶으면서 더럭 겁이 난 거예요. 어떤 일이 일어날지 모르죠. 가서 진짜 신고할 수도 있으니까요. 급하게 저한테 연락이 왔어요. 나 중국에 갈 건데 같이 갈 거냐 그러길래 가겠다 했죠. 나도 언제부터 호시탐탐 노리고 있었지, 기회를. 우리 아들은 군대 나가 있고 딸은 열아홉 살이었는데 난 딸 데리고 가겠다 했어요. 그 사람은 아들이 둘인데 큰아들은 군대 도중에 허약, 그러니까 영양실조 만나서 제대됐고 작은아들은 군 복무 하고 있었거든요. 그러니까 그쪽은 큰아들, 저는 딸 그렇게 하나씩 데리고……. 도둑질할 것도 없지만 어디 가서 도둑질도 못 하고 여기서 굶어 죽느니 그냥 가자 싶었어요. 남편한테는 얘기도 못 하고 딸만 데리고 와닥닥 고저(그저) 떠난 거예요. 한시라도 지체하면 어떤 일이 벌어질지 모르니까요.


## 완전 진짜 항일 빨치산 투쟁이지

평남도에서 2010년 8월 23일에 출발해서 양강도 대홍단으로 갔어요. 새벽 5시쯤? 밖이 벌써 푸름푸름했어요. 산에서 먹고 자면서 거기 가는 데도 한 나흘 걸렸나 그랬어요. 지형도 살피고 어느 시점이 좋겠나 보는 거지. 솔직히 군대 초병들도 매일 똑떨어지게 감시하고 그렇게는 못 하잖아요. 아무래도 점심밥 먹고 나면 조금 느슨해지고 그럴 수 있잖아요? 그때 와닥닥한 거죠. 거리가 3, 4미터쯤 될까? 물이 깊지는 않고 딱 허리춤 정도 오더라고요. 도하 지점을 거기로 찍었는데 지금 생각해 보면 참 잘 택한 거예요. 그렇게 넘다가도 떠내려가서 죽은 사람들 엄청 많거든요. 그러고는 진짜 하염없이 뛰었지. 뒤에서 총질할까 봐. 정신없이 뛰다 보니까 울창한 수림이더라고요. 이제 완전 중국 땅이죠. 그렇게 딱 눈 뜨고 보니까 얼마나 서러운지. 심장도 막 활랑거리고요(두근거리고요). 그러면서

'야, 어쩌면 이제 저 땅을 내가 다시 못 밟겠구나.' 생각하니 엄청 서럽더라고요. 거기서 한 시간쯤 울다 울다 진정을 한 것 같아요.

그다음에는 무조건 남쪽으로 계속 가는 거예요. 울창한 수림에도 남쪽은 따뜻하기 때문에 나뭇가지가 많아요. 그거 보고 계속 가는 거지. 그래야 사람을 만나도 만나는 거니까. 9일인가를 산속에서 먹고 자고 했어요. 우리 먹을 거 다 이고 지고 떠났어요. 쌀이요 냄비요 도끼, 칼, 간장, 된장 다 갖고 떠난 거예요. 완전 진짜 항일 빨치산 투쟁이지.

고심 끝에 시내에 도착해서 교회를 찾았어요. 교회에서 선한 일을 많이 한다더라 이런 거는 알고 있었거든요. 그래서 어떻게 어떻게 찾아가 보니 한국에서 온 여자분이 중국에서 교회를 운영하시더라고요. 중국이 개혁·개방이 같이 되다 보니까 교회가 그때 막 생기기 시작했을 때예요. 그 여자분이 중국 돈으로 200원을 주면서 "여기서 오래 보살펴 주지 못한다. 저기 좀 더 시내로 가서 큰 교회를 찾아가라."는 거예요. 그래서 또 하염없이 정신없이 가는 거예요. 그 연길 쪽에 있는 무슨 성인데 무슨 성인지 모르겠네. 암튼 거기 장마당에 가서 보니까 김치를 파는 거예요. 북한, 우리 조선 김치를. 그래서 "혹시 조선족이세요?" 하고 물어보니까 "아이, 맞소." 그러는 거예요. 얼매나 고마운지. 그분한테 물었더니 열로 열로 해서 어데로 이렇게 가래. 그래서 또 하염없이 갔더니 진짜 큰 교회가 있더라고요. 살짝 어둡기 시작했을 땐데 다리를 많이 저는 분이 있었어요. 교회에서 일하던 그분한테 "우리 북한에서 왔다. 여기서 좀 먹고살게 해 달라." 했죠. 그때만 해도 중국에서 돈을 조금 벌어 가지고 북한에 다시 갈 생각이었으니까. 근데 그분이 여기서는 북한 사람들 절대 정착 못 한다, 북한에서 왔다는 것만 알면 공안에 꼬여서(신고해서) 다 잡혀 나가니 남한으로 가래요. 생각지도 않은 거라 얼떨떨했어요. 그 사람이 어디 연락을 하는데 "여기, 우리 친구분들 지금 여섯 명이 왔는데……" 이러더라고요. 자기들끼리 통하는 암호 같아요. 참, 중국에서 헤매다가 탈북을 한 20대 남녀 둘을 산속에서 만났는데 걔들까지 해서 우리 일행이 여섯 명이었거든요. 암튼 바로 그날 밤에 우리를 이느 집으로 안내했어요. 주인이 중국 사람인데 한국에 돈 벌러 가서 비어 있대요. 근데 거기에 김일성 초상 배지를 단 사람 사진이 떡 붙어 있어요. 그땐 뭐 소름이 오싹하는 거야. 우리를 어디 중국 공안에다 팔아넘기는 거 아니야 하는 생각이 들었죠. 우리 아저씨도 완전 초긴장해서 호신용 칼을 꺼내서 "이게 무슨 사진이야?" 하니까 사실 북한에 있는 친척이 그 주인집 엄마 환갑 때 왔다가 찍은 사진이라는 거야. 조금 안도의 숨은 쉬었지. 북한에 친척 있는 사람들이 많긴 하거든요. 어쨌든 그 목사를 불러서 이제 남한 브로커하고 또 연락을 하고 이러면서 그 빈집에서 3일을 기다렸어요. 아유, 거기 있으면서도 엄청 불안했죠. 혹시 모르니까. 그 뒤엔 여기 이 사람한테 넘겨주고 또 저 사람한테 인계하고 또 인계하고 그렇게 한참을 따라가서 태국°까지 갔어요. 결과적으로는 다 잘되게 해준 거죠.


## 거짓말 기계도 막 대고 그래요

 탈북 루트는 태국이 제일 많아요. 이제는 노출이 많이 됐지. 우리는 2010년 9월 13일쯤 태국에 도착해 수용소에 있었어요. 수용소에는 우정(일부러) 넣는 거예요. 그냥 제일 안전하기도 하고 태국하고 북한하고는 관계가 나빠도 태국하고 한국하고는 관계가 좋대요. 거기 들어가니까 탈북자가 많아요. 거기서 한 달 반 정도 있다가 우리 차례가 돼서 비행기 타고 11월 5일에 입국했어요.
 인천공항에 딱 도착하니까 키가 이렇게 훤칠한 분들, 국정원 선생들이라고 그러더라고요. 그분들이 버스에다 태워서 병원 데리고 다니면서 건강검진을 하더라고요. 그러고는 국정원에서 3개월, 하나원에서 3개월 있다가 나왔어요. 국정원에서

○ 탈북 경로는 여러 형태가 있지만 중국에서 동남아 국가를 거쳐서 오는 경우가 가장 많다고 한다. 태국의 경우에는 밀입국 벌금만 내고 한국을 포함해 원하는 국가로 추방될 수 있다.

는 간첩들을 걸러 내려고 이것저것 조사를 해요. 거짓말 기계도 대고 막. 우리 아저씨 아들은 스물네 살인가 됐고 우리 딸이 열아홉 살이었으니까 우리 네 명 중에는 우리 딸이 제일 약한 고리인 거예요. 조사 기간이니까 뭐 어쩔 수 없는 거지만 "제대로 말 안 할래?" 이러면서 윽박질러 우리 딸이 엄청 울었어요. 울렸다가 간식 주면서 달래기도 하고 그렇게 조사를 한 거지.

하나원은 남자 따로 여자 따로 있어요. 거기서 이 한국 사회가 어떻게 돌아간다 하는 기초적인 거를 배우죠. 제일 약한 고리가 탈북자들하고 노인네들이니까 보이스피싱 같은 거 절대 당하지 말아라 하는 거랑 여자들은 남자들하고 쉽게 결혼하지 말라고 해요. 여자들 많이 당한다면서. 하나원 울타리에선 기초직인 서부터 간식 같은 것까지 다 줘요. 그런데도 한 사람 앞에 4만 원씩 매달 줘요. 그 안에 작은 슈퍼가 있는데 젊은 애들이 밤에 라면이라도 먹고 싶을까 봐 주는 거예요. 라면은 진짜 별식이잖아요. 그렇게 맛있을 수가 없는 거예요. 제가 여기 47킬로그램으로 왔어요. 근데 지금은 63킬로예요. 하하하. 내가 마흔다섯인가부터 생리를 안 한 것 같아. 진짜 강영실° 걸렸던 거지. 근데 하나원 국정원에서 밥 꽝꽝 주지, 간식 주지 뭐

---

○ '영실'(영양실조) 또는 '강영실'(강한 영양실조)은 줄임말로 벼나 옥수수가 튼실하지 못할 때 쓰기도 한다. 군 복무 중에도 영실에 걸리면 감정제대(의가사제대)를 한다고 한다.

이렇게 하니까, 와 바로 다시 생리하더라고요. 나 너무 놀랐어.

하나원에서 딸하고 나하고 받는 용돈을 합치면 8만 원이 잖아요. 제가 딸한테 "우리 북한에서 너무 힘들게 살았댔잖아. 엄마가 빚쟁이들한테 단련도 많이 받아 봤고. 여기 먹고 자고 모든 게 다 있으니까 우리 이 4만 원도 아끼자." 그랬어요. 그래서 그 8만 원을 꼬박꼬박 모은 거예요. 다 해서 24만 원인데 중간에 우리 딸이 하도 친구들하고 뭐 사 먹고 싶다고 해서 조금 주고 남은 게 전부 21만 원이에요. 그리고 우리 아저씨가 중간에 하나원 갈 때 나한테 20만 원을 줬는데 그건 아예 손 하나도 안 댔어요. 가자마자 하나원 선생한테 "○○○기 이경희" 하고 딱 써서 맡겼다가 퇴소할 때 찾아 나온 거예요. 전부 41만 원, 진짜 1000원 한 장 안 떼고 3년은 보관하고 있었던 것 같아. 똑같이 생긴 돈인데도 그거는 진짜 건드리고 싶지 않더라고요.

### 수도 평양에 못 살던 한을 서울에서

2011년 여름쯤 하나원 수료하고 서울에 집을 배정받았어요. 하나원 여자들 170명 중에 서울에 집이 된 사람은 10명도 못 됐어요. 북한서 수도 평양에 못 살던 한이 있으니까 다들 서울, 서울 하죠. 서울로 안 된 사람들은 막 왕왕 울기도 하고 그래요. 저는 운이 좋은 거죠.

하나원 버스를 타고 배정받은 집으로 갔더니 담당 형사분이 우리를 주민센터에 데리고 가서 수속도 하고 가게에 데려가서 핸드폰도 내주더라고요. 그때는 폴더지, 이렇게 접이식. 그거 번호를 해 가지고 집으로 갔어요. 저희는 아파트는 처음이잖아요. 그 집에 척 들어가는데 도배, 장판 새로 싹 해서 깨끗한 데다가 집을 저희한테 완전 공짜로 주는 거잖아요? 다른 사람들 몇 평짜리 집이 있고 어쩌고 하지만 저는 지금도 너무 고마워요. 임대 아파트라도 그게 내 집이라는 거에 엄청 감동받았어요. 하나원에 있을 때 꽃동네°요, 뭐 어데 그런 데 실습 자주 나갔거든요. 체험이지, 그러니까. 평생을 한국에서 태어나 자란 사람들도 아직 이렇게 어려운 사람들이 많다, 그러니까 당신네들 나가면 정착을 잘해라 하는 취지겠지요. 사실 우리는 진짜 아무 보탬을 준 사람들도 아닌데 한 동포라는 그런 거로 해서 정부에서 집도 주고 뭐 이렇게 해 주잖아요. 아파트 받고 보니까 '야! 이게, 이게 정말 내 집이 맞아?' 하고 진짜 구름에 둥 떠 있는 기분이더라고요.

첫날은 온밤 잠을 못 자고 그랬어요. 중국에서 만나서 같이 온 애가 있다고 했잖아요? 걔는 미처 자리(집)가 안 나와서

○ 1976년 개설된 충청북도 음성에 있는 사회복지시설로 걸인, 무의탁 심신장애인들을 위한 요양 시설.

걔까지 여자들 셋이 우리 집에 같이 갔거든요. 지금 생각해 보면 우스운데 걔가 한집에 같이 있으면서 우리 딸하고 나한테 전화를 하는 거예요. 전화를 하면 노래도 나오고 그러잖아요? 걔가 나한테 엄마라고 하는데, 막 큰소리로 "엄마, 여기 핸드폰에서 노래도 나와!" 이래요. 사람들한테 얘기하면 저런 촌뜨기도 없겠다 하겠지만 처음에 진짜 신기하고 엄청 감동을 받았어요. 그리고 당장 살림살이가 아무것도 없잖아요? 아, 수저는 있었지. 하나원에서 한 세트 주거든요. 근데 옆집 아줌마가 우리가 새로 왔는데 더군다나 탈북자라고 하니까 와서 보더니 조금 오래된 그릇이긴 한데 그래도 쓰라고 하면서 냄비요 뭐요 이것저것 갖다주더라고요. 고맙죠. 동사무소에서 쌀도 보내 주고 이것저것 줬는데 그 빨간 통에 있는 고추장 아시죠? 남한 고추장. 그게 너무 맛있어서 한 1년 동안은 진짜 그걸로만 밥을 먹은 것 같아요. 그냥 그거 비벼만 먹어도 왜 그렇게 맛있는지.

　　우리 담당 형사님이 신신당부한 게 동네 한 번 둘러본다고 나갔다가 집 못 찾아오는 경우가 많으니까 잠깐 마트에 가거나 오데(어디) 나가고 싶으면 가면서 사진을 찍으면서 가라고 하더라고요. 탈북 새내기들이 나갔다가 길을 잊어버려서 그렇게 담당 형사한테 계속 전화가 온다잖아요. 제일 처음 저장해 놓은 전화번호가 담당 형사니까 담당 형사밖에 모르는 거야, 지금. 근데 나는 어린애들 둘이 같이 있으니까 걔네들 데리고 한

바퀴씩 돌아보고 그랬어요. 지금도 그렇지만 처음에 와서는 하나하나가 막 새롭고 신기하고 북한하고 너무 비교가 되는 거예요. 별치 않은 거래도. 진짜 처음에는 별천지지. 무슨 가게가 그렇게 많고 간판이 왜 그 순 영어 글자가 그렇게 많은지. 첨엔 들어가 보지도 못하고 밖에서 구경만 했죠. 우리가 이명박 때 왔거든요? 근데 여기저기서 대통령을 말도 못 하게 욕을 하더라고. 글자를 조그맣게 쓴 것도 아니고 이렇게 큰 푸랑(현수막)에다가 어쩌고저쩌고 정부를 막 욕하는데 처음에는 '와, 저거 저래도 되나. 어떻게 저거 안 잡아가지?' 그랬어요.

## 여자 직업으로 식당 종업원은 완전 환상적이죠

북한에서는 월급이란 게 아주 보잘것없어요. 탄광에서 일하는 갱 노동자가 한 달에 예를 들어 2500원을 탄다 그러면 쌀 2킬로그램 값 정도밖에 안 돼요. 옥수수로는 한 10킬로 값? 그 정도밖에 안 되거든요. 그런 북한에서 여자 직업으로 식당 종업원은 완전 환상적이에요. 된장 한 숟갈을 갖고 오든 쌀 한 사발을 얻어 오든 보잘것없는 부스러기래도 가정에 보탬이 되잖아요. 그러니 북한에서는 로망이죠. 할 수만 있으면 식당 가려고 하죠. 여기 와서도 제일 처음에 식당이 눈에 띄더라고요. 집 근처에 있는 돈까스집에서 사람을 받는다고 해서 거기를 3개월 정도 다닌 것 같아요. 근데 다른 건 모르겠는데 돈까스 고거 튀길 때 매캐하잖아요. 저녁에 가면 밤새도록 기침하고 머리가 아파요. 아주 미치겠더라고요. 안 되겠다 싶어서 그만두고 터미널에 있는 보쌈집으로 옮겼어요.

    그러다 보니 6개월 나오는 생계비가 끝날 때가 됐대요. 근데 학원을 다니면 생계비가 끊기지 않고 좀 더 나온다고 학원을 다니래요. 부천 송내역에 내리면 7층짜리 건물에 직업전문학교가 있는데 거기를 10개월간 다녔어요. 저희는 컴퓨터를 여기 와서 처음 봤잖아요. 북한에서도 사실 말만 들었으니. 학원에서 기초 타자 연습부터 하고 그랬어요. 학원에서 자격증 취득도 하고 시간도 채우면 직업훈련 수당이라고 해서 정부에서 돈이 나와요. 시간 수당, 자격증 수당 해 가지고 한 사람 앞에 64만 원을 타게 돼요, 10개월 동안. 생계비는 우리 딸까지 하니 두 사람 몫으로 76만 원쯤 나왔던 것 같아요.

    그거 하는 동안에도 주말에는 결혼식장에서 설거지 알바를 했어요. 거기 영업부장이 "김정일이 미워서 힘들게 여기 왔는데, 여기 와서까지 고생하면 어떡하냐."고 그러더니 나중에는 좀 쉬운 일을 시켜 주더라고요. 일 끝나면 저녁마다 꼭 현금을 주는데 받아서 진짜 열심히 모았어요. 와, 통장에 돈이 쌓이는데 진짜 알뜰하게 안 썼어요. 그 돈이 200만 원, 300만 원 되니까 나만큼 잘사는 사람이 없어 보여요. 2억, 3억이 아니고 200, 300인데도 그랬어요. 악착같이 모아서 브로커 돈 먼저 갚

앉어요. 탈북자들 중에도 여기저기 숨어 다니며 브로커비 안 내느라고 그런 게 엄청 많아요. 근데 그거는 정말 아닌 것 같아. 브로커들이 자기 거 손(비용)도 다 내서 이렇게 데리고 왔는데 와서는 저렇게 한다고 막 안타까워서 그러더라고요. 그래서 우리는 그렇게 안 할 테니 걱정 마라, 알바해서라도 줄 테니 기다려 달라고 했죠. 브로커비는 한 사람 앞에 200씩 해서 전부 800만 원인데 하나원에서 기초적인 정착금으로 한 사람당 100만 원씩 주거든요. 그걸 우선은 브로커한테 홀딱 다 준 거예요. 나머지 400만 원은 후불로 준 거지.

2012년 7월에 학원을 졸업하고 진짜 5, 6일 정도 쉰 것 같아요. 제가 쉰 다 돼서 여기 와 갈 데가 진짜 식당밖에 없더라고요. 내학교 식당도 다녀 보고 닭 요리 하는 식당도 다니고 했는데, 뭐 다 똑같이 힘들었어요. 마지막 다니던 식당이 문을 닫게 돼서 이제 뭐 하지 그러던 찰나에 우리 아파트에 사는 주방장 언니가 "이 여사, 우리 식당으로 와라. 같이 일하자." 해서 거기로 옮겼어요. 북한 요리 전문이라고 명판을 달아 놓고 운영하는데 거기는 탈북자들만 있어요.

한창 그 식당에 다니고 있는데 하나센터 사무국장한테서 전화가 왔어요. 청소직 하나 있다고 가래요. 공공기관도 장애인이나 다문화 몇 명 써야 되고 이런 식으로 있나 봐요. 근데 이번에 청소직을 탈북자를 받으라고 지침이 내려왔대요.° 하나센터 사무국장이 이런 티오(자리)가 나오기 쉽지 않으니까 한번 넣어 봐라 해서 넣은 거죠. 식당을 다녀 보니 힘들기도 하고 또 청소는 조금 훨할(쉬울) 거 아니야 싶어서 접수하고 면접까지 본 거죠. 꼭 된다는 보장이 없으니까 식당에는 말을 안 하고 있었어요. 근데 합격 통지서가 딱 와서는 내일부터 당장 출근할 수 있냐는 거예요. 9월 15일에 통지서를 받자마자 식당에 이야기하니까 우리 사장이 아주 노발대발하는 거예요. 후임도 안 정해 놓고 갑자기 이렇게 하는 데가 어디 있냐고 그러죠. 근데 제가 남의 사정 볼 거 있어요? 2013년 5월 13일부터 2015년 9월 20일까지만 그 식당을 다녔어요. 그리고 9월 21일부터 지금 여기로 출근한 거죠.

거기 식당 퇴직금 엄청 골 때리게 받았어요. 500만 원 되는데 세 번, 네 번을 꺾어서 받았어요. 조금씩 주다가 마지막에 120만 원인지 남았는데 도저히 줄 생각을 안 하는 거예요. 너 한 번 골탕 먹어 봐라 이거겠지. 그래서 "원장님 좋다, 내가 후임자도 안 정해 놓고 갑자기 이렇게 간 거는 잘못이다. 근데 내가 이쪽에 합격된다는 보장도 없기 때문에 미리 말씀 못 드린 것은 사실인데, 너무 그러지 말고 빨리 달라." 그러니까 돈이

○ 1994년 〈북한이탈주민 보호 및 정착지원에 관한 법률〉 제정 초기에는 거주 및 교육 지원, 정착금 지급 등을 주요 내용으로 지원했으나 2010년 이후부터는 북한이탈주민을 국가공무원 및 지방공무원으로 채용하도록 권장하고 이를 공공기관의 평가에 반영하기 시작했다.

없대요. 같은 탈북자고 그 사람도 식당 운영하느라고 고생하는 거 뻔히 알긴 아는데 나도 더는 못 기다리겠어서 노동청에 신고하겠다고 했어요. 그러니까 "하려면 해 보세요." 하면서 너무 당당한 거야. 나도 약이 올라서 '그래? 알았어.' 하고 진짜 넣었지. 근데 그거 넣으면 바로 사장한테 연락이 간대요. 연락 가니까 이제 겁도 많아. 엄청 놀라서 바로 그다음 날 돈이 들어온 거야. 좋게 인연 만났다가 얼떨결에 그냥 원수 되고 말았어. 속상하지, 뭐.


**탈북자인 주제에 청소나 해 봤겠어?**

처음에는 그냥 청소하는 사람으로 알고 들어왔는데 제가 전체를 관리하는 주임이래요. 그러니 스케줄 관리요 사람들 근태 관리요, 뭐 다 해야 되는 거예요. 마침 내가 그 부천에 컴퓨터 학원에 다녔잖아요? 그때는 내가 나가서 써먹기나 하겠나 그랬는데 그게 여기 업무 보는 데 큰 도움이 됐어요. 근데 일보다도 여기 와서 나 엄청 주눅 들었댔어요. 식당을 조금 다녔는데 제일 오래 있은 게 우리 탈북자들 식당에서 한 2년 있은 거잖아요. 거기 사람들끼리는 진짜 편하지. 말도 통하고 별 배울 것도 없는 거예요. 섞여 있어야 한국 사람들 문화도 좀 배우고 하는데 순 탈북자들하고 같이 일하니까 배울 수가 없지.

그러다 여기 와서 한국 사람들하고 일하는데 주눅이 팍 들더라고요. 별치 않은 거래도 전부 낯설잖아요. 제가 주임이라고는 하는데 처음 해 보는 일이니까 아무래도 잘하기가 어렵잖아요. 옆에서 보기에 답답했겠죠.

어느 날인지 한번은 다들 모이는 자리였는데 제가 뒤에서 들어오는 줄도 모르고 언니 하나가 "탈북자인 주제에 청소나 해 봤겠어? 그런데 어떻게 주임을 한다는 거야?" 하면서 사람들 다 있는 데서 막 떠드는데……. 아우…… 나는 그때 그 말이 지금도 생생해요. 덜덜 떨리기도 하고 막. 내가 거기서 제일 막내였거든요. 60대 언니들도 있고 한국 사람이면서도 그 일을 못 하는데 하물며 50대 막내에다 보잘것없는 탈북자가 들어와서 그 일을 하고 있으니 솔직히 다른 사람들이 볼 때 오죽 속이 꼬이겠어요?

그러고 얼마 뒤에 제가 토요일 오전 당번이었을 때였어요. 오후 당번들이 교대하러 나오니까 우리가 인사를 할 거 아니에요? 나하고 오전 근무 하던 언니는 "언니 왔네." 이렇게 크게 말하면 난 기어들어 가는 소리로 인사를 했나 봐. 그때만 해도 주눅이 팍 들어 있으니 그랬겠지. 근데 그 언니가 딱 그래. "경희야, 인사는 좀 하고 살자." 나는 분명히 인사했는데 그러니까 놀라서 아무 말도 못 하고 있는데 같이 있던 언니가 "했잖아. 언니가 못 들었지." 이래요. 그러니까 "인사했어? 근데, 뭐 밥도 못 먹었어? 기어들어 가는 소리처럼 해." 이러는 거예요. 밥도 못 먹었냐는 그 말, 그거 들으니까 눈물이 막 나오기 시작하는데 진짜 엄청 울었어. 억울하기도 하고 저 언니가 왜 이렇게 나한테 막 하는가 싶기도 해서 그냥 막 눈물이 나와. 한참 울고 있는데 그 언니가 방에 다시 들어오더니 "그게 그렇게 울 일이야?" 이러면서 또 계속 뭐라 그러는 거야. 내가 기댈 데가 어디 있어요? 그날 퇴근길에 건물 계단에서 우리 아저씨한테 전화해서 왕왕 울었어요. 내가 이 일을 계속해 낼 수 있을까 이런 생각 많이 했어요, 진짜.

근데 몇 년 지나고 나서부터는 나도 할 말은 했어요. 안 되겠더라고. 우리는 개별로 작업을 하다가 단체 작업을 할 때가 있거든요. 그 날은 다 같이 지하 주차장 청소를 하기로 했는데 5층 언니가 약속한 시간이 30분이 지나도록 안 내려오는 거예요. 그래서 내가 왜 안 오냐고 전화를 했어요. 그랬더니 내려와서 소리소리 지르면서 막 화를 내더라고요. 5층에 일이 많아 죽겠는데 자꾸 내려오라고 전화한다고, 사람들 다 있는 데서 저한테 막 소리를 지르더라고요. 그런데 제가 거기 무슨 일이 있는지 몰랐잖아요. 마냥 그냥 있으면 안 되겠어서 언니를 따로 보자고 했어요. 이만저만해서 못 내려올 사정이 있으면 이야기를 하면 되지 왜 내려와서 소리부터 지르냐고 나도 같이 막 그랬죠. 그 언니가 나랑 성씨도 같은데 한 번씩 고약은 떨어도 금방 또 제 손을 잡고는 미안하대요. 하하하. 그러니 또 화해가 되고. 어쨌든 자꾸 속에 묻어 두기만 해서는 안 되겠더라고요. 갈등이 있어도 이야기해서 풀어야 계속 같이 일할 수가 있잖아요. 저 언니 밉다고 해서 멀어지면 나만 더 스트레스 받고 힘들어지니까 그럴수록 더 "아유, 언니 왜 그래. 나도 하다 보면 잘하겠지." 하면서 진짜 끈질기게 달라붙어서 뭐라도 해야지. 나도 살아남아야 되잖아요. 솔직히 웃는 낯에 침 못 뱉는다고 그렇게 가까워지고 보니 그 언니도 참 괜찮은 언니더라고요. 여기도 사람이 처음에 알기 전이 힘들지 알고 나면 다 좋은 사람들이구나 하는 거를 알았죠. 그때 같이 있던 언니들은 대부분 퇴사했어요. 자주 보지는 못하지만 두세 달에 한 번, 명절이나 이럴 때 제가 꼭 안부 전화를 해요. 남자분들하고는 그렇게 안 되는데 언니들은 제가 많이 기대고 그랬잖아요.

지금도 속상할 때가 왜 없겠어요? 나는 아무래도 전체 관리를 하는 사람이니까 일하다 보면 지적을 하게 되잖아요. 그랬더니 어떤 남자 직원이 나한테 "이 주임님, 북한에서 아나운서 하다 오셨어요?" 이래요. 말을 너무 잘한다, 아니 왜 그렇게 말이 많냐 이거겠지. 그래서 내가 "아나운서만 했겠어, 응? 그게 뭐 별거야? 내가 변호사까지 했는데." 딱 그랬지. 세월이 흘러서 나도 단련이 됐으니 그렇게 받아치기는 했는데 생각할수록 화가 나요. 그 사람이요, 또 한번은 저보고 "북한에서 특수 훈련 받으셨어요?" 이래요. 그래서 "특수 훈련? 내가 간첩이야? 간첩이나 받는 게 특수 훈련이지, 나 같은 게 왜 특수 훈련을, 누가 가르쳐 줘?" 막 그랬지. 진짜 너무 어이가 없잖아요.

상대방은 별치 않게 던진 말일 수는 있지만 항상 저는 받아들이는 게 '어머야, 이게 뭐야? 내가 탈북자라고 우습게 보고 이렇게 막 대해?' 이런 생각이 먼저 확 드는 거예요. 내가 저 사람의 심정을 먼저 이해해야 되는데 내가 왜 자꾸 이러지, 나도 고쳐야 한다고 생각은 하는데 항상 속상한 생각이 먼저 들더라고요.

일하다가 직원들이랑 힘든 거 있으면 제가 우리 팀장님이나 실장님한테 막 우는 소리 하고 투정도 많이 했어요. 그러면 그분들이 저를 많이 달래 주셨어요. 제가 뭘 잘해서라기보다 잘하라는 뜻으로 늘 잘한다 잘한다 해 주시고 정착 잘하고 있다고 격려도 많이 해 주시고 그래요. 여기는 우수 직원 표창을 매년 하면서 상금도 주는데 거기에 저를 계속 추천해 주시기도 하고 늘 주임님 편들어 줄 테니까 걱정 말고 일하라고 그러시니까 저는 든든하죠. 그 우수 사원 표창, 처음에 몇 번은 제가 받았고 실장님이 계속 저를 주신다는 걸 나중에는 우리 동료 직원들에게 양보했어요.

우리가 전부 열아홉 명인데 그 사람들이 어떻게 다 똑같겠어요? 성격이 조금 모나는 사람도 있고 그렇잖아요. 회사니까 일하다 보면 서로 간에 스트레스가 왜 없겠어요? 이제는 저도 많이 숙성이 됐다고 할까 그리고 다년간 같이 지내다 보니까 동료분들도 이제는 제 입장을 많이 이해해 줘서 고맙죠. 많이 편해졌어요.

## 어머니, 저 맞습니다

우리 아들은 2008년도인가에 군대 나갔어요. 군대 가면 보통 10년은 잘 있죠.° 걔는 나이를 조금 먹어서 나갔어요. 중학교 졸업하자마자 나가는 거 있고 노동 청년으로 군대 나가는 게 있어요. 얘는 조금 사회생활 하다가 갔는데 이런 경우 기본으로 건설, 그런 데로 많이 가죠. 그때쯤 우리 집이 너무 힘들었거든요. 군대는 그래도 밥을 조금씩 준다니까 보낸 거예요. 얘도 자꾸 나가겠다 해서 그러면 입이라도 하나 덜고 너라도 거기서 밥 조금 먹어라 해서 내보낸 거예요.

제가요, 여기 와서 한 3년은 밥하려고 쌀을 풀 때마다 그렇게 눈물이 나더라고요. 아들 생각이 나서. 이번 구정 때도 여기서는 돼지고기가 맛있네, 소고기가 맛있네 하면서 고기를 들이씹고 내씹고°° 하는데 거기서는 떡국이라도 한 그릇 먹었을까 하는 생각이 들죠. 계란프라이를 하나 하거나 만두를 찔 때도 많이 생각이 나요. 우리 아들이 참 좋아했거든요. 거기서는

° 1993년 북한은 징병 남성 10년, 지원 여성 7년으로 군 복무 기간 10년을 공식화하는 '10년 복무 연한제'를 실시했다. 2002년부터는 '경제관리개선조치'가 실시되면서 군대 내에서도 부대 운영을 위해 외화 벌이, 영리 활동, 근로 동원 등 수익을 위한 경제활동을 암묵적으로 시행했다.

°° 음식이 흔해서 까탈스럽게 골라 먹는다는 뜻.

여행 가거나 그럴 때 계란프라이를 해 가고 그랬는데 여기서는 싫다면서 줘도 안 먹는 사람도 있고 그러대요. 참 달라도 많이 달라요.

여기 와서 아들 소식이요? 들었죠. 중국 브로커, 한국 브로커 연계해서요. 중국하고 인접해 있는 함경도나 양강도 이런 데는 연락하기 쉬운데 우리는 내륙이라 멀리 떨어져 있어요. 애네들이 평남도에서 함경도나 양강도까지 와야 돼요. 그러면 양강도에 있는 브로커가 중국하고 연락해서 이 중국 브로커가 우리한테 연락하면 연결이 되는 거지. 한 5, 6년을 못 보고 있다가 2014년쯤 전화 통화가 겨우 됐는데, 글쎄 제가 아들 목소리를 못 알아듣겠더라고요. 내가 "야, 너 영철이 맞아?" 하니까 맞내요. 근데 믿을 수가 없어서 "너 어릴 때 별명이 뭐였어?" 하고서 막 이것저것 확인을 자꾸 하는 거죠. 얼굴이 안 보이니까 속여서 돈만 받아 가는 게 엄청 많아요. 지금은 영상 통화를 할 수 있다는데 그땐 안 됐으니까. 아들이 "어머니, 저 맞습니다." 자꾸 그러는데 나는 눈물이 나고 목이 막히니까 말을 못 하겠더라고요. 가까스로 확인하고 나서 돈 보냈어요.

들어 보니 우리 아들이 갱에서 일한대요. 근데 갱에서는 언제 사고 나서 죽을지 모르거든요. 그래서 "거기서 일하지 마. 엄마가 돈 보내 줄 테니까 집에서 부업을 하든 뭘 해. 내가 밑천이 없으니까 큰 장사는 하지 말고 집에서 돼지나 키우고 애들이나 키우면서 있어." 그랬어요. 거기는 그런 거 있어요. 직장에 적(소속)은 걸어 놓고 돈을 얼마 내면 직장 생활 안 하고 그냥 노는 거예요. 보안서에서 갑자기 감사 나오면 여기 직장 잘 다니고 있다고 해 주고. 얼마간 돈을 넣고 집에서 놀거나 부업을 하거나 장사를 하거나, 뭐 이렇게 할 수 있는 거죠. 제가 그랬어요. "영철아, 다른 걱정 하지 말고 엄마가 니들 배불리 못 먹인 게 제일 가슴에 맺힌 거니까 그냥 아무것도 하지 마라. 이거 사 놓고 저거 사 놓고 하지 말고 고저 남들이 눈치 안 채게 밥술이나 먹고 살아." 젊은 나이니까 자꾸 이것저것, TV 사고 냉장고 사고 그럴 수 있는데 북한에서는 쓸 수도 없어요. 전기가 제대로 안 오니까. 게다가 못살던 사람이 엄마는 행불(행방불명)됐는데 갑자기 돈 팡팡 써 봐요? 그러면 또 미끼로 걸린다니까. 행불로만 알고 있지 여기 남한으로 온 건 모른다고 그러더라고. 어느 정도 짐작은 하겠지만 딱 확인을 할 수가 없거든요. 중국에 돈 벌러 갔겠지 하고 그냥 행불 처리한 거예요. 탈북자가 얼마나 많은데, 뭐.

　보내 준 돈으로 결혼하고 집도 얻었대요. 아들 낳았다고, 이름은 뭐라고 지었다고 거기까지는 들었어요. 그다음부터는 소식을 모르죠. 2014년 그때부터 한 5년 동안은 1년에 한두 번씩 연락이 왔지. 봄에도 오고, 가을에 오기도 하고. 매년 800만 원, 어떤 때는 1000만 원 보냈죠. 마지막이 2019년도예요. 그해 5월에 우리 아저씨 아들하고 우리 아들, 그리고 아저씨 여동생 그 세 명이 국경 연선에 돈 받으러 왔댔는데 그때 통화를 했죠. 1200만 원인가 보내면서 이거 가지고 가서 쪼개서 쓰고 2020년도에 와라 그랬어요. 우리도 점점 나이 먹어 가고 노후 준비도 해야 되는데 계속 그렇게 보내려니까 사실 좀 힘은 들었죠.

우리 딸은 이제 서른이 좀 넘었는데 직장에 잘 다니고 있어요. 지금 다니는 회사 사장님이 일 잘한다고 하면서 생각을 많이 해 준대요. 처음엔 빚쟁이 회사였는데 우리 딸 들어가고 회사가 잘됐다면서. 자기 생활은 너무 잘하고 있는데 걔나 저나 한 살 한 살 나이 먹어 가니 걱정은 되죠. 제가 자식이 딱 둘뿐이라, 걔한테 오빠라고 달랑 하나 있는데 그마저도 북에 있으니 내가 잘못되면 쟤 누구 믿고 살지 싶어 안쓰럽죠. 그런데 우리 딸은 비혼주의자예요. 딸도 엄마 인생 이러고저러고 안 한다 하고, 저도 "네 인생 네가 살아." 하기는 했어요. 그래도 소개가 들어오면 제가 그 사람 성의를 봐서라도 한 번 봐라, 몇 번 더 만나 봐라 자꾸 그러거든요. 그러면 자기는 남자한테 관심 없다고 자꾸 싫다고 그래요. 지난번에 괜찮은 남자 소개가 하나 들어왔는데 우리 딸이 자꾸 안 본다고 해서 놓치고 말았어요.

무엇보다도 우리 딸 이뻐해 주고 사람 귀하게 여길 줄 알고 성실하게 돈 잘 버는 한국 남자랑 짝지어 줄 수 있으면 진짜 좋을 텐데. 젊은 애들은 중국 남자나 북한 남자보다도 한국 남자들 좋아해요. 왜 그런가 하면 북한 남자들은 솔직히 봉건시대 때처럼 남자 우선주의예요. 남자들 우상화해 줘야 되는 게 있거든요. 그런데 한국 남자들은 여자들이 우선이잖아요. 아무래도 한국 남자가 더 낫죠. 근데 주변에서 보면 한국 남자랑 살다가 안 좋게 갈라지는 경우가 많아요. 우리 딸이 주변에서 그런 걸 많이 봐서 자꾸 그냥 혼자 산다고 그러는 것 같아요. 갈라지는 이유가 여러 가지가 있겠지만 돈 문제가 큰 것 같아요. 얼굴도 모르는 처가 식구들한테 자꾸 돈 보내 줘야 하니까 처음엔 그래그래 하다가도 시간이 지나니까 생각이 달라지는 거죠. 사실 얼굴도 모르는 처가 식구들한테 자꾸 돈 보내야 한다고 하면 맨날 좋을 수가 있겠어요? 그리고 남자가 "너는 북한에서 왔으니까 아무것도 모르잖아. 그러니까 내 말대로 해." 이러니까 그것 때문에도 갈등이 되나 봐요. 저는, 뭐 그런 것도 감수해야 한다고 생각하지만 젊은 애들은 아무래도 생각이 다르더라고요.


### 통일이요? 그거 되겠어요?

주변에 보면 뉴스 안 보고 산다는 사람들이 많던데 우리는 뉴스를 보면서 정치 흐름을 계속 보죠. 통일이 되겠나 안 되겠나 하면서. 몇 년 전에 김정은하고 문재인 대통령하고 딱 만났을 때 우리는 "이야, 통일이 되는 기다." 막 그랬댔어요. 둘이 너무 다정해서 진짜 되려나 보다 했죠.

아이, 근데 안 돼요. 김정은도 통일이 되면 자기가 죽는다는 거 알아요. 저는 문재인 정부 때 뭐가 제일 싫었냐면 북한에 자꾸 주려고 하는 거였어요. 문재인 정부가 북한에 쌀 100톤을 줬으면 그게 북한에 있는 우리 아들한테 10킬로그램짜리 한 포대라도 차례지면(차례가 가면) 저는 오케이 할 거예요. 근데 그거 주민들한테는 절대 안 가니까 난 반대예요. "쟤는 뭐야? 탈북자면서도 왜 저러냐."고 하겠지만 그건 북한 실정을 모르고 하는 소리예요. 절대 안 가요. 정주영이 소 100마리○ 준 적도 있잖아요? 그것도 여기 와서야 알았어요. 소 100마리 주면 뭐 해요? 밑에 주민들은 아예 알지도 못하고 맛도 못 본다니까. 중앙에서 떼어먹고 도에서도 군에서도 또 떼어서 몽땅 다 먹어 버려. 그러고는 장마당에 나간다니까. 정주영이 소 100마리 줬으면 뭐 해, 내 입이 와 닿아야 그게 고맙지. 솔직히 그렇잖아.

북한 사람들은 뉴스 잘 몰라요. 김정은이 장성택을 처형했다는 것도 오늘(지금도) 시골 사람은 아마 모를걸. 여기서나 떠들지. 북한에서는 할 일이 너무 많은 거야, 진짜. 짬만 있으면

---

○ 1998년 현대그룹 창업자 정주영 회장이 소 1001마리를 이끌고 판문점을 통해 북한에 갔다. 당시 김대중 정부의 대북 햇볕정책과 함께 북한의 마음을 여는 계기가 되었고 이후 남북 교류가 활발해졌다. 1998년 11월 금강산 관광이 처음으로 시작되었고, 2000년에는 분단 이후 최초로 남북 정상회담이 개최되었다.

내 터밭(텃밭) 관리하고 세탁해야 되고 또 옥수수라도 장에 내다 팔 걸 구해야 되고. 아휴, 자기 가정 유지하고 하루 세 끼 밥 먹는 거 유지하기도 힘들지. 여기는 전기밥솥 있지, 가스레인지 있지, 할 일이 뭐 있어요? 쌀도 컵으로 딱 퍼서 후르르 씻어서 버튼만 딱 누르면 끝이잖아요. 근데 북한은요, 쌀이 없기도 하거니와 쌀이 있으면 하나하나 일어야 돼요. 이남박 있잖아요? 돌 같은 거 골라내는 그릇. 그거로 하나하나 일어서 옥수수, 거기서 뭐 순 쌀밥만 해 먹어요? 옥수수하고 섞어서 옆에 쌀 조금 넣어서 하면 할머니 드리고 남편 드리고 막내 주고 이렇게 하고 나면 진짜 가정주부들은 입에 쌀밥 구경하기(넣기) 힘들거든요. 우리 동생들은 완전 시골에 사는데 어쩌다 동생네 집에 가 보면요, 아침에 먼지 뿌옇게 앉은 작업화 그 끈을 딱 묶으면 저녁에 날이 저물기 전까지는 그걸 못 풀어요. 점심때 들어와서 부뚜막에 앉아서 그 노오란 옥수수밥 한 덩어리 된장국에 말아 먹고는 그거 소화되기도 전에 호맹이(호미) 들고 나가서 다 자기 터밭 김매고……. 아유…… 뉴스 이런 거 아무 관심 없다니까요.

저는 사실 통일이 돼서 왔다 갔다 하는 것까지는 바라지도 않아요. 그저 전화로라도 잘 잤냐, 아침은 뭐 먹었냐 이런 식으로 소통을 하면 좋겠어요. 진짜 간절하게 바라는 게 전화라도 편하게 하는 거예요. 사실 북한 빼고는 아무 데나 다 전화할 수 있잖아요. 자식이 미국에 가 있든 그 어디 다른 나라에 가 있든지 간에 전화는 할 수 있잖아요. 돈도 보내 주고. 근데 북한하고만은 안 되잖아요. 진짜 그것만 하게 해 줘도 좋죠.

　미국 대통령 트럼프가 전에 김정은을 만났잖아요? 그리고 또 이번에 대통령이 됐고. 저는 트럼프 말이 순 뻥 같고 사람이 좀 종이범(종이호랑이) 같아서 별로 믿어지지는 않지만 그 덕에 통일이 될 수도 있을까요? 만약에 그렇게 되면 아들도 부르고 오빠나 동생네들도 초대하고 싶어요. 여기 북에서는 한 번도 보지도 못한 거, 먹어 보지 못한 거 엄청 많잖아요. 여기는 A4 종이도 뒷장은 쓰는 법이 없고 다 버리더라고요. 제가 한동안은 그 이면지도 모으고 사람들이 버리고 간 볼펜도 다 주워 모았어요. 혹시라도 북한에 가게 되면 갖다주고 싶어서요.

　저도 고향에 한번 다녀오고 싶죠. 그렇게 왔다 갔다 하면 좋겠어요. 그러면 사실 통일이나 같은 건데, 뭐 되겠어요? 통일이 된다면야 더할 나위 없이 좋기야 좋죠. 근데 그럴 가능성은 솔직히 없잖아요.


## 이러다 아들 얼굴도 잊어버리겠어

　가만 생각해 보면 북에서 출발할 때도 아무도 잡혀 나가지 않고 무사하게 한국까지 왔지, 한국 와서도 일이 우리가 생각했던 대로 잘 풀리고 아무 탈 없이 누구 아픈 사람 없이 지내고 있지, 여기 직장에서도 내가 열아홉 명을 관리하고 있지 운이 진짜 진짜 좋은 거예요. 여기 와서도 적응 못 하는 사람 많거든요. 사기당한 사람, 결혼했다 잘못되는 사람, 여기 못 살겠다고 이민 갔다가 다 털어먹고 돌아오는 사람, 진짜 힘든 사람 많아요. 제가 더 바라는 게 있다면 제가 9월 21일이면 여기 직장 온 지 만 10년이 되는데 앞으로 남은 연한(정년)은 3년밖에 없잖아요. 제 욕심이기는 하지만 조금 더 일하면 좋겠다 싶어요. 특수 훈련을 받았다고 하든 변호사를 했다고 하든 그보다 더한 말이라도 이제 저는 다 고맙게 생각하려고요. 많이들 저를 응원도 해 주고 그래서 너무 고맙고요. 평생 감사하는 마음으로 제대로 정착하고 남은 일생을 잘 살아야 되겠다는 생각으로 하루하루 살고 있어요. 지금 우리 아저씨하고 결혼이요? 결혼은 무슨. 안 돼, 안 돼. 나이 들어서 황혼 이혼 하는 사람들도 많은데요, 뭐. 그냥 살아요. 지금 이대로도 괜찮아요.

 여기 생활은 조금 안정되긴 했는데 하여튼 제일 걱정되는 거는 아들이에요. 다시 아들하고 연락이 좀 됐으면 싶어요. 코로나19가 터진 후로는 여직(여태) 소식을 몰라요. 우리 아들이 결혼했다는데 며느리 얼굴도 모르지 손주 얼굴도 모르지 참 속상한 거예요. 우리 손주가 이제 다섯 살쯤 됐을 거고 둘째도 태어났을 거 같은데, 뭐 알 수가 없으니. 한창 코로나 때도 여기는 병원이나 치료약이나 시설이 잘돼 있는데 거기는 그런 설비도 제대로 없고 사람들이 영양 상태도 안 좋으니까 별일이 없는지 아무래도 더 걱정됐죠. 이제 우리가 보내 준 돈도 다 썼을 건데 어떻게 사는지, 진짜 살아나 있을까 하는 생각도 하죠. 지금까지도 브로커들이 연결을 못 하고 있어요.° 돈도 받으러 못 온대잖아요. 근데 그 전에는 수수료를 30프로 뗐는데 지금은 5대 5도 잘 안 준대요. 근데 50프로를 주더라도 연락이 왔으면 좋겠어. 우리가 2000만 원 보내려고 지금 가지고 있거든요. 아들들한테 각각 1000만 원씩 주려고요. 근데 우리 딸도 오빠가 갑자기 연락 오면 돈 보낸다고 저번에 보니까 600만 원을 딱 갖고 있던데요. 아무 때고 오빠가 연락이 되면 바로 보낼 수 있게 한다고.

이번에 뉴스를 보니까 우크라이나 전쟁에 갔다가 잡힌 북한 군인들이 나오데요. 어린 애들이 참 불쌍하죠. 근데 그거 보면서도 한편으로는 그래도 우리 아들이 저기에 끼어서 갈 나이는 아니라 그나마 다행이다 싶었어요. 어쨌든 통일이 되면 제일 좋겠지만 정 어려우면 북한하고 남한하고 서로 가고 오게라도 되면 좋겠어요. 아니, 우리가 북한 가족들, 중국에 가서라도 좀 만나 보고 이렇게라도 됐으면 하는 게 소원이죠. 매번 못

○ 탈북민들의 대북 송금은 연간 3000명 가까이 탈북하던 2010년경부터 활발히 이루어지다 2019년 이후 현저히 줄어들었다. 대북 제재와 코로나19의 영향도 있지만 김정은 체제에서 북·중 국경 차단과 외부 정보 유입에 대한 강력한 처벌로 인해 위험성이 커졌기 때문이라고 한다.

만나도 1년, 아니 2년에 한 번이라도 만나게 해 준다는 기약이라도 있으면 좋겠어요. 아유, 이러다 아들 얼굴 다 잊어버리겠어요. 사진도 한 장 못 들고 나왔는데. 생각하면 너무 아파요.

## 기록

### 이수정

서울 생활 47년 차. 어릴 때 8년간 살았던 산골이 지금의 나를 지탱하고 있다고 믿는 사람. 경주마처럼 앞만 보고 달리기 벅찼던 일상에서 벗어난 순간, 우연처럼 구술 생애사 작업에 참여하게 되었다. 스스로를 듣기보다 말하기를 즐기는 사람이라고 생각했는데, 이번 일로 듣고 기록하는 일 그리고 작고 평범한 사람의 삶 속에 담긴 거대함에 매료되었다.


## 후기

"우리 미화반 반장이 새로 왔어요. 탈북자라는데 얼마나 깐깐한지 몰라요."

그녀에 대해 내가 처음 들은 말이다. 며칠 후 그녀와 우연히 마주쳤다. 그저 새로 오신 분인 줄 알고 인사를 나누다가 독특한 억양을 듣고는 고향이 경상도시냐고 물었다.

"아이, 모르시는구나. 제가 북에서 왔잖아요."

활짝 웃으며 당당하게 말하는 그녀 앞에서 나는 마땅한 대답을 찾지 못하고 우물거렸다. 하루에도 몇 번 오가며 인사하는 이웃으로 지내다 몇 년 후 나의 일터는 이사를 했고 오랜 시간 우리는 보지 못했다. 시간이 흘러 내가 다시 그녀를 떠올리게 된 건 구술 생애사 강좌가 끝나 갈 무렵이었다. 처음 보는 나에게 '북에서 왔다'고 당당하게 말하던 그 순간이 기억에 남기도 했지만 그사이 변한 세상의 분위기도 한몫했다. 뉴스나 종편에서 패널로 등장하던 탈북민(북한이탈주민)들이 영화에서 조연을 넘어 주연이 될 만큼 우리 삶 가까이 와 있었고 이제는 어색하지 않게 대화할 수 있을 거란 왠지 모를 자신감도 있었다.

섭외는 쉽지 않았다. 짧은 인연을 구실 삼은 나를 그녀는 경계했고, 특히 북에 두고 온 아들이 잘못될까 싶어 그간 인터뷰는 거절해 왔다고 했다. 토를 달 수 없었다. 그래도 한 달 정도 생각해 보겠다고 했다. 실망하는 나를 배려하느라 한 말인 줄 알았는데 딱 한 달 후에 전화가 왔다. 나 같은 사람 이야기도 들을 게 있을지 모르겠지만 한 번쯤 해 보고 싶고 가명을 쓰면 좋겠다, 그리고 '노회찬 씨는 좋은 분'이니 도와주고 싶다고도 했다.

인터뷰는 처음이라며 긴장하던 그녀는 타고난 이야기꾼 같았다. 가난한 집 큰딸로 착실히 자라 순종적인 아내와 며느리 그리고 두 아이의 엄마로 억척스럽게 살아온 인생사는 우리 어머니들의 이야기와 닮아 있었다. 그러나 총부리를 피해 강을 건너고 배낭을 둘러맨 채 산속을 헤매고 중국과 태국을 거쳐 한국에 도착하는 과정은 본인 표현대로 '항일 빨치산 투쟁' 하듯 비장했고 그녀는 마치 로드 무비 속 배우 같았다. 이제 이야기가 해피엔딩으로 귀결되고 있다고 생각했다. 그런데 오십이 다 되어 목숨을 걸고 도착한 한국은 마냥 따뜻하지 않았다. 처음 그녀를 주저앉아 울게 한 사건은 어쩌면 아주 사소했다. 태어난 곳도 자라 온 환경도 다른, 그저 말이나 좀 통하는 직장에서 눈치 보느라 주눅 들어 있는 그녀를 향한 "밥도 못 먹었냐."는 동료의 말 한마디였다. '밥 먹었냐'는 ― 한국 사람들의 정을 보여 준다는 ― 누구나 하는 그 다정한 인사말이 차갑고 뾰족하게 얼굴을 바꾸고 그녀의 창자를 후벼 팠다. 앞뒤 상황과 처지를 생략하고 그저 텍스트만 본다면 평범한 인사말이지만 쌀밥 한 그릇이라도 먹고 나서 죽고 싶었던 그녀에게 그 말은 큰 상처가 되었고 "그게 울 일이냐."는 타박까지 더해져 상처는 더 깊어졌다. 앉아서 굶어 죽을 수는 없어서 사선을 넘어온 단단한 그녀를 고통에 빠뜨린 것은 '밥'이 아닌 '말'이었다. '옥수수 죽이라도 배불리 먹을 수 있었다면 나는 여기에 오지 않았'을 거라는 그녀의 말은 어쩌면 밥도 못 먹었냐는 '항원'의 공격에 대해 생겨난 '항체'인지도 모르겠다. 그 위에 변호사 했냐는 말이, 특수 훈련 받았냐는 말들이 딱지가 되어 더께더께 앉았고 지금도 여전히 흉터로 남아 있다. 무심코 내뱉는 말 한마디가 만드는 파장을 우리는 알고 있다. 최고의 권력자도 울타리 밖의 이방인도 말 한마디로 꼭대기에 오르기도 하고 바닥으로 곤두박질도 친다. 다정한 말도 무례한 말도 사실 대개는 한 사람의 입에서 나오고 상처를 주는 사람이었다가 받는 사람이 되기도 한다. 이 모든 것을 알면서도 우리는 '말 한마디'의 무게를 수시로 잊고는 한다.

    인터뷰가 끝날 무렵 그녀는 특수 훈련 받았냐는 섬뜩한 말도, 변호사 했냐며 비아냥대는 말도 이젠 상관없다고 했다. 앞으로 남은 날들도 끝까지 잘 살아 낼 거라고 했다. 배불리 먹이지 못하고 사진 한 장 가져오지 못한 아들의 "잘 있다"는 말 한마디를 들을 수만 있다면 다 괜찮다고 했다. 상처로 구멍 난 그녀의 한 곳을 채워 줄 아들의 말 한마디가 너무 늦지 않게 전해지기를!

S#6

# 6화.
# 이 고집 때문에 그렇게 살 수 있었나 봐요

박미희의 열 번의 사계
김성미 기록

## 주인공

### 박미희

1960년 부산에서 태어났다. 2남 2녀 중 막내로 부모님의 사랑을 듬뿍 받고 자랐다. 초등학교 때부터 그림 그리기를 좋아해 화가의 꿈을 키웠고, 대학 졸업 후 미술 학원을 운영했다. 개구쟁이 두 아이를 키우기 위해 대리운전도 자동차 영업 일도 마다하지 않았다. 자동차 대리점의 부당 판매 관행을 고발한 뒤 해고됐고, 일주일만 하면 될 거라 생각한 1인 시위는 10년을 채우고서야 끝났다. 서울에서의 긴 싸움을 마무리하고 다시 부산에서 지내고 있다.

## 평생 화가로 살 줄 알았어요

　1960년 12월 15일, 부산진구 범일동에서 2남 2녀 중 막내로 태어났어요. 자식은 내리사랑이라는 말이 있죠. 어릴 때부터 부모님의 사랑을 유달리 많이 받고 자랐어요. 당시 우리 집은 지금 현대백화점 자리에 있었어요. 그때는 우리 동네를 '조방 앞'이라고 불렀는데, 일제강점기인 1917년에 조선방직이라는 큰 회사가 있었대요.

　1968년 초등학교를 다닐 때 집 근처에 삼화고무라는 신발 회사가 있었고, 이후 초등학교 2학년인가 3학년 때였나 중앙시장이 생겼어요. 그 시절 우리 동네는 개발이 안 된 상태라 아파트도 많이 없었고, 조그만 마당이 딸린 단독주택들이 다닥다닥 많이 붙어 있었어요.

　중앙시장이 생기기 전에는 우리 집 주변에 통나무들이 잔뜩 쌓여 있었고, 어릴 때 그 위에 올라가 놀기도 했어요. 또 부모님이 어딘가 멀리 갔다 오실 때는 한참 걸어가야 나오는 범일역이라는 기차역으로 마중 나간 기억도 나요.

　스무 살까지 범일동에서 살다가 동래로 이사했어요. 당시 동래에는 큰 아파트 단지들이 생겨나고 있었는데, 우리 가족도 아파트에 살아 보고 싶어 옮겼어요. 범일동 우리 동네에는 조그만 아파트밖에 없어서 우리 식구가 다 살 수가 없었거든요.

　부모님은 사이가 참 남달랐어요. 주변 사람들로부터 천생

연분이라는 말을 들을 정도였어요. 아버지는 일제강점기 때 할아버지가 돌아가신 후 홀로 된 할머니를 모셨고, 어머니는 어린 시절 일본에서 외할머니를 일찍 여의고 한국으로 건너와 가족 사랑이 유별난 외할아버지 밑에서 어렵게 살았어요. 그런 외할아버지를 보고 배워서일까, 어머니는 평생을 그저 남편과 자식들밖에 모르고 사셨어요. 당시 부모님 세대가 거의 다 그랬던 것 같아요. 학교 급식이 없던 시절이라 도시락을 싸서 다녀야 했는데, 학원 새벽반을 마치고 나오면 어머니가 따뜻한 도시락을 손에 들고 기다리셨어요. 아무리 피곤해도 자식을 위해 힘쓰셨어요. 한편 아버지는 평생 학교나 병원 등을 짓는 건축 관련 사업을 하며 목수와 인부 들을 꾸려 관리하는 기술자였던 것 같아요. 언니는 대학에 가지 않았지만 두 오빠는 재수를 거쳐 대학에 들어갔고, 나까지 대학 공부를 시켰으니 부모님의 교육 열의가 만만찮았던 것 같아요.

나는 초등학교 때부터 그림 그리기를 무척 좋아했어요. 주로 풍경화나 정물화를 그렸고, 미술 대회에서 상을 자주 받았어요. 그림을 그릴 때면 딴생각이 들지 않을 정도로 흠뻑 빠져 살았어요. 하지만 그림을 그리면 못 먹고산다고 부모님이 많이 말렸어요.

부모님이 다른 걸 시키려고 애를 많이 썼어요. 특히 어릴 때부터 암산을 잘했기 때문에 은행원이 되길 원해서 초등학교 4학년 때 주산(수판셈) 학원에 보냈어요. 버스를 타고 다녀야 했는데 멀미가 심해 괴로웠어요. 4학년 때까지 주산 3급까지 따고 5학년 때 주산 학원을 그만두겠다고 징징거리며 부모님을 졸라 겨우 끊었어요. 그때는 너무 하기 싫었어요. 계산기도 막 나올 때니까 앞으로 주산이 필요 없는 시대가 올 거라며 따졌었죠.

중학교에 진학해 미술부에 들어갔고 그쪽으로 꿈이 확실했어요. 그런데 어머니는 내가 초등학교 교사가 되길 바라며 교육대학에 보내려고 사정도 하고 달래도 봤지만 내가 끝내 고집을 꺾지 않으니 진로 문제로 갈등이 많았어요. 이 고집 때문에 그렇게 살 수 있었나 봐요.

고등학교 때부터 화실을 다녔는데, 그럴 때면 집에 늦게 들어오는 날이 종종 있었어요. 부모님께서 그런 점을 못마땅하게 여기셨죠. 한번은 평소처럼 화실에서 밤늦게 돌아왔는데, 아버지가 크게 화를 내며 화구 가방을 내던지시더라고요. 어머니가 나를 혼내라고 아버지를 부추긴 게 아닐까 싶었어요. 평소처럼 차분하고 온화한 모습이 아니어서 너무 당황스러웠어요. 아버지가 저한테 그런 건 처음이었어요.

그때는 대학을 가려면 예비고사, 본고사, 실기 고사까지 쳐야 들이갈 수 있었어요. 1979년에 대학을 들어갔는데 예비고사 마지막 세대예요. 부모님의 고집을 못 꺾어 서울로 가고픈 꿈을 접을 수밖에 없었어요. 대학 떨어지면 재수도 안 시켜줄 것 같아서 부산에 있는 적당한 대학을 골라 들어갔어요. 화가라는 어릴 적 꿈은 한 번도 흔들림이 없었고, 그 당시에는 원하는 대로 마음껏 할 수 없게 되자 부모님을 많이 원망했어요. 그림에 빠져 있던 나를 지켜본 주변 친구들은 당연히 내가 평생 화가로 살 줄 알았대요.

대학 졸업 후 스물네 살 무렵 미술 학원을 운영하던 중 친구들과 미팅을 나가 그 사람을 처음 만났어요. 첫눈에 반해 사랑에 빠졌고, 자연스럽게 결혼을 약속했죠. 하지만 그의 아버지는 독실한 불교 신자였고, 내가 교회를 나가지 않겠다는 서약서를 써야 결혼을 허락하겠다고 하셨어요. 결국 결혼을 포기하고 그와 헤어진 후 오랫동안 세상이 무너지는 듯한 고통 속에 살았어요. 마음속 깊은 상처를 누구에게도 털어놓지 못한 채 혼자 삭이며 지냈어요. 부모님은 나 때문에 마음 아파하며 술을 드셨는데, 그것마저도 내겐 또 다른 괴로움이었어요. 원래 성격이 밝고 활발한 편이었는데 첫사랑에 실패한 이후 점점 말수가 줄어 조용한 사람으로 변했어요. 한동안 다른 사람을 만날 마음조차 생기지 않더라고요. 그러나 세월이 약이었는지 서서히 마음을 추슬렀고, 당시에는 서른 넘은 여자는 노처녀라는 시선이 강했기 때문에 결혼해야겠다는 생각이 들었죠. 그래서 다니던 교회 집사님의 소개로 남편을 만났어요. 그때가 서른한 살 무렵이에요.

중매였고 조건만 맞으면 되는 줄 알았어요. 다른 사람과 새로운 삶을 시작하면 첫사랑의 기억은 자연히 잊힐 거라고 생각했죠. 하지만 큰 착각이었어요. 결혼한 뒤에도 잘 맞지 않다 보니 사는 내내 행복하지 않았어요. 그러다 살림에 보탤 겸 장사에 관심을 돌렸고, 그때 살고 있던 서울에서 속옷 가게를 열었어요. 장사는 잘됐고 사람들 만나는 것도 즐거웠어요. 제법 소질이 있었어요.

하지만 남편과는 다툼이 점점 더 잦아지고 갈등이 심해졌어요. 결국 아이들 앞에서 매일같이 싸우느니 차라리 각자의 길을 가는 것이 낫겠다고, 그렇게 7년간의 결혼 생활이 끝났어요. 이혼 소식을 들은 친정엄마는 아이들을 꼭 데려오라고 하셨고, 나 또한 아이들 없이 하루도 견딜 수 없을 것 같았어요.

그렇게 여덟 살, 여섯 살 두 개구쟁이 사내아이들을 먼저 부산 친정으로 보냈고, 친정 언니와 엄마가 아이들을 돌봐 주었어요. 나는 서울에 남아 가게를 운영하며 경제적 기반을 잡으려 애썼지만 여의치 않아 결국 부산으로 내려왔고요.

## 입사 후 잘나갔어요

이혼 후 부산으로 내려와 두 아이를 데리고 살아가려니 생계가 막막하기만 했어요. 가진 것도 없고. 전에 해 본 장사 경험을 살린 영업이 적성에 잘 맞을 것 같아 관심이 갔죠. 솔직히 한 번도 상상해 본 적 없는 분야였지만, 차라리 자동차 판매 같은 일을 하면 최소한 자존심이 덜 상하겠다 싶었어요. 그렇게 2002년, 부산의 기아자동차 대리점에서 영업 사원이 되었어요.

처음부터 쉬운 일은 없었지만, 자동차 영업은 유독 힘들었어요. 형광등 하나 갈아 본 적 없는데, 수많은 차량 부품과 복잡한 기계 용어를 익히고, 고객 앞에서 차를 설명해야 하는 상황은 두려움으로 다가왔어요. 모든 게 낯설었지만 새롭게 도전할 기회라고 생각했어요.

2013년부터는 본사에서 교육 프로그램을 제공했어요. 아침 8시 반까지 출근하면 체조로 하루를 시작했고, 이후 큰 TV 모니터로 고객 응대와 친절 서비스 등 고객 만족 서비스(CS 교육)가 이루어졌어요. 새로운 차가 나오면 부산 시내의 모든 영업 사원들을 한자리에 모아 놓고 본사에서 내려온 담당자가 차량의 특징을 상세히 설명하곤 했어요.

그런데 2002년 내가 처음 입사했을 때만 해도 그런 게 없었어요. 모든 걸 혼자 알아서 했어요. 연수원에서 5박 6일, 몇 달 뒤에 3박 4일, 또 이후에 2박 3일 동안 교육하고 평가 시험도 쳤고, 본사 교육도 많이 받아 봤지만, 실제로 고객에게 차를 팔 수 있을 만한, 차에 대한 전반적인 지식은 부족하다고 느꼈어요. 10종이 넘는 차량의 특성은 물론 타사 차량과 비교해 기아자동차의 장점들을 설명해야 하는데, 그 모든 걸 영업 사원 각자가 일일이 제품 카탈로그를 보면서 고객한테 막힘없이 설명할 정도로 익히고 외울 때까지 보고 또 보면서 혼자 공부해야 했어요. 자세히 가르쳐 주는 사람도 없고, 같은 대리점에서 근무하는 영업 사원끼리도 서로 경쟁자로 여기는지 냉랭한 표정들이라 황당하고 답답할 때가 많았어요. 차 한 대라도 더 팔아야 돈이 되니 직원들도 자신이 알고 있는 걸 풀어놓기를 꺼렸어요. 그래서 나는 신입이 들어오면 그러지 말아야겠다고 다짐했어요.

삼성차 같은 경우엔 판매 상품이 두세 종류뿐이라 간단히 익힐 수 있었겠지만 기아차는 그렇지가 않았어요. 숱한 시행착오를 겪으면서, 오직 살아남기 위해 내 것으로 만들고 두려움 없이 고객 앞에 서기까지 6개월 정도 걸렸던 것 같고 그때 참 많이 힘들었어요. 그렇게 치열하게 공부했었는데…….

처음부터 영업을 잘했던 것은 아니고 고객 수도 많지 않았어요. 생계를 책임지는 가장이었으니 부족한 수입을 채우려고 2003년 4월 중순부터 10월 말까지 약 7개월 동안 밤에 대리운전을 같이 했어요. 하루에 두세 시간만 자고 아침에 서둘러 출근하는 고된 삶이었어요. 당시 '오천콜'이라는 대리운전 플랫폼이 처음 등장했어요. 코로나19 이전에는 술을 많이 마시는 분위기였고, 대리운전 수요도 높았어요. 저녁 8시부터 새벽 1, 2시까지 일하고, 마치면 새벽 3시쯤. 그렇게 일한 만큼 바로바로 수입이 들어왔고, 하루에 5만 원에서 10만 원까지 벌 수 있어서 나쁘지 않았어요.

하지만 그해 부산은 가을부터 다음 해 초봄까지 왜 그렇게 추웠던지, 그 때문에 더 많이 피곤했어요. 두꺼운 겨울옷을 꺼내 입고 대리운전을 다녔어요. 매일같이 몸이 퉁퉁 부어 있곤 했어요. 결국 한 가지에 집중하는 게 낫겠다 싶어 대리운전을 그만두고 자동차 영업에 더욱 매달렸죠. 그렇게 노력하다 보니 점차 영업 노하우를 익히게 되었고, 판매 실적도 꾸준히 올라갔어요. 결국 대리점에서 1위를 여러 번 차지할 만큼 주변 사람들에게 인정도 받았어요. 다달이 월급을 갖다주는 남편이 있었다면 결코 해내지 못했을 거예요.

## 부당 판매 사실을 알게 되었어요

영업 사원들은 회사에서 판매 업무를 하기 위해 특정 자격증이나 코드를 갖추어야 해요. 원한다고 누구나 영업을 할 수 있는 것은 아니었어요. 현대자동차와 기아자동차는 전국 대리점의 영업 사원 수를 엄격히 관리해, 무분별하게 영업 사원을 늘리는 피라미드식 구조와는 거리가 멀었어요. 그러나 어느 정도 업무에 익숙해지니, 일부 판매 직원들은 정당한 수당을 받지 못하는 부당한 판매 구조가 보이기 시작했어요. 특히 당시 기아자동차의 규정에 따르면, 고객에게 10만 원 이상의 할인이나 사은품을 제공해서는 안 되고, 판매권은 지정된 직원들에게만 부여되어야 했어요. 그러나 이 규칙을 위반한 어느 대리점 소장이 적발되었고, 이에 따라 해당 대리점은 폐업 조치가 내려졌어요. 소속 직원들은 다른 대리점으로 옮겨야 하는 상황이 벌어지기도 했어요.

그동안 본사는 부당 판매를 방지하기 위해 지속적으로 내부 지침을 마련하고 이를 직원들에게 교육했어요. 매달 판매 직원들에게 부당 판매를 하지 않겠다는 서약서를 받으면서 정도正道 판매를 회사의 핵심 방침으로 엄격히 시행하기도 했고요.

하지만 이런 본사 방침과는 달리 대리점 현장에서는 소장들이 오래전부터 이 원칙을 어겨 왔어요. 대리점 소장들이 판매 코드가 없는 일반인에게 판매권을 임의로 제공하고 물건을 팔게 했으니, 고객들이 코드가 있는 정식 판매 노동자들보다 저렴하게 판매하는 쪽으로 몰려가는 것은 당연한 일이었어요.

대리점 판매 노동자들이 겪는 고충을 더는 모른 체할 수 없어서 익명으로 본사에 대리점 소장을 고발했어요. 또 부산 지역 본부장에게 면담을 요청해 부당한 판매 관행을 바로잡아 달라고 호소하기도 했어요. 하지만 본부장은 난색을 표했고, 이후로도 상황은 전혀 나아지지 않았어요. 부산 지역에서 차량 판매 실적을 높이는 것이 주요 목표였을 뿐만 아니라 자신의 승진에도 영향을 미칠 수 있었기 때문에 해당 지역의 부당한 판매 관행을 알고도 묵인했겠죠. 우연히 마주칠 때면 내 눈을 제대로 바라보지 못하더니, 결국 그 본부장이 상무로 승진해 서울로 갔다는 이야기를 듣고 참담한 마음이 들었어요. 회사는 부당한 판매 행위를 방관하고 이를 알면서도 눈감은 관리자가 승진하는 동안, 정작 현장에서 고군분투하는 판매 노동자들만 고스란히 피해를 감당했으니까요. 그래도 여전히 회사에서 강력히 대처하면 해결할 수 있는 문제라고 여겨 기아자동차 본사 국내영업본부 대리점 지원시스템 이사에게 전화를 걸었어요. 그때가 2013년 4월 29일이었어요.

　수입이 줄어든 판매 노동자들은 대부분 가장이었고 먹고 살기가 참 어려웠어요. 문제를 잘 해결해 주겠다는 본사 이사의 말을 믿고 용기를 내 제보했지만, 시정은커녕 제보한 사실이 한 달 뒤에 해당 대리점 소장에게 전달됐어요. 이후 대리점 소장은 나를 해고했고, 내가 제보한 사실을 동료 소장들에게도 알려 다른 대리점으로 가는 길마저 막아 버렸어요. 그래서 고민 끝에 회사의 상황을 알리기 위해, 그때 종합편성 채널이 처음 생겼는데, MBN과 채널A에 제보했어요. 여기는 억울한 사정을 잘 들어 줄 거라고 큰 기대를 했었죠. 두 방송사 모두 부산까지 내려와 취재했어요. 채널A와는 방송 당일까지도 통화했지만, 그날 저녁 7시 30분쯤 갑자기 며칠 후로 방송이 연기된다는 연락을 받았어요. MBN은 다른 이슈가 터졌다며 방송을 미룬다는 말을 마지막으로 아무런 소식이 없었어요. 재벌의 영향력이 이렇게 거대하구나 싶어 화도 많이 났어요.

## 일주일만 1인 시위를 하고 오겠어요

현대·기아자동차 판매 노동자들은 크게 본사에 소속된 직영 영업 사원들과 대리점 영업 사원들로 나뉘어 있어요. 이 중 대리점 판매 노동자들은 현대·기아자동차 직영 영업 사원들과 동일한 방식으로 판매하지만, 회사가 자신들의 책임을 회피하기 위해 형식상 개인 사업자로 등록되어 있어요. 그런데 개인 사업자라는 개념 자체가 맞지 않는 게, 개인이 마음대로 일을 주도할 권한이 없거든요. 정해진 시간에 출근하고, 회사에서 결정한 프로그램에 따라 체조하고 교육받으며, 회사의 지시에 따라 일과를 하고 있어요. 이렇게 왜곡된 시장 질서를 바로잡고, 노동자성을 인정받기 위해 대리점 판매 노동자들이 지금도 본사와 지속적으로 현장에서 싸우고 있어요.

일반적으로 해고처럼 부당한 상황이 생기면 노동조합 같은 조직의 지원을 받을 수 있지만, 내가 이런 일을 겪었을 때는 도움받을 만한 곳이 없어서 참 막막했어요. 처음에는 정말 어떻게 해야 할지 모르겠더라고요.

가족들에게 해고 사실을 도저히 알리지 못해 매일 아침 출근하는 척 집을 나왔어요. 막상 갈 곳이 없어 차를 세워 두고 멍하니 먼 산만 바라보다 온갖 생각들로 하루하루를 보냈어요. 내가 가장인데, 그 무게가 얼마나 크던지. 그렇게 3개월을 버텼지만 더는 견딜 수가 없었어요. 결국 8월 말에 가족들에게 모든 사실을 털어놓았어요.

그리고 기아자동차 본사의 국내영업본부 대리점 지원시스템 이사 밑에서 일하던 송○○ 부장에게, 내부 고발한 사실이 대리점 소장에게 전달되어 해고된 사실을 항의하며 해결을 요구했어요. 당시 송 부장은 사실을 인정하며 "9월 중순까지만 기다려 달라. 내가 책임지고 해결하겠다."고 했어요. 이는 본사의 대리점 지원시스템 이사의 뜻이라고 했어요.

그 말을 믿고 기다렸지만, 끝내 기아자동차는 약속을 지키지 않았어요. 결국 10월 8일 가족들에게 일주일만 1인 시위를 하고 오겠다며 알리고 집을 나섰어요. 본사 앞에서 피켓을 들고 시위하는 것만으로 해결될 거라 순진하게 믿었죠. 일주일만 1인 시위를 하면 문제가 풀릴 거라 생각했고, 결국 진실이 이긴다고 굳게 믿었어요. 그렇게 해서 10월 11일부터 시위를 시작한 거죠.

서울로 올라가기 전에는 편찮은 어머니를 돌보고 있었어요. 그래도 일주일만 다녀오겠다고 간병인에게 부탁했죠. 당시 89세였던 아버지가 어머니를 잘 돌보겠다며 안심시켜 주셨어요. 그런데 간병인이 오지 않는 날, 어머니를 돌보던 아버지가 미끄러져서 그만 못 일어날 정도로 크게 다치셨어요. 10월 10일에 간병인에게 전화했더니, 아버지가 쓰러져 움직이지 못한다고……. 간병인은 이미 형제자매들에게 연락을 했고, 결국 언니와 오빠들이 어머니와 아버지를 요양 병원으로 모셨어요.

그때부터 아버지는 다시 일어나 걷지 못하셨고 다음 해 2월 20일에 돌아가셨어요. 내 탓인 것 같아 너무 죄송하고 마음이 많이 아팠어요.


## 1인 시위와 집회의 차이를 알았어요

2013년 10월 이후 무작정 서울 양재동 현대·기아차 본사 앞으로 왔어요. 그때만 해도 이 싸움을 10년 넘게 이어 갈 줄은 몰랐죠. 보통 판매직 노동자들이 해고당하면 대리점 소장을 상대로 문제 해결을 요구해요. 하지만 나 같은 경우는 평소 회사에서 철저히 지키려 했던 정도 판매가 깨지면서 망가진 부당 판매 질서를 바로잡아 달라고 요청했다는 이유로 해고당하게 했으니 부당한 처우에 대한 사과와 복직, 그동안 못 받은 임금을 (대리점 소장이 아니라) 본사에 요구하는 것이 당연하다고 생각했어요.

양재동 현대·기아차 본사 앞에도 처음 왔어요. 2013년 10월 11일. 처음에는 1인 시위를 2, 3주 정도 했는데 해결될 기미가 없었어요. 시위 소식을 듣고 부산지역본부 직원들이 일주일씩 번갈아 가며 올라왔고 또 관할 지역 지점장이 여러 차례 올라와 부산으로 가서 해결하자고 설득했어요. 그렇지만 그들이 해결해 줄 거란 기대가 없었기에 내려갈 수 없었어요.

처음부터 알 박기 용역들이 빼곡하게 늘어서 있지는 않았어요. 그때는 기아차가 고용한 경비 용역(이하 용역)들이 와서 1인 시위를 내 뜻대로 할 수 없게 방해했어요. 3미터짜리 현수막을 걸려니까 펼치지도 못하게 붙잡았어요. 피켓만 들고 서 있어야 한다고. 그래서 112에 신고하니 경찰이 왔어요. 그 경찰이 서초경찰서 정보관한테 전화하더니 나를 바꿔 줘요. 그 정보관이 1인 시위는 피켓이나 현수막을 들고만 있어야 된대요.

그때 생전 처음 1인 시위와 집회의 차이를 알았어요. '현수막을 걸려면 집회를 해야겠구나. 1인 시위는 제약이 많구나. 1인 시위만으로는 안 되겠구나.' 그래서 2013년 10월 말부터 서초경찰서에 가서 집회 신고를 했어요. 근데 집회를 하려면 2인 이상이어야 되잖아요. 할 수 없이 서울에 살고 있는 고등학교와 대학교 때 친구들한테 연락했죠. 시간 있는 애들이 와서 도와줬어요. 한겨울에 많이 추웠을 텐데, 퇴근하자마자 정장 차림으로 와서 고생을 많이 했어요. 너무 고맙죠. 평생 못 잊겠어요.

이제 본격적으로 본사 앞에서 집회를 시작하니까 간신히 현수막을 하나 걸어 놓으면 얼마 못 가 흔적도 없이 사라지거나 툭하면 잘려 있기 일쑤예요. 경찰에 신고해도 범인을 잡아 주지 않으니 용역들의 방해일 거라고 짐작만 할 뿐이었죠. 기가 막혔어요. 한번은 자기들이 코트라 앞을 포함해 주변 거의 모든 지역에 집회 신고를 먼저 했다면서, 양보할 테니 코트라 앞으로 가라고 밀어냈어요. 그래서 한동안 코트라 앞에서 집회를 할 수밖에 없었어요. '이게 아닌데. 도대체 내가 여기서 뭐 하나. 기아차에서 여기가 보이지도 않는데, 저들이 꿈쩍이나 하겠나.' 너무 답답해 서울경찰청 담당자한테 전화해 사정 얘기를 하고 본사 앞에서 집회할 수 있게 해 달라고 했어요. 그 사람이 서초경찰서에 전화하니 받아 주더라고요.

　2014년 1월 초부터 현대·기아차 본사 앞에서 10미터 떨어진 곳 오른편의 하나로마트 후문 앞에서 현수막과 배너 하나씩 세워 놓고 친구들과 피켓을 들고 집회를 할 수 있었어요. 서울경찰청의 지시로 이루어진 거라 용역들도 방해하지 못했고요.

**집회 금지 가처분 신청과 손해배상 청구 소송**

　제한된 공간이나마 방해받지 않고 집회를 계속할 수 있을 줄 알았어요. 하지만 그런 평화로운 시간은 아주 잠깐, 채 몇 주가 안 됐어요. 기아차에서 집회 금지 가처분 신청을 시작으로 명예훼손 및 업무방해에 대한 손해배상 청구를 위한 민형사 소송을 같이 진행했어요. 당시 기아자동차는 8000만 원, 부산대리점 소장이 따로 청구한 손해배상 금액만 해도 7000만 원에 달했어요.

　심지어 피켓 내용도 내가 작성한 것과 다르게 적혀 있었어요. 회사 측에서는 자신들에게 잘못이 전혀 없는데 내가 돈을 요구하려고 본사 앞에서 집회를 하고 있다고 주장했어요.

2014년 1월 23일, 처음으로 법원에서 소장이 왔어요. 이 과정을 지켜본 친구들은 대기업을 상대해 어떻게 버티겠냐며 중단하라고 말렸지만, 나는 잘못한 게 없었어요. 진실은 꼭 승리한다는 믿음 하나로 포기하지 않았어요. 집회를 계속했어요.

1월 30일은 설날이라 부산으로 내려갔어요. 이후 관할 경찰서였던 부산 동래경찰서에서 출석 요청이 와 조사를 받았어요. 회사와의 통화 녹취록을 증거로 제시했고, 그래서 형사소송 건만 무혐의가 났어요.

처음에는 변호사를 고용할 여유가 없었고, 다행히도 친구의 남편이 법학을 전공했고, 학원에서 법률 강의를 하고 있어서 많은 도움을 받았어요. 그 친구 남편은 처음에는 그냥 무시해도 괜찮을 것 같다고 했어요. 그런데 그때는 아버지께서 위독하셨고, 2월 20일에 돌아가셨어요. 재판 날짜는 3월 3일이었지만, 정신적인 여유가 없어서 준비할 만한 상태가 아니었어요. 결국 법원에 출석하지 않고 그대로 흘려보냈어요. 그러던 중, 3월 초순쯤 법원에서 집회 가처분 신청만 패소 판결이 났다는 통지문이 날아왔어요. 그제야 현실적으로 대응해야겠다 싶더라고요. 부산지방법원 법률구조공단의 도움을 받아, 지난 재판의 내용이 잘못되었음을 지적하며 이의 신청서를 작성해 법원에 제출했어요. 사실과 다른 내용과 관련된 증거 자료들을 가능한 한 모두 함께 냈어요.

그리고 4월 16일 오후 재판에 출석해 지난 2월에 있었던 재판에 대해 사실이 아니라는 점을 모두 입증해 보였어요. 그러자 판사가 재판이 끝난 후에도 다시 집회를 할 계획이냐고 물었어요. 나는 "이 문제는 개인만의 일이 아니라 전국의 기아자동차 판매 노동자들 모두의 문제인데요. 이번 결정이 나오면 다시 집회를 시작할 것입니다."라고 했어요. 그랬더니 판사가 5월 중순쯤 결정을 내리겠다고 하더군요. 재판받을 때는 승소를 확신하며 가벼운 마음으로 부산에 내려왔어요.

이후 5월 19일 인터넷으로 법원에 접속해 사건을 검색해 보니, 판결이 이미 5월 15일에 나왔더군요. 빨간 글씨 루 "원결정 취소", 그 옆에는 검정 글씨로 "기각"이라고만 써 있었어요. 2월에 내려진 판결이 취소되었고 다시 집회를 할 수 있겠구나 싶었어요. 그래서 기쁜 마음으로 집회를 다시 하려고 5월 20일 서초경찰서 담당 정보관 장○○에게 전화해 집회 신고서를 부산에서 제출해도 돼냐고 물었더니 직접 올라와서 신고하라더군요. 집회 신고를 48시간 이전에 해야 되니까요. 그래서 다음 날 바로 서울중앙지법 실무관에게 전화를 걸었습니다. 빨리 결정문을 받고 싶다고 했더니, 송달비 1만 원이 입금되지 않아 아직 못 보냈다고 하더군요. 그래서 안내받은 계좌로 곧바로 송금하고 즉시 보내 달라고 했어요. 그다음 날 결정문이 도착했는데 내용이 뭔가 이상했어요. 기각이 아니었어요. 혹시나 싶어 사건 검색 시스템에 다시 들어가 봤더니, 내용이 검정 글씨로 "원결정 인가"로 바뀌어 있었어요. 그저께 내가 분명히 "원결정 취소", "기각"이라는 글자를 봤는데 어찌된 일인가? 세상에 뭐 이런 일이 다 있나 싶었어요.

그런데 처음 "원결정 취소", "기각"이라는 내용을 휴대폰으로 찍어 두지 못했어요. 너무 후회스러웠어요. 당시에는 그런 걸 할 생각조차 못했죠. 이후 법원의 실무관에게 여러 차례 전화를 걸었지만 받지 않았어요. 답답한 마음에 SK텔레콤에 전화해 "혹시 이 사람이 내 전화번호를 차단한 건 아닌지 확인해 달라."고 요청하기까지 했어요. 그랬더니 차단은 아니라면서 3자 통화를 해 줄 수 있다고 했어요.

SK텔레콤에서 전화를 걸자 상대방이 받았고, 이후 SK텔레콤 측이 빠지고 직접 통화하게 되었어요. 그런데 "자신이 수정한 내용이 없다. 못 믿겠으면 직접 와서 확인하라."고 하더군요. 그 통화 내용을 녹음해 국민신문고로 보냈더니 대법원으로, 또 대법원에서 다시 서울중앙지법 감사실로 보냈어요. 서울중앙지법과는 여러 차례 통화하며 왜 아직 결과가 나오지 않았는지, 진행 상황은 어떤지 계속 재촉했어요. 끝내 그날 법원 실무관이 수정한 사실을 밝혀냈어요.

그래서 그 실무관에게 왜 내용을 수정했는지 이유를 물으며 서면으로 답변을 요청했더니, 자기가 처음에 올린 내용은 실수로 잘못 적었다가 다시 수정했다고 국민신문고에 답변을 올렸어요. 하지만 처음에는 절대 수정한 적이 없다고 발뺌했던 터라 도저히 그냥 넘길 수 없었어요. 이 사실을 알리기 위해 KBS, MBC, SBS, JTBC 등 방송국에 자료를 들고 가서 기자와의 만남을 요구했지만 만날 수 없었고 작가들에게 얘기하다 나왔어요. 특히 JTBC가 순화동에 있을 때 손석희 사장을 만나려고 3일 동안 로비에서 기다렸어요. 〈뉴스룸〉 진행할 때인데 내 얘기를 들어 달라고 사정했더니 기자를 연결해 줬어요. 그 기자가 모 변호사를 소개해 주면서 그 변호사가 인정해 주면 기사를 쓰겠다고 했어요. 어렵게 찾아간 변호사에게 내 억울한 내용을 다 얘기했어요. 그 변호사가 법원 실무관이 판결과 완전히 다른 내용으로 판결문을 올린 걸 본 적이 없다고 했어요. 다음 날 기자에게 전화를 걸어 변호사와 나눈 얘기를 전했어요. 그랬더니 그러면 자기도 어쩔 수 없다고 해서 다시 부산으로 내려갔어요.

그렇지만 포기하지 않고, 서울고등법원에 집회 가처분 신청에 대해 항소했어요. 결국 2015년 11월 30일 서울고등법원으로부터 일부 승소 판결을 받아 냈어요. 이후 회사 측은 상고를 포기했어요. 집회 가처분에 대한 승소 판결을 비롯해 모든 소송을 마무리하기까지 22개월이 걸렸어요.

## 판매연대노조의 출범에 앞장서다

기아차와의 고소 및 소송 문제를 해결하기 위해 부산에 내려갔을 때 처음으로 판매연대노조가 생기려는 움직임이 있다는 것을 알게 되었어요. 누군가에게 초대받아 인터넷 온라인 모임(이하 밴드방)에 참여했고, 그곳에서 판매 노동자들에게 꼭 노조가 필요하다는 생각을 나눴어요. 부당한 처우에 맞서려면 단결해 우리의 권익을 찾아야 한다는 마음이 확고해진 거죠. 그때 처음으로 '노동조합'이라는 단어를 사용하며 적극적으로 노조 결성을 알리기 시작했어요. 그런데 밴드방에는 우리가 어떤 활동을 하는지 감시하러 들어온 회사 관리자들도 적지 않았어요.

당시 모임에는 약 50명이 참여하고 있었는데, 모두 기아자동차 대리점 판매 노동자들이고 그중에 회사 측 관계자들도 있었어요. 회사 측에서는 밴드방에 가입된 판매 노동자들이 실제로 누군지 파악하고 그들을 회유해 대부분 탈퇴하게 만들었어요. 결국 밴드방은 그렇게 두 달 만에 와해되고 나까지 네댓 명만 남았는데, 그중 한 분은 기아차 대리점 영업 사원이 아니라 부당한 처우를 받는 노동자들을 돕는 분이었어요. 내가 "다시 시작하자, 우리는 할 수 있다."고 제안하면서 지금부터 뭘 하면 되냐고 물어봤어요. 그러자 그분은 전국의 모든 판매 노동자 전화번호를 저장하고 데이터를 모아 달라고 했어요. 나는 컴퓨터를 잘 못 다뤄서 그 사람에게 전화번호 수집 방법을 배웠고, 그 일을 우리 아이들에게 부탁했어요. 워낙 작업량이 많아 시간이 꽤 걸리더라고요.

당시만 해도 기아차에 약 5000명, 현대차에 8000명쯤 되는 판매 노동자들이 있었어요. 그 뒤로 대우, 쌍용, 르노삼성까지 전부 합치기로 해서 모든 데이터를 정리하니 약 2만 명이 되었어요. 그리고 밴드방을 새로 만들어 내 전화로 초대 메시지를 보냈어요. 부당한 대우에 더는 침묵하지 말고 단결해 우리 권리를 찾기 위해 노동조합을 만들자며, 전국의 판매 노동자들에게 문자를 보냈어요. 그랬더니 전화가 막 오더라고요. 나는 노동조합의 필요성에 대해 얘기하며 가입을 권유했고 때로는 그분에게 상남을 연결해 주기도 했어요. 그때는 가입 문의가 쇄도해 종일 전화기를 붙들고 살았어요. 대부분 노동조합이 필요하다는 건 알고 있었어요. "너희가 무슨 노동조합을 하냐? 차만 잘 팔면 되지."라며 전화하는 대리점 소장들과는 언성을 높여 싸우기도 여러 번 했어요.

단결해야만 소장들의 비리를 막을 수 있고, 판매 노동자로서 당당하게 살 수 있다는 믿음이 있었어요. 당시 직원들의 가장 큰 불만은 소장들의 판매 비리였죠. 하지만 많은 사람들이 소장들의 눈치를 보며 행동에 나서기를 주저했어요. 소장들이 알면 막으려 할 것이고, 불이익을 받기 쉬울 테니 그것을 가장 두려워했어요. 게다가 회사도 노동조합 결성을 막기 위해 온갖 방법을 동원하며 억압적인 태도를 보였어요.

그러다가 2015년 4월 말쯤, 대전에서 열한 명이 가까스로 첫 모임을 가졌어요. 이후 천안, 대구 등지에서 일곱 차례 더 모였어요. 그러는 동안 르노, 대우, 쌍용은 더 못 버티며 빠져나갔고 기아와 현대 두 곳만 남았어요. 그래도 8월 마침내 판매연대노조(전국자동차판매노동자연대노조) 발대식을 열었어요. 100명가량 참여했고 민주노총(전국민주노동조합총연맹) 금속노조 관계자 몇 분도 자리해 주셨어요. 노동가요를 부르고, 위원장도 선출했는데, 여기에도 회사 관계자가 몰래 들어와 동영상까지 찍고 그 위원장과 사무처장을 해고했어요. 경기도 안산 지역 대리점 영업 사원이었는데, 그분이 근무하던 대리점도 결국 폐쇄됐고요. 그로부터 1년 뒤 창립총회를 열어 정식으로 노동조합을 설립했어요. 노동조합이 출범되는 것을 지켜본 뒤, 나도 소송이 마무리되어 서울로 올라와 집회를 이어 갔어요.

판매연대노조가 출범한 이후로 대리점 폐쇄와 대량 해고 사태가 벌어지면서 같이 투쟁을 진행했어요. 그 후 2018년 판매연대노조가 금속노조에 가입하면서 내 투쟁은 따로 진행하게 되었어요.

## 삼성 해고 노동자 김용희 동지의 지킴이

거리 투쟁을 오랫동안 하다 보니, 거리에서 싸우고 있는 사람들에게 자연히 관심이 갔어요. 남의 일처럼 느껴지지 않았거든요. 2018년 늦여름, 서초경찰서에 집회 신고를 하러 갔다가 과천철거민대책위원회 방○○ 위원장을 알게 되었고, 그를 만나 볼 생각에 삼성 본사 앞을 찾았어요. 과천철거민대책위원회는 과천에 있는 상가 세입자들이 재개발 과정에서 삼성물산이 자행한 온갖 협박과 폭력, 소송 등에 시달리다 거리로 내몰리면서 결성된 단체였어요. 이들은 16년째 거리에서 생존권을 지키기 위해 싸우고 있었고, 특히 여성 두 명이 삼성의 부당한 횡포를 세상에 알리고자 투쟁을 이어 가고 있었죠.

그날 방 위원장이 보이지 않아 집회에 참여한 다른 분에게 물어보다가 김용희 동지와 이재용 동지를 만났어요. 그들도 복직 투쟁을 하고 있었는데, 현장에서 함께 싸워 줄 이들이 많지 않다는 공감대가 있다 보니 빠르게 가까워졌어요. 이재용 동지는 경남 고성에서 매주 오가는 처지였고, 김용희 동지는 강남역 8번 출구 앞 천막에서 숙식을 해결하고 있었어요. 우리는 상황이 되는 대로 강남과 양재동을 오가며 연대했고, 양재동에서 현수막을 걸 때마다 이를 말리는 보안 직원들과 맞서 싸워 줬어요. 서로의 집회에 참석하며 응원하다 보니 자연스럽게 친해졌죠.

2019년 6월 10일, 김용희 동지가 단식 8일째 새벽 5시경 강남역 사거리 철탑 위로 올라갔다는 소식을 들었어요. 그날부터 매일 아침 일찍 양재동에 가서 새벽 출근 투쟁을 9시까지 마무리하고 강남으로 달려갔어요. 공대위가 조직적으로 운영될 만한 기반이 탄탄했다면 사정이 나았겠지만 현실은 김용희 동지와 이재용 동지, 그리고 나까지 셋뿐이었어요. 내가 지킴이 역할을 자청했어요. 처음엔 모두가 이 일이 보름, 길어야 한 달 안에 끝날 거라고 예상했죠. 그러나 한 달이 지나도 해결책은 보이지 않았어요.

김용희 동지의 단식이 55일째 될 무렵 주변 노동단체의 활동가들을 중심으로 '삼성해고노동자 고공농성 공동대책위원회'가 만들어졌어요. 많은 사람들의 응원을 받으며 김용희 동지의 투쟁이 이어졌죠. 뜨거운 한여름에 좁은 철탑 위에서 생사의 경계를 오가며 단식을 이어 가다 결국 주변의 만류로 멈췄어요. 전국에서 김용희 동지의 투쟁에 관심을 보였지만, 삼성은 전혀 움직이지 않았어요. 상황이 워낙 엄중했기에 지킴이 역할을 한순간도 소홀히 할 수 없었죠.

철탑 위에서 고공 농성을 이어 가던 김용희 동지가 안쓰럽고 걱정되어 눈물샘이 마를 날이 없었어요. 그렇게 하루하루 보내는 동안, 내 투쟁에 대해서도 사람들이 차츰 관심을 갖게 되었어요. 김용희 동지가 알려지면서 많은 사람들이 찾아오니까 나도 덩달아 이름이 알려진 거죠. 그 당시 기자들도 많이 왔어요. 기자들이 오면 지킴이 역할을 하던 나를 먼저 만나 이런저런 질문을 했죠. 누구인지, 여기엔 어떻게 오게 되었는지. 그러다가 자연스럽게 내 이야기를 들려주었고 나도 방송에 자주 나왔어요. 그렇게 다른 활동가들에게도 내 투쟁이 많이 알려졌어요. 그러는 사이 계절은 봄, 여름, 가을, 겨울로 흘러갔어요. 몸을 펴고 눕지도 못할 좁은 철탑 위에서의 생활을 이어 가던 김용희 동지는, 결국 1년이 다 되어 가던 2020년 5월 29일 삼성과 합의해 철탑에서 내려왔어요. 그때 수많은 기자들의 취재 열기 속에서 바닥에 발을 제대로 딛지 못해 연거푸 넘어지는 모습을 보여 많은 이들이 안타까워했죠. 그 후 나는 다시 내 투쟁에 집중했고 김용희 동지를 비롯해 많은 연대자들이 현대·기아차 앞에 모여들면서, 7월 20일 '기아차 판매 박미희 내부고발해고자 공동대책위'를 발족하며 기자회견을 열었어요.

## 허리, 어깨 수술

돌아보면 집회 경험이 없어서 2015년 다시 서울에 올라와 정말 어려움이 많았어요. 항의 메시지를 적은 배너를 차에 싣고 다니면서 세우고 접고를 반복했고 배너를 세울 때 받침대에 계속 물을 넣을 수가 없어서 최대한 무거운 돌멩이를 주변에서 찾아 올려놓곤 했어요.

또 집회에서 사용하는 스피커가 꽤 무거워요. 충전을 하려고 성남에 있던 월세방에 가져갈 때마다 차에 싣고 내려야 했죠. 이걸 자주 반복하다 보니 허리와 어깨에 무리가 갔어요. 어느 날 허리가 너무 아파 병원에 갔더니 디스크가 터졌대요. 허리 수술을 두 번이나 했고, 이후 한 달쯤 복대를 차고 다녔어요. 수술로도 완전히 회복되지는 않더라고요. 지금도 통증이 남아 있어요.

그 와중에 어깨까지 문제가 생겼어요. MRI(핵자기공명장치) 검사를 해 보니 회전근개 파열이라고 하더라고요. 마치 오징어를 찢었을 때 끝부분이 너덜거리듯이 근육이 다 찢어져 버렸대요. 그래서 어깨 수술도 받았는데, 병원에서 권유하는 수술만으로 끝나는 게 아니더라고요. 재활 운동이나 근력 운동을 병행해야 했는데 그런 건 생각지 못했어요. 도수 치료나 운동 치료를 받아도 상태가 쉬이 나아지지 않았고, 처음에는 고통이 정말 심했어요.

그런데 김용희 동지가 철탑에 올라가면서 도르래를 설치했어요. 위에서 55일 동안 단식할 때 생수, 효소 등을 몇 통씩 올리고, 누군가 찾아오면 전화를 연결해 주거나 서로 인사하게 도왔어요. 그중에서도 정말 힘들었던 건 대형 건전지를 올리는 일이었어요. 위에서 사용하는 확성기에 들어가는 배터리였는데, 큰 배터리 30개들이 한 상자가 엄청 무거워요.

그래도 단식 중인 사람은 얼마나 힘들겠어요. 내가 힘든 모습을 보이면 미안해할 것 같아서 내색하지 않고 꾹 참았어요. 아픈 어깨를 부여잡고 이를 악물며 버텼어요. 그런데 하루에도 몇 번씩 물건을 올리고, 그렇게 몇 개월 지내다 보니 어깨 근육이 생겼나 봐요. 어느 날부터는 오히려 어깨가 약간 시원하다는 느낌도 들대요. 정말 예상치 못하게 회복한 거라 지금도 놀라워요.

앞서 말했듯이 김용희 동지가 고공 농성을 마치고 내려온 뒤 본격적으로 내 공대위가 만들어지고 활동을 시작했어요. 김용희 동지는 그때 많이 도와줘서 참 감사했죠. 김용희 동지를 지키면서 보낸 시간은 지금도 잊을 수 없는 특별한 경험으로 남아 있어요. 그 투쟁은 소중한 이정표 같은 시간이었어요. 그러나 내 허리 병은 지금도 끝까지 함께해야 할 동반자로 남아 있어요.

## 물품을 빼앗겼어요

2015년 12월 3일, 집회 가처분 신청에서 승소한 후 서울로 올라와 다시 집회를 하려니까 현대·기아차에 고용된 용역들의 집회 방해가 엄청났어요. 싸우다 밀려났다 매일같이 그게 반복되니 6개월 동안 하루도 제대로 집회를 할 수가 없었어요. 서초경찰서 정보관이 현대·기아차 측에서 이 주변의 집회 신고를 먼저 해 놨다며 나의 집회 장소를 아예 보장해 주지 않았어요. 그래서 집회 장소를 보장받기 위해 금속노조 법률원의 도움을 받아 가처분 신청을 했고 집회도 못 하고 부산과 서울을 수없이 오가기만 했어요.

    2016년 6월 7일, 다시 집회를 시작할 무렵에는 현대·기아차 앞에 노조 파괴 공작을 못 견디고 희생된 한광호 열사의 분향소가 있었고 유성기업 노조가 투쟁을 하고 있었어요. 그래서 하는 수 없이 유성기업 노조의 천막 옆에서 스피커와 배너, 피켓 몇 개만 세워 놓고 천막도 없이 판매연대노조와 함께 집회를 시작했어요. 겨울이 되자 추위를 견디기 힘들었어요. 발에 동상이 걸려도 그 자리를 지켜 냈고 밤에는 숙소로 돌아가기를 반복했어요.

    2017년에는 큰 파라솔을 치고 그 위에 비닐을 덮었어요. 서초경찰서에서는 그마저도 못 하게 협박을 했어요. 허름한 비닐 천막이었지만 난로도 놓고 조금이라도 추위를 견디며 그해 겨울을 보냈어요. 그에 앞서 2016년에 금속노조 법률원의 조언을 듣고, 서초경찰서가 집회를 보장하지 않는다는 내용으로 국가인권위원회에 진정을 넣은 적도 있어요. 몇 달 지나 전화해 보니 기각됐다고 하더라고요. 국가기관들이 대부분 그렇겠지 생각하고 포기했어요. 그리고 2018년 2월 문재인 정부로 바뀌자 국가인권위원회에서 재조사를 하겠대요. 3월 말쯤 재조사한 결과, '알 박기 집회는 회사의 경비 업무로 보지 않고, 이를 방치

한 서초경찰서의 태도로 인해 박미희 님이 인권침해를 받았다.'는 내용으로 결정이 나왔어요. 사실 결정문이 나왔는지도 몰랐는데 기자들의 연락을 받고서야 알았어요.

2020년에서야 유성기업 노조가 싸움을 마치고 회사로 돌아가면서 내 집회 장소를 온전히 보장받을 수 있게 되었어요. 알 박기 용역들의 집회 방해는 날이 갈수록 더 심해졌지만요. 그러다가 코로나19가 4단계에 이르자 서초구청에서, 조은희(현재 국민의힘 국회의원) 구청장일 때, 코로나19로 집회가 불가하다며 계고장을 주고 간 후 집회장을 강제 철거 하고 집회 물품도 가져가 버렸어요. 다시 현대·기아차 앞으로 가 보니 집회 장소를 대형 화분으로 꽉 채웠어요. 집회 장소가 없어진 거죠. 그래서 서울시청 총무과에 4단계 행동 지침을 물어보니 집회 물품을 없애야 하는 것이 아니라 단지 집회장에 혼자만 있어야 한다고 알려 줬어요. 그러나 서초구청은 코로나 4단계가 끝나야 물품을 돌려줄 수 있다고 해서, 그때부터 10월 30일까지 청와대 분수대 앞에서 "서초경찰서, 용산경찰서, 서울경찰청에서는 직권조사 하라", "조은희 서초구청장을 고발합니다."라는 내용으로 1인 시위를 했어요.

코로나19가 끝나고 다시 집회를 하기 위해 서초구청에 물품을 돌려 달랬더니 두 트럭 정도 되는 물품을 싣고 왔는데, 원래 있던 피켓, 배너, 트러스° 등 중요한 물품들을 자기들 마음대로 모두 소각하거나 폐기해 버렸어요. 심지어 서초구청에서 자기들이 놓은 대형 화분을 핑계 대며 짐을 내려놓을 곳이 없다고 도로 싣고 가 버렸어요. 겨우 받아 낸 게 스피커뿐이라 배너랑 피켓 등을 다시 만들어야 했어요. 내가 빠진 자리에 알 박기 용역들이 쭉 늘어서 있었어요. 할 수 없이 용역들과 섞여 집회를 하는 말도 안 되는 상황이 이어졌어요. 용역들이 내가 설치해 둔 배너를 질질 끌고 다니며 못 쓰게 망가뜨려 놓기 일쑤였어요. 그러다가 2022년 6월 10일 일요일 밤 10시에 연대자들 10명이 염곡사거리에 기습적으로 천막을 설치했어요. 그날은 알 박기 용역들이 한두 명만 서 있더라고요. 일부러 일요일을 골랐어요. 집에서 편히 쉬던 회사 관계자들 20명과 용역들 20명 정도, 내곡파출소 경찰 10명, 서초경찰서 정보관들 몇 명이 화들짝 놀라 뛰어오고 난리가 났어요.

　밤새 잠 한숨 못 자고 대치하면서 천막 기둥을 부여잡고 버텼어요. 회사 관계자가 칼을 들고 와 천막을 찢으려 해서 몸싸움이 일어나는 바람에 여러 사람들이 다쳤어요. 그날 오신 연대자들이 정말 고생을 많이 했어요. 알 박기 용역들이 피켓을 든 채로 천막 안으로 들어와 자기들 집회 장소라고 막아섰고, 서초경찰서 정보관들은 그걸 말릴 생각도 없이 팔짱 끼고 보고만 있더라고요. 회사 관계자와 서초경찰서가 한통속이라는 것을 눈앞에서 다시 확인했어요. 112에 전화해 서초경찰서 담당

○ 집회 시 대형 현수막을 거는 철 구조물.

정보관을 제발 잡아가라고 여러 차례 애원했어요.

그 당시 상황에 대해 국가인권위원회에 다시 진정을 넣었어요. 2023년 1월 4일 '서초경찰서가 집회를 보호하지 않았고 인권침해를 했다'는 내용으로 결정이 나왔어요. 하지만 그 뒤로도 서초경찰서는 달라지지 않았어요. 알 박기 집회를 하는 용역들의 집회 방해를 묵인했고, 서초구청 관계자들까지 같이 와서 사흘이 멀다 하고 집회 물품에 계고장을 붙이고 갔으니까요.

서초구청 가로정비과 과장을 찾아갔더니 발전기를 돌리는 휘발유 통과 가스통은 위험물이니 천막에 두지 말고, 또 비가림막의 옆 벽면을 떼라면서 그것만 지키면 철거를 안 하겠다는 확답을 받았어요. 그 내용을 녹취하고 요구 사항도 다 지켰지만, 2023년 6월 15일 100여 명이 나와 강제 철거를 했어요. 또 그날 바로 내 집회를 완전히 막으려고 120미터 인도 전체에 화단을 조성하기 시작했어요.

다음 날 일곱 명이 서초구청장실로 면담을 요청하러 갔어요. 5층에 있는 구청장실에 엘리베이터가 못 서게 해 놨더라고요. 4층에 내려 계단으로 올라갔더니 비상구 문도 다 잠겼고요. 1층 로비로 돌아와 "서초구청장은 면담 요청에 응하라. 집회 물품을 돌려 달라."며 외쳤어요. 그러자 서초구청 행정과장이 몇 분 간격으로 1, 2차에 걸쳐 퇴거 요청을 했어요. 우리는 외치던 것을 멈추고 구청장 면담실 팀장에게 면담 요청서를 적고 돌아가겠다고 했으나 팀장은 꿈쩍도 하지 않고 그대로 서 있었어요.

　서초경찰서 정보과장이 담당 정보관과 함께 있었는데 아무런 중재 역할도 하지 않다가 3차 퇴거 요청이 나오니 기다렸다는 듯 일곱 명의 연행을 지시했어요. 그래서 각각 형사과와 강력계로 보내져 조사받았고 나와 연대하러 왔던 기아자동차 노동자인 이만재 동지만 포승줄로 묶고 수갑을 채워 유치장으로 보냈어요. 나머지 동지들은 자정쯤 풀려났는데 경찰서 현관 밖에 서 있다가 포승줄로 묶인 우리가 가는 모습을 보며 눈물을 참지 못하더라고요. 다음 날 다시 조사받고 오후 1시가 되어서야 풀려났어요.

　그래서 결국 현대·기아차와 코트라 사이에 있는 넓은 안전지대로 갈 수밖에 없었어요. 거기에서는 비닐과 돗자리를 깔고 노숙 투쟁에 들어갔어요. 비 오면 비를 맞았고 한여름 아스팔트의 열기를 온몸으로 견뎠어요. 그래도 집회 물품을 돌려주지 않아 또다시 국가인권위원회에 알렸더니 조사관이 서초구청 감사실로 전화해 돌려줘야 한다고 하자 한 달 더 지나 집회 물품을 돌려받을 수 있었어요. 그로부터 3일 후 서초구청 가로정비과와 서초경찰서 담당 정보관이 와서 비가 올 거라며 집회 물품을 또다시 쓸어 갔어요. 3주 후에 돌려받았고 또 한 주 뒤에 행정대집행 명목으로 집회 물품을 뺏겼어요. 얼마 되지도 않는 물품을 빼앗으러 이번에도 100여 명이 들이닥쳤어요. 보름 만에 다시 찾았어요. 서초경찰서 정보관은 안전지대에서는 밤 8시 이후에는 집회를 할 수 없고 집회 물품도 둘 수 없다면서 통고서를 주며 협박했어요. 심지어 그 통고서에는 사실과 다르게 우리를 폭도로 매도했어요. 결국 끝내 또다시 코트라 앞으로 옮겨 갔어요. 코트라 관계자들은 싫어하기는 했어도 갈 데도 없어 쫓겨난 나를 대놓고 쫓아내지는 못했어요.

그리고 처음에는 집회를 신고하면서 차량 신고를 같이 할 수 있는 걸 몰랐어요. 차량 신고를 안 해서 번호판을 떼 가는 바람에 과태료 110만 원을 내고서야 차를 찾을 수 있었어요. 지금 내 차는 총 600건, 약 5000만 원 과태료 미납으로 압류되어 있어요. 이거 기네스북에 올라갈 거예요. 여전히 부산지방법원에 해결 안 된 채로 계류 중이에요. 사흘이 멀다 하고 부산 집으로 한 뼘 두께는 될 고지서 뭉치가 날아왔어요. 집회할 때 이 문제를 해결하려고 서초구청장 면담 요청도 계속했어요. 안 만나줘서 구청 앞에 현수막도 세 개 걸었어요. "조은희 구청장은 선거 땐 스스로 손잡더니 이젠 30번을 찾아가도 외면……" 등의 내용으로요. 그러자 구청장이 만나자고 해서 갔더니 다른 약속이 있다며 며칠 뒤 만나자고 했어요. 약속된 날짜에 갔더니 그때도 만날 수 없었어요. 끝내 만나기를 거부했고 그 후에 바뀐 구청장도 마찬가지였어요.

## 후회는 없어요

결국 마지막까지 코트라 앞에서 집회하다 회사와 협의하고 10년 투쟁을 마무리했어요. 싸워 온 지난 세월이 힘들지 않았다면 거짓말이겠죠. 그렇게 오래 걸릴 줄 모르고 시작한 싸움이 잘 풀리지 않고, 잘못한 것도 없는데 소송과 고소까지 당하니 너무 억울했어요. 내가 죽으면 끝나려나, 건너편 현대·기아차 옥상을 쳐다보며 차라리 내 억울함을 알리고 저 위에서 뛰어내리는 게 나을까……. 이걸 어떻게 견뎠을까요?

나를 괴롭히던 용역들도 노동자로서 언젠가는 자기들의 잘못을 깨닫게 되지 않을까 싶어요. 그러나 서초구청과 서초경찰서 공무원들은 용서할 수도 없고, 용서해서도 안 된다고 생각해요. 특히 서초경찰서는 10년 동안 내가 신고한 200여 건의 고소를 2013년 초 단 두 건만 해결하고 나머지는 뭉개 버렸어요. 이런 만행을 파헤치려 했던 공익 감사 청구를 기각한 감사원이나 법원, 검찰청도 나을 건 없었어요. 이제 와 생각해 보면, 대기업들의 불편함을 처리하는 역할을 국가가 대신했기에 회사도 10년 동안 자신들의 잘못을 인정하지 않아도 되었던 건 아닐까요?

이제는 그 긴 싸움을 마무리하고 부산으로 돌아와 지내고 있어요. 요양원에 계시던 어머니를 집으로 모셨는데 얼마 안 되어 돌아가셨죠. 내가 싸웠던 긴 세월을 되돌아보면, 대한민국

사회가 얼마나 썩었는지 뼈저리게 깨달아요. 만약 그렇지 않았다면, 현대·기아차 본사 앞에서 10년 동안 뜨거운 한여름 햇빛과 매서운 한겨울 추위를 견디며 가족과 생이별까지 했던 상황은 벌어지지 않았을 거예요. 그래서 대한민국은 반드시 변해야 한다고 생각해요. 그렇지 않다면 우리 아이들이 살아갈 세상에는 어떤 희망도 없을 거예요.

    10년의 투쟁을 지지하고 함께해 주신 많은 분들께 더할 수 없이 깊이깊이 감사드려요. 비가 오나 눈이 오나 같이 고생해 준 많은 동지들이 있어 버틸 수 있었어요. 늘 표현이 부족해 한 분 한 분께 인사드리지 못해 마음의 빚으로 남아 있어요. 동지들께 받은 사랑을 내 건강이 허락할 때까지 주변 투쟁 현장과 연대하며 힘껏 갚아 나가겠어요. 판매연대노조도 절대 기죽지 말고 당당히 권리를 찾기 위해 꾸준히 단결했으면 좋겠어요. 판매연대노조의 투쟁을 진심으로 응원합니다.

## 기록

### 김성미

1970년 부산에서 태어났다. 1987년부터 봉제 공장에서 일했고 밤에는 고등학교를 다녔다. 1990년 신발 공장에서 권미경을 만났다. 이듬해 열사가 된 그녀가 살아온 길을 따라가면서 결혼 전까지 봉제 노동자로 살았고, 2000년부터 시민단체 실무자로 활동했다. 지금은 노동인권센터 꼼지락의 청소년 노동인권교육 활동가이자, 서울KYC 평화길라잡이로 서대문형무소 역사관에서 해설을 하고 있다.

### 후기

"10년째 억울하게 거리에서 투쟁하고 있는 기아차 판매 노동자가 있습니다."

2022년 겨울 어느 날 역사사랑모임의 단체 채팅방에 올라온 글이었다. 우리 모임은 역사책을 읽고 토론하고 역사 탐방을 주로 하는데, 이전 탐방에서 몇 번 만난 적 있는 박미희 님의 집회를 알게 되었다. 평소 노동과 노동자의 현실에 관심이 많아서 자연스럽게 시선을 끌었다. 그래서 2022년 12월, 어느 추운 겨울날 집회에 갔다. 그날은 대표님이 지지 발언도 하셨고, 나도 즉흥적으로 노래를 불렀다.

처음엔 수없이 많은 투쟁 중에 하나겠지 싶어 대수롭게 여기지 않았지만 어느덧 궁금해졌다. 그녀가 10년이나 싸웠다는 것을 왜 이제야 알았을까? 그 긴 시간을 어떻게 무슨 힘으로 버틸 수 있었을까?

처음부터 많은 사람들이 관심을 가지지도, 자신의 사건과 행동을 알릴 제대로 된 방법도 몰랐던, 지극히 평범했던 사람을 누가 여기까지 오게 만들었나? 그녀는 집회니 시위니, 진보니 보수니 아무것도 몰랐다며, 회사가 세상 물정을 알게 해 줬다며 애써 씩씩하게 웃어 보였다. 모든 물품을 뺏기고 변변한 천막조차 칠 수 없어 노상에 매트를 깔고 별 하나 없는 서울 하늘을 이불 삼아 올려다보는 그녀를 길거리에 남겨 두고 오늘 밤은 비가 안 와야 할 텐데 하며 노심초사했고, 바람 불고 천둥 번개 치는 한여름 밤은 야속하기만 했다. 멀찍이서 모른 척도 해 보고, 문득 떠오르면 전화를 걸어 안부를 묻기도 했다. 그저 안타까워하던 그때, 문득 그녀의 시간을 글로 담아야겠다는 생각이 들었다. 그렇게 이 글을 쓰게 되었다.

만약 그녀가 첫사랑에 실패하지 않았거나, 이혼 후 홀로 가장이 되지 않았다면 미술 학원 원장으로 존경받으며 편안한 삶을 살았을까? 좋아하는 그림을 그리며 안정적인 삶을 꿈꾸었을지도 모른다. 하지만 판매 노동자가 되면서 완전히 다른 길을 걷게 되었다.

부당한 일에 눈감지 않고 바로잡으려 치열하게 살 수 있던 원동력은, 그것이 나 혼자만의 일이 아니라는 고집스러운 생각이 아니었을까. 싸우는 동안 퇴직할 나이도 지났고, 돌아갈 현장도 없어졌다. 그럼에도 끝까지 지켜 낸 그녀의 싸움은 이후 자동차판매노동조합이 뿌리내리게 한 밑거름이 되었다.

그녀의 삶을 들여다보는 것은 단순히 한 개인의 이야기를 기록하는 것을 넘어 사회구조 속 문제들을 파헤치는 일이기도 했다. 그녀가 살아온 여정을 통해 자본과 권력의 결탁, 억압받는 노동자의 현실을 더 명확히 볼 수 있었다. 그리고 불합리한 사회구조를 변화시키기 위한 과제를 확인할 수 있었다.

처음 인터뷰를 시작하고 최종 마무리까지 3년이 걸렸다. 손 붙잡고 울며 얘기를 들어 주는 게 고작이었던 무력한 날도, 회사와 협상이 타결되어 부산으로 내려간다는 반가운 소식을 나누었던 순간도 그 시간을 이루고 있다. 그녀의 말투를 되도록 있는 그대로 담아내고 싶어서 단락별로 인터뷰한 녹취록을 수없이 반복해 듣고 고쳤다. 최종적으로는 박미희 님이 사실관계를 꼼꼼히 확인해 주고 꼭 들어갈 내용을 살펴 준 덕분에 마무리할 수 있었다.

집회에 참여하고 박미희 님과 인터뷰를 이어 나가는 것 모두 쉽지 않은 도전이었다. 무엇보다 그녀의 치열한 삶을 담아내기에는 내 능력이 부족했다. 싸우느라 바빴고 싸움이 끝나고도 병든 어머니를 보살피느라 정신없었던 그녀의 목소리를 들으며, 내 마음도 매일 밤 부산으로 달려가길 거듭했다. 그 가쁜 날들의 소중한 시간을 내어 준 박미희 님에게 감사드린다.

# 7화.
## 그 사람들을 보면서 뭔지 모르지만
## 책임을 져야 된다는 생각이 드는 거야

김인자의 황혼
장상화·심예리·김태웅 기록

## 주인공

### 김인자

1955년 12월 광주에서 태어났다. 초등학교 저학년 때 상경해 홀로 장사를 하며 생계를 이어 가던 어머니, 남동생과 함께 어린 시절을 보냈다. 나서기 좋아하고, 불합리한 일을 견디지 못하는 성격 덕분에 대장 노릇을 하곤 했다. 노조 일을 하던 남편과 남편 친구들, 그리고 노동 현장에서 사망한 전남편의 영향으로 노동운동에 뛰어들었다. 구로구청 부정선거 항의 점거 농성이, 투쟁하는 삶에서 큰 전환점이 되었다.

## 혼자 복직 투쟁 하면 너무 힘들잖아요. 그러니까 함께 하려고요

이제 체력이 달려 어디에서 일하기도 힘들고, 이 남은 시간을 최저임금 버는 데 그 온 체력을 다해야 되는가 고민이 되더라고. 그래도 좀 집중할 수 있는 일을 해야겠다는 생각을 해요. 내가 지금 할 수 있는 일이 뭔가 싶으니까.

서울요양원에서 해고되고 복직이 안 됐어요.° 이제 복직 투쟁을 할 거예요. 노동조합 활동을 했기 때문에 딱 1년 계약 만료로 해고된 건데, 참 한없이 억울하고, 그럼 노동자들이 앞으로 자기 권리를 얘기할 수 있는 공간이 있나 하는 생각이 들어요. 요양보호사라는 직업은 인력이 늘 부족해요. 그러니까 사람을 해고할 이유도 없지. 내가 그동안 시말서를 써 본 적도 없고, 그 어떤 징계도 받은 적이 없어. 근데 해고 사유를 뭐라고 썼냐면 사람이 좀 느리다 그랬대. 노조 활동을 하던 사람을 어떻게든 트집을 잡아 해고하는 거지. 그럼 도대체 비정규직 노동자들이 자기 권리를 어디에다 이야기해야 하나? 아무것도

○ 2023년 9월 (고양)서울요양원의 돌봄 노동자(요양보호사)들은 장시간 노동과 최저임금, 부당한 근무 환경에 항의하며 전국사회서비스일반노조에 가입하고 투쟁을 시작했다. 사측은 체불임금 문제 해결과 단체협약 체결을 거부하며 노동조합원들에게 부당해고, 부당 징계를 가했다. 2024년 12월 전면파업 5일 만에 정규직 전환을 이뤄 냈다.

없는 거였잖아요. 이럴 때 후회해. 내가 좀 더 공부를 많이 할걸. 그래서 노동법에 대해 깊게 알고 싸웠으면 좋겠다 싶어요. 특히 비정규 계약직 노동자들은 맨날 깨지기만 하잖아. 이걸 당면 문제로 삼아 현실 정치에 대해 내가 할 수 있는 게 지역에서의 정당 활동일 것 같아요.

게다가 혼자 복직 투쟁 하면 너무 힘들잖아요. 그러니까 함께하려고요. 세종시에 있는 중노위(중앙노동위원회)에 올라가 법적 싸움을 해야 하는데 마침 '비상구'(비정규노동상담창구)° 출범식 때가 내가 해고된 시점이어서 내 경험 사례를 발표했더니, 정의당 비상구에서 도와주게 되었어요.

이런 경험이 처음은 아니에요. 2015년 파주 영어마을에서 미화 소장이 성추행하는 사건이 있었어. 이 문제를 제기하려면 이 안에 와서 일을 해결할 사람이 필요한 거야. 그 전에 내가 여성연맹(전국여성노동조합연맹)에 있었어. 2002년도엔가 지하철 현장에서 3, 4개월 일하다가 민주노총 여성연맹 전국 비정규직 여성노조에 들어갔어. 그때 지하철 비정규직 청소 노동자를 하며 사무국장을 했었지. 내가 처음 갔을 때 지하철 5호선이 좀 조직돼 있더라고. 그래서 그 뒤로 나머지 6, 7, 8호선을 조직했지. 내가 지하철 노조 할 때도 보면 용역 회사에 대부분 군 출신

---

○ 2016년 비정규직 노동자들의 상담과 권리 구제를 위해 출범한 노동 상담 창구. 2024년 재출범했다.

이 와서 관리소장 하고 그랬어요. 이 소장들이 온갖 허튼소리를 하고 함부로 몸을 더듬기까지 한다고. 이런 사례들을 쭉 모았지. 성추행하는 관리소장들에 대한 이야기를 들으려고 수박 두 통 들고 야간에 일하는 노동자들한테도 찾아가 녹취를 했지. 문제 있던 용역 회사 관리소장 세 명을 그렇게 해고시켰어. 이런 경험들 때문에 내가 파주 영어마을에 들어가게 된 거지.

파주 영어마을은 일흔 살 노인이 소장이었는데 연세 든 남성들 중에서 여성을 함부로 만지고 아무렇지도 않게 생각하는 사람들이 꽤 많아요. 파주 영어마을 가서도 따로 다 인터뷰하고 고양파주여성민우회랑 같이 조사해 파주경찰서에 고발장을 넣었어요. 우리 세대 때는 어딜 가나 그런 일이 흔해. 아빠 친구들이 와서 자기 친구의 어린 딸내미 추행하는 일이 너무 아무렇지도 않게 있었어. 나는 친척 간에도 남녀칠세부동석이 진짜 맞는 얘기라고 생각했어.

그러고 나서 내가 파주 영어마을의 미화 소장이 된 거야. 그런데 1년 있다 해고되었어. 사측에서 감원해야 한다며 남성 시설 노동자 중에 한 명을 줄이겠다고 나왔는데 노조 애들이 교섭해서 나를 뺀 거야. 왜냐하면 내가 소장 임금이라 남성 시설 기사들 임금 체계랑 비슷하니까. 그때 최저임금이 159만 원이었는데, 우리 임금이 당시 160만 원인가 그랬을 거야. 나는 214만 원이었어. 직책 수당이 있으니까. 아무튼 억울하고 화가 났지만 "그래, 교섭 잘했다. 그것도 능력이다." 그랬어. 그리고 나는 따로 복지 투쟁 하겠다고 한 거지. 개인적으로 복지 투쟁을 오랫동안 하고 남경필 당시 경기도 지사가 복직시키라고 했는데 나는 거기서 끝내고 말았어. 이런 짓을 하면 안 된다는 경고를 하고 싶어 투쟁한 건데 나 개인적으로는 출혈이 너무 컸지.

## 우리 모두 노인이 될 테니 다 당사자예요

그 뒤로는 지금까지 쭉 요양보호사를 했어요. 하면서 느끼는 것도 많아. 노인 돌봄 여성 노동자들이 아무리 '내가 어르신들을 존경하는 마음으로 잘 모셔야 되겠다.' 하더라도 그럴 수 없는 조건들이 많잖아요. 체력과 인력, 관심이 부족해. 간섭만 있지. 돌봄 기관의 교육이나 처우가 뒷받침되지 않기 때문에 (기관에 어르신을 모시는 것이) '현대판 고려장'이라는 말도 과도한 표현이 아니에요. 이 문제를 어떻게 해야 가장 효과적으로 해결할 수 있는가 늘 고민해요. 노인 요양의 목적은 물론 어르신들을 돕고 존엄한 죽음을 맞이할 수 있도록 한다는 건데, 인간 존엄을 지키는 가치가 제대로 이어져야 앞으로 우리 젊은이들도 돌봄의 가치를 소중히 여길 것이라고 생각해요. 요양보호사만의 문제가 아니에요. 노인 요양 문제는 우리 모두 노인이 될 테니 다 당사자예요. 실제 늙은 여성들은 말도 많고 목소리도 큰 것 같지만, 다들 외롭고 자기만의 사정이 있죠. 삶에 대해 씁쓸한 기억들을 몸에 지니고 지내거든요. 그 씁쓸한 기억들을 좀 옅어지게 해 주고 '나도 훌륭하게 잘 살았다.'는 생각을 갖고 세상을 떠날 수 있게 해 주는 노인 요양을 만들고 싶어. 노인들은 수많은 사람들 중에 특히 약자잖아요. 거기 계신 어르신들에게 그 순간 내가 최선을 다하는 모습, 행동뿐만 아니라 내가 그 노인에게 전하는 눈빛 하나, 말할 때의 톤으로도 마음을 표현하는 게 중요해요. 이게 노동의 가치로 쳤을 때 마음을 전할 수 있는 좋은 노동이고, 다른 노동에서는 그게 쉽지가 않아요. 다른 일들은 아무래도 실적 위주일 테니까. 근데 이 일은 보람도 보람이지만, 일 자체가 참 좋은 일이라는 걸 느끼는 사람들이 많았으면 좋겠어요.

요양보호사들이 왜 최저임금만 받고 일하는 게 맞다고 생각하는지 나는 이해가 안 갔어요. 이 일의 어느 지점에 가치를 두느냐에 따라 차이가 있다고 생각해요. 그래도 다들 열심히 어르신들을 돌보고 있긴 해. 어르신들은 시간에 맞춰 약을 먹이지 않으면 큰일이니까 좀 무리가 돼도 어떻게든 약을 먹이려고 애쓰듯이 이런 '애정 어린 의무감'으로 일을 하면 좋겠어요. 그럼에도 노동자들 스스로 이런 노력이 늘 부족하다는 생각도 들죠. 어르신들 뒤에서 욕하고 흉보는 게 습관이 돼 있다거나, 어르신들에게 등짝 스매싱 날리는 모습을 볼 때도 있고……. 치매에 걸린 어르신이 좀 못된 행동을 하긴 하지만, 욕하고 폭력적인 행동들을 볼 때마다 깜짝 놀라고 가슴이 꽉꽉 막힐 만큼 정말 속상하거든. 지금 돌봄의 질이 좋지 못해요. 이 문제에 대한 여러 해결책이 있겠지만, 실제 현장 교육에서 롤플레잉 같은 방법을 통해 제대로 교육받고 어르신 돌봄 노동자가 되어야 한다고 생각해요.

사람을 대하는 언어나 서비스는 어느 정도여야 한다고 여기는 기준 같은 게 있잖아요? 너무 당연한 기준이더라도 따르지 않는 사람이 더 많으니 그 기준을 무시하는 거지. 같은 동료라도 어르신에 대한 진정한 사랑도 없고 그냥 돈 벌러 왔구나 싶은 사람이 있어. 노인 돌봄 영역에서 일하는 사람들을 제대로 교육해야 해요. 돌봄 자격을 종이 한 장으로 시험 봐서 60점 이상이면 합격을 주는 식 말고 제대로 교육받았을 때 자격증을 주는 게 중요하다고 생각해요. 가령 거리를 청소하는 일도 기술이나 요령, 대중에 대한 배려심이 있는지에 따라 결과가 다 다르거든요. 어르신들을 돌보는 일도 마찬가지라는 거지. 이 일도 노동자들의 마음 준비가 필요해요. 공단이든 사설 기관이든 인터넷이든 수없이 많은 교육 프로그램이 있지만 내용을 보면 다들 하는 빤한 얘기거든. 그런 거 말고 진짜 교육을 해서 내보내야 된다고 생각해. 그렇기 때문에 요양보호사에 대해서도 독일처럼 우리나라도 전문대학이 생겨야 한다는 얘기도 있어요.○

## 노인 돌봄을 평생 직업으로 가질 수 있는 최소한의 조건이 필요해요

노인 돌봄에 대해 누가 제대로 교육해 주는 사람이 없다는 건, 어쩌면 이 일을 워낙 중요 노동으로 생각하지 않고 가치 없는 노동으로 생각하기 때문이 아닐까도 싶어요. (요양보호사 교육 내용을 들여다보면) 사회복지사가 와서 교육하고, 그냥 좋은 얘기 많이 듣다가 모범 사례로 누구 칭찬하고, 마무리로 표창장을 주는 패턴으로 가기 때문에 실효성이 떨어져요.

사실 저마다 사정에 따라서는 어르신들이 집보다는 시설에 있는 게 더 나은 경우들이 있죠. 집에 혼자 있으면 누가 제때 기저귀 갈고 목욕시켜 주고 하겠어. 일주일에 한 번 목욕시켜 주는 것도 쉽지 않거든. 케어는 된다 해도 가족과 떨어져 있어서 외로워하시고 그러잖아요. 그런 어르신들의 마음을 헤아리고 어르신들이 만족할 수 있는 서비스가 필요해요. 밤새 누워 있었던 어르신들 아침에 깨우면서 일으켜 등짝 한 번씩 쫙 두드려 주고 따뜻한 물수건으로 등 한 번 딱 닦아 주면 얼마나 행복하겠어요. 그 얘기를 나는 수없이 하는데 인력이 없어서

○ 독일의 전문 돌봄 인력은 해당 고등교육기관에서 석박사 학위 또한 이수할 수 있는데, 이를 수료하면 해당 돌봄 분야의 '전문가'로 구분된다. 박수지, 「독일 돌봄 인력의 현황과 정책 동향」 (『국제사회보장리뷰』 2019년 봄호, 통권 8호), 5-15쪽 참고.

잘 안 되거든. 실제 현장에서 그렇게 안 해. 나도 15년 전에는 체력이 되니까 그렇게 했어. 그렇게 하려면 좀 더 체력이 되는 젊은 사람들이 노인 돌봄을 평생 직업으로 가질 수 있는 최소한의 호봉 제도를 만들어야 되는 거 아닌가 싶어요. 근데 그런 모색이 아예 없잖아.

저임금이니 노노老老 케어가 될 수밖에 없고 그래서 돌봄의 질은 떨어지고 결국 인권적인 돌봄도 어려워지는 거겠죠. 더군다나 한 사람이 돌봐야 될 대상자는 너무 많아져 물리적으로 힘드니 악순환이 반복될 테고. 밤새 어르신을 어떻게 감시해? 묶어 두는 건 불법이지만 그럴 만한 사정도 분명 있어요. 안전사고가 발생해서도 그렇고, 침대 오르내리다가 고관절 나가면 어르신들도 고생하고……. 문제를 지적받는 게 귀찮아 어르신들을 못 움직이게 하는 경우도 있지만, 최소한으로만 하고 24시간 직접 돌봐야 되거든. 30분에 한 번씩 병동을 돌며 살피라고 돼 있긴 한데, 언제 어떤 일이 일어날지 몰라 어르신들을 결박하는 일이 많아요. 그래서 이 일이 심리적으로도 굉장히 힘들어요. 노인 돌봄 사업을 운영하는 사람들, 그러니까 정부에서 너무 싸게 돈 안 들이고 노인 돌봄을 하려고 하는 거야.

성희롱도 흔해. 내가 어르신들을 목욕 침대에다 뉘여 놓고 씻겨 주잖아. 할아버지들이 팔을 뒤로 해서 엉덩이 쓱쓱 만지고 그래요. 그럼 참 유치한 얘긴데, 왜 그런 말 있잖아. 남자들 수저 들 힘만 있으면 그런다고. 진짜 아직도 그러는구나 싶지. 차라리 치매 환자면 괜찮아. 잊어버리니까. 근데 인지가 있는 노인들이 그러면 솔직히 얄밉지. 그리고 그 어르신들을 존중하는 마음이 사라져. 처음에는 대부분 자기 마음대로 못 움직이고 다른 사람에게 몸을 맡기고 사는 분들 보면 연민을 많이 갖잖아. 근데 한 번씩 성희롱이 있고 나면 연민이 없어져.

"저기 똥이나 치우는 년들"이라고 하는 얘기를 누가 들었대. 기저귀 갈기든 목욕이든 남자 어르신은 남자가, 여자 어르신은 여자가 시켜야 되는데 그게 잘 안 돼. 여성 요양보호사가 더 많고 요양원에서 더 선호하니까 남성 어르신도 여성이 하게 되지. 급하면 또 남자가 여자들도 목욕시키고 그래. 그것도 몇 번 반복하다 보면 익숙해져서 그냥 해. 막 끌고 가서 휠체어에 앉혀 물 붓고 하는데, 뭐 어떻게 해. 그렇게라도 해야지. 우리나라 요양보호사 제도는 2008년부터 시작했는데 역사가 짧아서 그런지 시스템이 제대로 안 되어 있어요.

나 스스로는 요양보호사를 하면서 돌봄 노동의 가치를 소중히 여기지만, 또 한편으로 이 일을 노동의 관점으로 바라보면 참 불평등하고 불합리하다는 생각이 들어. 어떤 노동이 더 가치가 있고, 어떤 노동은 더 가치가 없을 수 있냐고요. 노동의 가치를 매기는 데 정규직과 비정규직의 가치를 따로 두는 것을 보면 이해가 안 가. 우리가, 뭐 남태령이고 한남동이고 광화문에 가서 소리 지르고 고생했지만, "윤석열 같은 괴물이 왜 생기느냐? 여러분 중에도 자기 기득권 사수하느라고 혹시 비정규직 노조 생기는 거 반대하는 사람 있지 않냐?"고 묻고 싶어. 이 운동이 망가진 거나, 극우가 득세하는 것은 그래서거든요. "너희 다 똑같아. 운동을 하고 노조를 한다곤 하지만 똑같은 애들이지, 뭐." 이런 얘기 누가 안 하겠어? 같은 교사라도 누구는 평생직장으로 안정성이 보장되고, 누구는 죽기 살기로 임용 시험도 보지만 그냥 임시 교사로, 기간제 교사로 묶여 아무것도 못 하고 불안정한 거 보면, '쟤네들 똑같은 애들이야.' 이런 생각 들지. 그래서 노동운동에 대해 나는 문제의식을 많이 갖고 있어요. 그 얘기 하면 화가 나. 사실은 그런 얘기를 어디 쏟아 낼 데가 없어.

요즘에 가만히 생각해 보니까 세상을 바꾸는 데 가장 효과적인 게 정치라는 생각이 들어. 그래서 내가 노인당 조직 같은 걸 하나 해 볼까 싶어. 어떻든 향후 30년은 우리 65세 이상 유권자가 다수가 될 거 아냐. 2025년도부터 40~45프로가 노인 유권자야. 노인 자살률도 그렇고 노인 고독사도 늘고 그러니 노인 문제는 심각하지. 누가 그러잖아. 지금 노인들 세대는 낀 세대라고. 우리는 죽도록 경제 발전을 위해 몸 바쳤고 부모 공양했고 자식들 키우느라 모든 걸 올인 했잖아. 그런데 노후에 공양받지 못하고, 우리 죽음을 스스로 준비해야 되는 나이가 되어 버린 것이 우리 세대인 거야. 이런 돌봄 문제나 노인 문제를 바꾸지 않으면 사는 게 너무 허무할 것 같아. 제도를 바꿔서 대접 좀 받아야 되는 거 아니야?

## 어휴, 지구가 내 방석만 하네

내가 지금 고민하는 활동이나 문제의식이 어쩌면 어렸을 때부터 시작된 건 아닐까도 싶어. 어린 시절에 달동네에 살았는데, 그래도 나는 억척스러운 어머니 덕분에 중고등학교까지 다닐 수 있었어요. 그 동네 대부분 아이들은 그렇게까진 안 다녔거든. 우리 때는 뭐 13반까지 있고, 육십 몇 번까지 있어서, 진짜 콩나물시루 같은 교실에서 공부하던 시절인데, 그중에 수많은 아이들이 차별받고 살았잖아요. 그런 모습들이 늘 내 마음을 무겁게 한 짐이었거든.

한번은 초등학교 때 영천시장○을 지나가는데 같은 반 친구 종례를 만났어. 반가운 마음에 이름을 부르고 막 뛰어가 반가워했더니 얘가 한껏 주눅 들어 고개를 숙이는 거야. 그때 충격을 먹었어. 멋모르고 다니는 나와는 달리 걔네들은 가난하고 공부 못한다고 계속 주눅 들어 사는 것 같았거든. 당시엔 좀 부잣집 애들이 30센티 자를 무기 삼아 그걸로 같은 반 친구들을 톡톡 때리고 그랬어. 같은 학우들을 반장이! 군대 문화랄까, 그런 게 옛날에 좀 심했어.

근데 나는 그런 개념이 없으니까 '저거 못됐구나.' 하는 생각만 했어요. 종례 반응에 충격을 먹고, '진짜 쟤랑 나랑 무슨

○ 1960년대부터 서대문역과 독립문역 중간에 형성된 시장.

차이가 있길래 쟤는 왜 저렇게 기가 죽어서 살지?' 하는 생각을 많이 했어요. 걔가 뒷자리였을 거야. 당시엔 애들을 등수대로 앉히니까. 내가 3등, 4등을 늘 했고 분단장을 하니까 맨 앞에 앉고. 나는 엄마가 억척스러웠어. 예전에 천으로 옷을 만들어 입혔잖아. 엄마가 미싱을 해서 일본말로 '간따꾸'(간단복)라고 뒤에 리본 묶는 원피스도 만들어 입히고, 어느 정도는 입혔지. 남들 고무신 신고 다닐 때 나는 하얀 줄이 있는 까만 운동화를 신고 다녀서 차별 안 받았던 거 같아.

가난한 애들은 스스로 차별받는 게 당연하다는 생각이 몸에 배어 있었나? 지금도 그때를 생각하면 여기 신경통이 생길 정도로 속상한 거예요. 나는 달동네에 살았어도 아랫동네, 소위 부촌 아이들하고 잘 어울려 놀았어. 쟤는 크로바 가방을 메고 다니고 나는 헝겊 가방을 갖고 다닐망정 그게 부끄럽지도 않았거든. 그런데 나만 그럴 뿐 다른 애들은 괜히 고개를 숙이고 지내는 거야. 그래서 학교 선생들이 그 가치에 대해 교육적으로 가르쳐야 되는 거 아닌가 싶어. 이 세상이 이렇게 오랫동안 미개한 사회로 유지되고 있다는 게 참 신기하면서도 소름 끼쳐요.

내가 6학년 말 때야. 금화산이라고 연세대 뒷산, 거기를 종종 놀러 다니고 그랬어. 금화산 꼭대기에서 보니까 저기 멀리 MBC, 이제 지금의 경향신문사가 보이고 남산도 보이고 다 보여. 샛강도 보이고. 혼자 앉아서 '아휴, 지구가 내 방석만 하네.'

그렇게 느끼면서 난 무엇을 하며 살까 생각했지. 그때 문득 다짐했어. '나는 소외되고 가난한 사람을 위해 살아야지.' 하고. 열서너 살이었으니 아주 애기는 아니었지.

그 시절 친한 친구 중에 영란이라고 있었어. 청계천 쪽 공장에 다니던 친구였는데 초등학교 때부터 '시다'를 했거든. 그 친구가 오랫동안 보고 싶었는데 영화 〈미싱타는 여자들〉°에 나오더라고. 마침 관객과의 대화에서 내가 거기 오신 분한테 영란이 아느냐 물었더니 안다는 거야. 그래서 걔 좀 만나게 해 달라고 그랬는데 그 아이가 연락을 끊어서 연락처가 없대. 내가 아직도 기억이 나는 게 그 친구가 스무 살쯤 됐을 때 어느 날 나를 만나서 "인자야, 너 전태일이라고 아니?" 그러더라고. 나는 몰랐었는데, 걔는 전태일이라는 인물의 노동운동에 대해 몸소 경험했던 거야.

우리 때는 초등학교도 야간에 공부 가르치는 데가 있었어. 그렇게 야간학교 다닌 아이들이 많아요. 남자아이들은 "구두 딱! 구두 딱!" 하면서 구두닦이 하러 다니던 애들이 많았고, 여자애들은 제책사나 미싱 공장에 시다로 가는 애들이 많았는데, 그런 아이들하고 내가 친구로서 공감하고 추억을 나눌 수

○ 전태일 분신 사건 이후 청계피복노동조합의 활동사, 청계피복노조 노동교실 사수 농성 사건의 전말에 대해 다룬 다큐멘터리영화(이혁래·김정영 감독, 2020년작).

없다는 게 좀 기가 막힌 거야.

　우리 어린 시절에 "쟤는 달동네 가난한 집 아이, 얘는 아랫동네 기와집 아이." 이렇게 나뉘었던 게 지금까지도 이어지는, 이렇게 미개한 나라가 어디 있어. "강남에 무슨 단지 사냐?", "몇 평 사냐?" 이런 가치를 바꾸지 않으면 어떻게 살아. 성질이 나, 지금도 그렇다는 게. 이런 차별은 누구나 싫어하지. 싫어하지만 표현하지 않고 순응하면서 살아가지. '그래, 나는 열심히 돈을 벌어야 돼. 남에게 불편을 끼치고 손해를 주더라도 나의 이익을 위해 살아야 돼.' 하면서.

　20대 초반 때는 전태일이라는 사람에 대해 잘 몰랐었어. 그냥 방황하며 살던 때거든. 옛날에 대학까지 다니고 그 미안함 때문에 운동했다는 애들이 있었잖아. 실제로 내가 1987년도에 구로구청 부정선거 항의 점거 농성 하고 유치장에서 전부 칼잠 자고, 수포가 올라와 고생할 때도, 대학생 아이들은 엄마, 아버지가 와서 빼 가는 일이 있었어. 심지어 밤 12시 통행금지가 있을 때, 남자 친구랑 밤에 동네 앞 파출소에 잡힌 적이 있었어. 그런데 대학생인 남자 친구는 내보내고 나는 못 나가게 하는 거야. 그래서 다음 날 남자 친구가 돈을 가져와서 벌금 내려고 그러는데 오기가 딱 생겨서, "필요 없어. 이거 안 받아. 돈 내지 마." 그러고 3일 동안 꼬박 있었어. 그때 대학생 아이들의 정서가 뭐냐면 자기네들은 특혜를 받고 지내 온 거에 대해 미안함이 있었던 거지.

20대 초반에 방황하며 살았다고 했잖아. 수유리에 있는 치과 병원에서도 일하고, 교회 장로가 추천해서 남대문에서 셔츠도 팔았었어. 그런데 돈도 잘 안 벌리고 뭔가 안정되지 않더라고. 돈을 벌어 엄마에게 줘야 되고 네 살 터울 동생의 대학 등록금도 필요하니 내가 돈을 벌어야지 하고 있었어. 어느 날 광고를 봤어. 용모 단정하고 어쩌고. 처음에는 몰랐는데 가 보니 호스티스 모집인 거야. 그런데 돈이 별로 안 되더라고. 그래서 그다음엔 사진관에 취직했어. 사진관이 영업이 잘될 때야. 그것도 오래 하진 않았어. 그러다 무슨 요정 같은 데를 가게 됐어. 요정 술집, 젓가락 두드리고 이렇게 노래하는 데야. 그 윗세대부터 우리 세대까지 그렇게 해서 가족을 먹여 살린 사람이 많아. 오빠나 남동생을 위해 희생하거나……. 뭐든지 길게 못 하고 이런 경험들을 많이 하는 게 내 팔자인가 봐. 내가 작년에 점을 보러 간 적이 있어요. 무당이 나를 보더니 "나랑 똑같은 사람이에요." 그러더라고. 무당들은 아무래도 팔자가 좀 세잖아. 나도 좀 그런 편이고.

## 남편이 '구식 노동자'로 사는 모습이 슬펐어

친척이 소개해 줘서 죽은 남편을 처음 만났어. 어떤 사람인지 알아보려면 산을 가야 한다고 생각해서 나중에 무등산을 같이 갔지. 탁 트인 곳이 있었는데 네잎클로버를 찾아 준대. 남편이 일곱 개를 찾은 거야. 그게 좀 멋있어 보였어. 사람이 자신감이 있었어. 돈은 진짜 중요한 게 아니고 언제든 벌면 된다는 생각이 있었어. 1981년 4월 18일에 결혼했지. 결혼 생활 내내 남편이 '구식 노동자'로 사는 모습이 슬펐어. 남편은 현장에서 사고로 죽었거든. 내가 노동운동에 집착하는 건 죽은 남편 때문이야. 해외에서 큰 덤프트럭도 운전하고 나중엔 버스 기사로 취업했어. 저기 덕소에 가면, 그때는 호수여객이었는데 지금은 태화라고 바뀌었더라. 너무 고생했지. 잠도 제대로 못 자고 새벽 4시에 나가고. 근데도 어찌 그리 착한지 내가 일이 있으면 새벽 2시 반에도 짐 챙겨 주던 사람이야.

근데 남편이 갑자기 해고를 당했어. 팔당으로 넘어가는 길에 젊은 애들이 오는 걸 피하려다 중앙선을 침범했대. 사고가 난 것도 아닌데, 그거 때문에 해고됐다나 봐. 그러다 현대제철에 지입차로 들어갔어. 운전하는 일인데 5000만 원이 필요하더라고. 다행히 네 사람이 보증을 서 줬어. 1000만 원은 친구한테 빌렸고. 공사장 같은 데서 나온 폐철근 있잖아. 그걸 현대에 갖다주면 현대제철이 다시 가공해서 쓰는 거야. 남산 외인아파트 폭파 철거를 할 때도 그 일을 했었지. 폐철근을 옮기는 일이었는데 몸을 다치고도 파스 붙여 가며 일했나 봐. 어느 날 차를 세우고 있는데 뒤에서 오던 탱크로리가 들이받았대. 미등을 제대로 못 봤을까. 차 뒤에 흙탕물이 많이 묻어 있었을 테니. 7

시 반에 죽었다고 하더라고. 남편이 1949년생인데 마흔다섯 살 되던 해, 1995년 1월 2일에 죽었지. 내가 마흔 살이 막 넘었을 때야. 그때는 많이 살았다고 생각했는데 지금 생각하면 어린 나이야.

남편이 죽은 다음엔 차만 봐도 좀 그렇고, 광주도 가기 싫고, 남편이 입던 것과 비슷한 잠바만 봐도 깜짝 놀랐어. 마음이 아파서 잠을 못 잤어. 노동운동 하면 항시 그 남편이 떠올라. 착하고 성실하고 남을 잘 이해하는 사람이 사고로 노동 현장에서 죽었잖아. 그렇게 일하다 죽는 사람들이 많다는 거. 남편은 참 짧게 살다 갔어.

재혼한 건 2016년쯤이야. 우리는 나이 차이도 많이 나는 연상 연하 커플이야. 부부라기보단 동지적 관계가 아닌가 싶어. 그때 사람들이 와서 축가도 부르고 재미있게 했어. 그래서 사람들이 '재혼을 저렇게 하는 것도 괜찮구나.'라는 분위기가 확 퍼졌는데, 내가 경제적으로 너무 힘들어하는 걸 보더니 한 후배가 "어휴 언니, 나는 재혼 안 해." 그러더라. 운동권에는 싱글들이 너무 많아. 외롭고 가난하고. 그래서 함께할 필요가 있다 싶어. 그냥 혼인식을 겸해 행사 제목을 '마주 보기'라고 했어. 서로를 마주 보기 해야 된다는 좋은 마음이었지. 사람들이 참, 사람을 대할 때 서로 배려하는 마주 보기가 잘 안 돼. 사람들이 편안하게 만나는 훈련들이 안 돼 있어서 외로운 늙은이들이 너무 많아. 외로운 '청춘 늙은이'들이. 결혼 안 한 싱글 친구들도 많고, 운동권 중에 이혼한 친구들도 많고. 그러고 보니 전남편과는 하는 일 때문에 떨어져 산 적이 많았는데 지금 남편하고는 거의 떨어진 적이 없어. 결혼한 햇수는 적지만 함께 한 시간으로 따지면 죽은 남편보다 지금 남편과 더 오래 사는 거지.

## 나는 가장 충격적이었던 게 1980년 광주 사진이었어

죽은 남편이 버스 기사로 일할 때 노조 활동을 했어. 당시 전세이긴 해도 좀 넓은 집에 살았어. 그래서 다들 우리 집에 와서 회의하고, 위원장이랑 노조 사람들도 우리 집에서 지내다시피 하기도 했지. 뭐, 당연히 그러려니 하며 지냈고. 그때 나는 가장 충격적이었던 게 1980년 광주 사진이었어. 그게 컸지. 어느 날 남편 친구가 사진을 꺼내더니 5월 광주 이야기를 들려줬어. 자기가 그때 광주 MBC 골목 쪽으로 가는데 조금만 덜 숙였으면 바로 심장에 총알을 맞았을 거라고……. 광주 사람들은 트라우마가 있어서 그날 이야기를 잘 안 해. 얼굴이 깨진 사진들을 보며 충격이 컸어. 내가 광주 여자라고 했잖아. 광주 계림동에서 태어나 어렸을 때 동명동에서 살았지. 1학년 다니다가 서울로 올라왔거든. 그래서 아무래도 김대중한테 관심이 갔지. 당시 대선에서 (단일화를 안 하면) 노태우가 당선될 게 뻔

했는데 김영삼파와 김대중파가 갈라져 단일화를 안 하니 답답했어. 그런 상황에서 김대중을 지지할 수밖에 없었지. 막연히 저 사람이 되면 뭔가 달라지려나 하는 생각이었던 것 같아. 대중 연설을 가 본 건 1987년 12월 13일 보라매공원 연설이 처음이었어.

    남양주에 살던 때였는데 방송으로 구로구에서 부정투표°가 저질러졌다는 소식을 들었어. 내가 살던 동네에서도 노인정 노인들을 상대로 백지 투표용지를 모아 '릴레이 투표'를 했다는 얘기를 들은 터라 가만히 있을 수 없었어. 다섯 살 난 아들을 이웃에게 맡기고 한달음에 달려갔어. 구로구청 옥상에서 마지막까지 난리를 쳤어. 어렸을 때부터 이상하게 어디 가면 맨날 내가 쌍이 됐어. 지금도 구로항쟁동지회에서 부회장이야. 내가 청소년기에 교회를 열심히 다니면서 조직 활동을 해 봤잖아. 맨날 가서 봉사하고 사람들 관리했던 게 몸에 배어 있었던 거지. 경찰서 가서 조사받는데 현장 사진들을 보더니 나보고 주동자라 하더라고. 사실 이번 탄핵 국면에도 부정선거 얘기들이 나오고 그러는데, 그때 우리가 뭐 틀렸든 진짜 부정선거였든 간에 그거에 대해 왜 토론을 안 하나 몰라. 그래서 사람들한

---

○ 1987년 12월 16일 제13대 대통령 선거 당시, 서울 구로구청에서 부정 투표함이 발견되어 학생들과 시민들이 이를 규탄하며 구로구청을 점거하고 농성을 벌인 사건. '구로 항쟁'으로 불린다.

테 "토론을 왜 안 하냐? 해라." 내가 그랬어. 나 같은 경우는 대통령 선거 당시 그 결과가 나오기도 전에, 서울신문에 '몇 점 몇 퍼센트로 노태우 승리'라고 하는 기사가 나온 걸 봤거든. 세상에, 그 새벽에 구로구청 주변에 그 서울신문을 딱 붙여 놨더라고. 그걸 갖다 붙인 사람도 누구였는지 대단한 거지. 그런 이상한 점들을 나는 수첩에 메모하고 다녔었지. 아무튼 구로구청 그 일 이후로 무엇을 하고 살아야 될지, 나의 존재 자체에 대한 고민을 많이 했어. 그러다 보니 우울증도 겪고.

그렇게 고민하다 운동을 시작했어. 1988년이었지. 세상이 다 바뀌는 줄 알고 길거리에 나왔던 수많은 시민들이, 전화도 없던 시절에 수백 명씩 몰려다니며 일당백 하던 때였어. 그 사람들을 보면서 뭔지 모르지만 책임을 져야 된다는 생각이 드는 거야. 구로항쟁동지회에서 회장을 했지.

마흔부터 여러 노조나 단체에서 하는 '정치 학교'에서 공부했어. 노동해방실천연대° 발기문을 보면서 가슴이 뛰었어. 네 쪽 정도 되는데, '내가 생각하는 게 바로 이거야!'라고 생각했어. 전철 타고 다니면서 맨날 읽고, 강령 외우고 그랬지. 노동삼권이며 이것저것 공부하면서 노동운동의 내용을 채워 갔어.

○ 2005년 사회주의 정당 수립을 목표로 결성한 단체. 이 단체는 사회주의혁명 등을 목표로 활동했으며 2012년 간부들이 〈국가보안법〉 위반 혐의로 기소되었으나 2020년 대법원에서 무죄판결을 받았다.

## 다시는 쌍용자동차 싸움 같은 일이 없어야 하잖아

오랫동안 여러 싸움과 활동을 했는데 여전히 잊히지 않는 아픈 장면들도 있어. 쌍용차 투쟁○ 때 사측 노동자들이 우리한테 막 짱돌 던졌던 일이 그래.○○ 지금도 트라우마로 남아 있어요. 우리가 퇴근 시간 맞춰 시위를 하고 새벽에 유인물 돌리며 말했던 게 '쌍용차는 국유화를 요청하라'는 내용이었는데, 우리는 가능성이 있다고 봤었거든. 그때 우리가 뒷문 쪽에 쭉 서서 시위를 하고 있을 때 보면 사측의 이익을 대변하는 사람들이 많았어. 그때 제일 무서웠던 게 짱돌 던지는 거였어. 왜 그랬을까. 그래서 해결될 일이 도대체 뭔지. 그때 그 충격이 크더라고. 더군다나 그 사람들이 우리한테 짱돌을 던질 때, 같은 노동자들만 있는 것도 아니고 그 유가족 어르신들이 같이 있었어. 노

○ 2009년 4월, 쌍용자동차가 전체 근로자의 36%에 해당하는 2646명을 감축하는 인력 감축 계획을 발표함에 따라, 쌍용자동차 노동조합이 사측의 구조 조정과 대량 해고에 맞서 77일간 파업을 벌인 일을 말한다. 당시 헬기를 투입하는 등 경찰의 과잉 진압과 공권력 남용에 대한 문제 제기가 이어졌다. 결국 2642명이 직장을 잃었으며, 해고자들에 대한 무리한 손해배상 청구, 이후 해고자와 그 가족들의 자살 및 건강 악화로 인한 죽음 등이 사회적으로 문제가 되었다.

○○ 쌍용차 투쟁에서 현장 노동자들이 돌을 던진 이유는 사측의 이간질, 공권력 투입, 생존에 대한 절박함, 그리고 노조 내부 분열이 복합적으로 작용한 결과이다. 이 사건은 노동자들이 단결하지 못하면 사측과 공권력에 의해 서로 적대적 관계로 내몰릴 수 있다는 현실을 보여 주는 대표적 사례이다.

동자들끼리도 계속 적대적으로 살게끔 만드는 이 자본주의가 문제다 싶은데…….

　어린 시절부터 교육을 해서 이런 문제들을 타파하면 좋겠는데 구체적인 방법은 모르겠어. 좀 많이 배운 사람들이 그런 것들 좀 했으면 좋겠어. 아무튼 쌍용차 싸움 때 그 충격과 상처가 컸어요. 많은 사람들이 목숨을 끊었던 건, 내 생각에 그런 원인도 있지 않았을까 싶어. 물론 현실에서 경제적으로 어렵긴 했어도, 노동자들끼리 적대적인 상황 속에서 희망을 보지 못한 거지. 그러면 도대체 희망은 무엇일까? 다시는 쌍용자동차 싸움 같은 일이 없어야 하잖아. 그때 당시 쌍차 문제에 대해, 사실은 왜 그런 일이 있었고, 그럼 도대체 어떻게 싸웠어야 되고, 그거에 대한 결론은 어떻게 내야 되고, 우리 사회는 어떻게 해야 하느냐에 대해 이야기를 해야 될 것 같아. 정의당이 전에 그래도 그런 좋은 일을 많이 했어. 노란봉투법○뿐만 아니라 중대재해처벌법 등을 제정하려고 시도했는데 이제 다음엔 무엇을 어떻게 할지 얘기해야지. 이번에도 한남동이고 남태령이고 열심히 가긴 갔는데, 왜 이 늙은 몸을 이끌고 시위에 가느냐? 희망을 보고 싶어서야. 그곳에 있던 어린 소녀들이 희망이 됐으면 좋겠다는 생각을 해. 그걸 위해 내가 할 수 있는 일이 뭘까 하는 생각이 들더라고.

　　○ 파업 참가 노동자에 대한 손해배상 소송과 가압류를 제한하는 법안.

앞에 쌍차 이야기 한 건 나한테 좀 상처였는데 기억나는 게 또 하나 있어. 내가 여성 지하철 노조, 이거 할 때 딱 하나 재미있었던 게 5호선에서 자율 파업을 조직했던 거. 내가 얘기했나? 민주노총에 얘기하지 않고 비공식 파업을 벌였었지. 한 번 자율 파업을 조직해서 전부 안 나갔어. 당시 파업을 계획할 때 현장 관리자고 뭐고 우리 연맹 위원장한테도 내가 얘기를 안 하고 그냥 파업을 해 버렸어. 나중에 파업을 승인하긴 했는데, 어쨌든 한나절 만에 이겼어. 한나라당 시의원이 사장이었던 용역 업체가 노동조합의 요구를 계속 받아들이지 않아 파업했던 건데 결국 용역 업체가 손들었지. 왜냐하면 원청인 5호선에 피해를 주니 원청에서 하청 대상인 용역 회사에다가 해결하라고 압박하잖아. 그때 이기는 경험을 해 봤지. 그리고 우리가 자발적으로 만든 파업이 승리한 것이 감동이었어. 그 조합원들 보며 제대로 하면 할 수 있다는 희망을 봤지. 그래서 그 희망을 지금도 보고 싶어.

그동안 우리네 삶 속에서 느꼈던 역사적인 일들을 한 번 더 담론화했으면 좋겠다는 생각을 해요. 그 사건들이 이대로 넘어가면 우리 너무 무책임한 거 아닌가. 이 시대를 산 사람으로서 제대로 정리해 봤으면 좋겠고 그걸 해 보는 게 꿈이에요. 이렇게 같이 짚어 보고 싶은 것으로, 페미니즘은 모두가 공유해야 할 가치인데 왜 갈라치기가 되고 있는지, 방법이 어설픈 건 아닌지, 어느 부분이 잘못되었는지 얘기를 나눠 보면 좋겠어요.

정의당도 페미니즘 때문에 망했다고들 하는데 과연 진짜 그런 건지 얘기해 봐야지. 지나간 일이 지금 일이야. 지나간 일이라는 게 없어. 연속성이 있는 거예요.

더불어 나도 이제 잘 쉬기를 꿈꿔. 내가 봐도 이 요양보호사라는 일, 이거 되게 힘들거든. 이제 체력이 달려서 다 끝내고 조용히 나를 위해 누구에게 피해 안 가게 좀 살아 보고 싶다는 마음이 있어. 내가 원하는 대로 청소도 하고, 집 정리도 하고 싶고, 그냥 얼굴 팩이라도 한번 해 보고 싶고. 그러면서 평온한 늙은이의 모습으로 살아도 되지 않을까 생각도 드는데 아마 못하겠지? 못할 거야, 책임감 때문에. 해야 될 게 많아서. 심지어 제발 나도 징역 좀 가 봤으면 좋겠다 싶기도 해. 150만 원쯤 벌금형에 일 5만 원으로 쳐서 벌금 내는 대신 노역형을 선택하면 30일은 쉬었다 올 수 있잖아. 그런데 그럴 기회가 안 생기는 거야. 맨날 당면한 일이 있어서 없는 돈에 벌금 내고 다시 활동하며 살았다니까.

앞으론 일을 열심히 하긴 하는데 에너지를 좀 덜 소모하면서 효과적으로 하는 게 뭘까 고민하는 거지. 오늘도 사무실 보고 왔다 그랬잖아요. 사무실 옮기는 것도 내가 막 서둘러서 하고 싶지도 않아요. 주변에서 활동에 대한 열정이 있는지 없는지, 내가 막 이끌어서 될 일도 아니고 자연스럽게 해야겠다고 생각해요. 그 대신 단순히 노조 활동만이 아니라 크게 가야겠다, 사무실도 그래서 '(파주) 비상구'로. 이름은 '비정규직 상담

센터'라고는 하지만 거기에 여러 활동을 포함해 파주시에서 대중운동으로 해 보려고 해.

# 기록

## 장상화

고양시 의원, 국회 선임비서관을 지냈고, 지금은 사단법인 미래전환정책연구원 이사장을 맡고 있다. 지방의원들을 대상으로 AI 교육을 하고 있으며, 정치에 대한 관심을 유튜브 정치 평론으로 풀어 가고 있다.

## 심예리(심선진)

논어 선진 편에서 딴 이름대로 살지 못해 '예리'라는 이름을 쓴다. 사회복지사로 일하며 세상살이에 관심을 두었다. 지금은 이화여자대학교 문헌정보학과에서 기록 관리를 공부하고 있다. 구술 생애사 작업이 사회적 기억으로 자리 잡길 바라며, 앞으로도 삶을 잇는 기록을 꾸준히 담아내고 싶다.

## 김태웅

영화를 삶의 커다란 부분으로 품고 산다. 생계로 사진과 영상을 만드는 프리랜서로 일한다. 영화에 대한 사랑이 넘쳐 시나리오 작가와 연출을 준비하고 있고, 영화 팟캐스트 〈시네마약〉의 멤버로도 활동 중이다. 블로그와 인스타그램에 영화에 대한 글을 쓰기도 한다. 좋은 사람으로 좋은 콘텐츠를 만드는 걸 삶의 목표로 두고 있다.

# 후기

### 장상화

김인자 님을 언제 처음 만났는지는 정확하게 기억나지 않는다. 정의당 고양지역위원회에서 여러 활동과 선거 등을 함께하는 과정에서 자연스럽게 알게 되었던 것 같다.

김인자 님에 대한 인상이 강렬하게 남았던 세 가지 장면이 있다. 파주 영어마을에서 해고되고 나서 매일 복직 투쟁을 홀로 하고 계시다는 것을 당원 소통방에서 접하며 '이분은 포기를 모르는구나.' 하고 생각했던 게 첫 번째 장면이다.

두 번째 장면은 김인자 님의 결혼이었다. 고 한성영 위원장'님과'는 나이 차가 많이 나는 연상 연하 커플이었던 데다가 보라색 드레스에, 집회 분위기가 물씬 나는 '마주보기'라는 이름의 혼인식까지 평범함이라고는 하나도 찾아볼 수 없는 결혼식이었다. 김인자 님은 결혼식이든 환갑잔치든 무엇 하나 특이하지 않은 것이 없었다. 소박하지만 씩씩한 느낌? 어쩌면 김인자라는 사람과 '평범'이라는 단어는 어울리지 않는 듯도 하다. 고 한성영 위원장님과 김인자 님의 관계는 예전 대학 때 즐겨 읽던 소설에나 나오는 이상적인 동지적 모습과 닮아서 오히려 비현실적으로 느껴지기도 했다.

세 번째 장면은 내가 보건복지위원회 강은미 의원실에서 국정감사를 준비할 때, 그리고 시의원을 하면서 고양시 요양보호사 '복지 수당' 도입을 위해 함께 협의할 때였다. '전국사회서비스일반노조 위원장'으로 노조 분들과 요양원 원장 몇 분과 함께 의원실에 방문해 노인 돌봄 문제를 해결하기 위해 머리를 맞대고 고민했던 기억이 난다. 고양시 차원에서 요양보호사를 위한 '복지 수당' 지원 조례를 마련하겠다며 시청사 앞에서 천막 시위를 진행했던 것, 함께 고민하며 복지 수당 예산을 세워 보려 애쓰던 순간, 그 밖에 여러 번의 대선과 총선에서 함께했던 선거운동도 떠오른다.

지역의 몇몇 청년들과 하는 글쓰기 모임에서 내가 '구술 생애사' 수업을 듣고 있다고 이야기한 적이 있다. 그러자 누군가가 고양시에서 활동하는 여성 활동가들의 이야기를 들어 보고 싶다고 했는데, 그때 머릿속에 떠오른 인물이 김인자 님이었다. 어쩌면 내 주변에서 가장 궁금한 생애사를 가진 사람이지 않았을까 싶다.

구술 생애사 작업을 위해 여러 차례 만나 인터뷰하면서 나는 정말 '김인자'라는 인물의 편린만을 봐 왔다는 생각이 들었다. 영화 〈포레스트 검프〉의 주인공을 만나 이야기를 듣는 듯한 착각이 들 만큼 그녀의 삶 모퉁이마다 굽이치는 현대사의 장면들이 있었다. 씩씩하고 당당하게, 힘든 상황에서도 지치지 않고 반 발짝이라도 앞으로 나아가는 모습을 보며 나 또한 삶을 대하는 방식을 고민하게 되었다. 무엇보다 '김인자'라는 소중한 동지를 깊이 만날 수 있게 되어 감사했다.

**심예리**(심선진)

김인자 선생님을 처음 만나러 가는 길은 떨리고 설렜다. 인터넷으로 검색해 봐도 감이 오지 않았다. 그러다 막상 아름다운 소녀 같은 모습을 보니, 저 작은 체구에서 어떻게 저런 에너지가 나오는지, 선생님을 움직이게 한 건 무엇인지 궁금해졌다. 선생님의 페이스북을 처음부터 끝까지 여러 번 읽었다. 언제나 씩씩하고 당당하게 서 있는 모습에서, 나는 언제쯤 저렇게 당당해질까 싶어 부끄럽기도 했다.

사회복지사로서 누군가의 삶을 마주할 때마다 내 부주의로 상처를 줄까 두려웠다. 그런 내게 마음을 열고 자신의 이야기를 들려주는 분들이 늘 고마웠다. 사회복지사로서 나는 누구기를 연결하고 싶었고, 서로의 아픔을 보듬는 따뜻한 공동체를 꿈꿨다. 하지만 사회복지 현장은 제약이 많았다. 특히 마지막으로 근무한 직장에서의 괴롭힘과 정치적 상황 때문에 돌봄 당사자에게 집중하기 힘들었다.

이런 내게 선생님을 만난 건 큰 행운이었다. 그의 이야기를 들으며 내가 바라보는 세상도 달라졌다. 이상향을 위해 누군가를 위해 자신과 싸우고 타인을 연결하는 일을 하고 있는 선생님께 위로를 받기도 했다. 사람을 있는 그대로 보고, 사회복지사 윤리에 나와 있듯 '동료를 존중하고 연대한다'는 것을 실천하고 있는 선생님을 떠올리면 웃음도 나고 눈물도 난다. 덕분에 그동안 무심코 지나쳤던 요양보호사분들의 이야기를 생생하게 듣고, 내가 애써 외면한 현실을 마주하게 되었다. 인간으로서 사회복지사로서 나 자신을 돌아보게 되었다.

사회복지사의 정체성을 잃지 않으면서 구술 생애사를 하고 싶어 조금씩 공부하던 중, 노회찬재단의 수업을 듣고 후속 구술 생애사 기록팀에 합류했다. 이 모든 여정이 보람차다. 이 만남을 주선해 준 분들에게 감사하다. 유일하게 팀으로 움직이다 보니 시간 맞추기도 어렵고 작업도 힘들었지만, 그래서 더 서로 의지하고 힘이 되었던 팀원들에게도 감사의 인사를 전하고 싶다.

## 김태웅

사회적 투쟁의 한가운데 서 있는 사람은 어떤 궤적을 그리며 살아왔을까? 이 질문을 항상 마음 한편에 두고 살았다. 김인자 선생님과의 만남은 저 질문의 답을 알 수 있던 시간이자, 저 질문 자체가 그리 좋은 질문이 아니라는 것을 알게 되는 순간이었다. 싸움의 현장에 항상 먼저 달려가고, 마지막으로 나오는 선생님의 삶을 보며 처음엔 그럴듯한 이유를 찾으려 애썼다. 그래서 구술을 들을 때 집요하게 그런 결과물을 바라고 질문했지만 답은 늘 같았다.

"당연한 일이니까."

예상 범위에 있는 답변이었지만 오히려 선생님의 삶의 궤적을 보며 더 깊은 고민에 빠지곤 했다. 보편타당한 일에 뛰어드는 사람들에게는 뭔가 특별한 이유가 있으리라는 편견을 가졌던 선 아닐까. 한국 사회가 김인자 선생님 같은 분들의 싸움으로 달라지고 있지만 많은 사람들이 그들을 외면해 온 건 아닐까. 오늘도 무심히 이어폰을 귀에 꽂고 지나는 길에서 커다란 피켓과 확성기, 긴 싸움을 위한 천막과 가재도구 등을 보며 선생님을 떠올렸다. 김인자 선생님의 궤적을 떠올렸다.

◆

2025년 4월 유명을 달리한 고 한성영 민주노총 전국사회서비스일반노조 위원장님의 명복을 빌며, 힘든 일을 겪은 김인자 님께 이 책이 작은 위로가 되길 바란다.

# 8화.
# 자유롭게 재미있게 나답게

우상택의 곁가지로 난 길
오현정 기록

## 주인공

### 우상택

1982년 서울 대림동에서 태어났다. 열여섯에 신문 배달을 시작해 서빙, 마사지, 대리운전 등 다양한 일을 해 왔다. 아픈 몸과 마음으로도 재미있게 진심으로 일한다. 가장 오래 한 일은 배달로 라이더유니온의 조합원이다. 때로는 배달하러 간 낯선 동네를 여행자가 된 양 즐긴다. 지금은 내 가게를 운영하겠다는 꿈을 이루고자 서울을 떠나 마련한 '평택상회'를 일구며 배달을 하고 있다.

## 혼자가 편했어요

어릴 때 몇 년은 누나와 친할머니랑 살았어요. 1982년 대림동에서 태어나 할머니랑 엄마 다 같이 성남에서 살았는데 마당만 어렴풋이 떠오르고 생각은 안 나요. 네 살 때 부모님이 이혼하셔서 엄마가 서울로 가고 아빠는 새엄마랑 다른 집에서 살면서 집에 가끔 오는 정도였어요. 그때 누나는 일곱 살이었는데 집안일 하느라 힘들었대요. 할머니는 제가 아들이고 맏손주라 티 나게 예뻐하셨고 누나는 할머니와 사이가 좋지 않았어요. 친척들을 만나면 할머니가 저를 제일 예뻐하셨다고 하지만 할머니가 돌아가셨을 때 눈물이 안 났어요. 좋은 기억 두 있겠지만 할머니가 엄마에게 어떻게 하셨는지 듣기도 했고. 또 할머니는 제게 거는 기대감이 너무 크셨어요. 제가 백과사전을 좋아하고, 세계지도에서 나라 이름, 수도뿐만 아니라 면적이랑 인구밀도까지 외우고 다녔거든요. 할머니는 저를 영재라고 생각하셨던 것 같아요. 정말 집에서 책만 봤어요. 또 버스 운전하는 모습이 너무 재밌어서 버스 운전사 한다고 버스나 지하철 노선도를 다 외웠어요. 그때는 버스며 전철을 타고 다니는 걸 좋아했고 아니면 거의 집에 있었던 것 같아요.

부모님이 이혼하고 나서 제가 트럭에 치여 내리막길을 막 굴렀는데 혼자 올라온 기억이 나요. 누나를 따라갔다 사고 난 거라 누나가 엄청 혼났나 봐요. 사고로 눈에 새카맣게 멍든 것처럼 약간 문신 같은 흉터가 생겼어요. 애들한테 놀림도 많이 받았죠. 별명이 몽고반점이었어요. 되게 진했는데 자라면서 성인이 돼서 색깔이 많이 빠진 거죠. 어릴 때는 친구도 별로 없었어요. 이사를 많이 다닌 것도 있고, 자주 아팠어요. 진짜 국민학교(초등학교) 들어가기 전까지는 집에서 잘 안 나왔어요. 나중에 엄마랑 살 때도 엄마가 돈을 주면서 오락실이라도 가서 놀다 오라고 하셨을 정도니까.° 은둔형 외톨이라고 하나? 다른 사람과 잘 어울리지 못하고 그런 상황을 잘 못 견뎌요. 지금도 혼자 다니는 게 편해서 사회성이 결여된 건 아닐까 생각할 때도 있었죠.

어릴 때 고집이 세서 참 많이 맞았어요. 누나가 저는 끝까지 버텨서 혼난다고 그러는데, 지금도 솔직히 사과를 잘 안 해요. 자기가 뭘 잘못했는지 알고 안 하려고 노력하면 되지, 바꾸면 되지, 꼭 굳이 사과를 해야 하나? 이해가 잘 안 돼요. 어른들이 보기에는 잘못했다는 말을 안 하니까 괘씸하다고 많이 혼났어요. 인사성도 바르지 않았고. 주변에서 사회생활을 안 해 본 것 같다, 사차원이다, 특이한 친구라는 얘기도 많이 들었죠. 남들이랑 다르게 생각한다고 그런 것 같아요. 그런데 제가 순응

○ 그때 기억이 분명하진 않지만 엄마가 집에 애인이 올 때면 나갔다 오라고 한 것 같다는 생각을 나중에 했다면서 혼자서 자식들을 키우느라 애쓴 엄마의 삶을 있는 그대로 간직하고 싶다고 한다.

하고 딱 표준대로 사는 거는 별로 안 좋아했던 것 같아요.


## 국민학교 1학년 때부터 엄마랑 살기 시작했죠

엄마랑 같이 살기 전에는 엄마 사진을 봐도 별다른 기억이 없었어요. 새엄마를 엄마라고 한다고 누나에게 혼났으니까. 트럭에 치여 병원에 입원했을 때 엄마가 병원으로 달려와서 운 것만 기억나요. 우리도 서울로 이사를 왔고 누나가 엄마와 연락하고 지냈어요. 엄마를 만나면 고깃집에서 갈비도 구워 주고 옷도 사 주셨는데 그때 우리 친엄마구나 생각한 것 같아요. 엄마를 만나고 온 날은 아버지한테 엄청 맞았어요. 엄마가 사 준 옷도 다 갖다 버리고. 진짜 속상했죠. 그런 게 반복되면서 누나가 아버지도 싫고 할머니랑 살기 싫다고 엄마한테 가자고 저랑 같이 집을 나왔어요. 1학년 여름방학이었나, 첫 번째 가출이었죠. 그때 엄마는 구멍가게를 하셨던 것 같고, 학교도 전학하고 가게에 딸린 단칸방에서 같이 살았어요.

국민학교 2학년 때 아마도 엄마와 처음 같이 보내는 어린이날이라 놀이동산을 갔는데 돈이 없어서 그 앞에서 사진만 찍고 왔어요. 사진 표정도 영 신나 보이지 않더라고요, 그때 아쉬운 기억이 생생해요.

친구들과 어울려 놀진 않았어도 학교는 잘 다녔어요. 공부

도 1등은 못 하고 3등, 2등까지 했는데 아쉬웠는지 속으로 '나는 학원 다니고 나는 안 다니고, 그러니 내가 더 잘하는 거야.' 하고 생각했어요. 그렇게 자존심을 세운 것 같아요. 4학년 땐가 처음으로 학교 선생님한테 차별받는다고 느껴서 엄마에게 말씀드렸어요. 그때 엄마가 박카스 상자 안에 봉투를 하나 깔고 선생님께 갖다 드리라고 하셨는데 이후에 선생님이 차별을 좀 덜한다고 느꼈어요. 현실적인 대처라고 하나? 엄마는 그런 걸 잘하신 것 같아요. 그러다 5학년, 6학년 때 담임선생님이 좋은 분이셨어요. 특히 6학년 때 선생님은 지금도 얼굴과 이름, 모든 게 기억날 정도로 저를 좋아해 주고 칭찬을 아끼지 않았어요. 뭔가 잘못해서 반성문을 썼는데 정성껏 잘 썼다고 하셔서 처음으로 내가 글을 잘 쓰는구나 생각했어요. 이때가 좀 많이 밝아진 계기가 되었던 것 같아요. 친구들과도 잘 어울리며 지내고. 저를 안아 주신 선생님이죠.

## 가난하니 할 수 있는 것에 매달렸어요

중학교 가서 반장 선거를 나갔거든요. 2학년 때 1등을 했는데, 선생님이 2등 한 애랑 결선투표를 붙여 제가 떨어졌어요. 1학년 때는 표 많이 받으면 됐는데, 뭐지? 의아했죠. 나중에 걔네 엄마가 우리 집에 전화를 했대요. "소풍 갈 때 학부모들끼리 뭐 할 건데 돈을 모으자."고. 엄마가 어렵다고 하니까 "그런 것도 못 하면서 반장 나갈 생각을 했냐?"고 했나 봐요. 그 선생님이 골프 장갑이나 뭐 이것저것 요구를 많이 했거든요. 동네°가 부촌은 아니잖아요. 학교에서 별의별 일이 있었는데 차별받는다 생각할 때도 기가 죽기보다는 부당하다고 느꼈던 것 같아요. 학교에서 불우 이웃 돕는다고 쌀 가져오라고 하잖아요. 그 쌀이 우리 집으로 다시 왔어요. 결식 학생°°으로 선정

○ 구술자는 아버지와 잠시 함께 살았던 중 3 2학기부터 고 1까지를 빼면, 청소년기 대부분을 신길동을 비롯해 영등포구에서 살았다.
○○ 결식아동에 대한 사회적 관심을 계기로 교육부가 1989년 중식 지원 사업을 도입했다.

돼서 선생님들 식당에서 밥을 같이 먹는데 그 와중에도 우리 집이 가난하다는 생각은 안 한 것 같아요. 엄마가 외모나 패션에 관심이 많으셨어요. 그때는 구멍가게 대신 미용실을 할 때이기도 해서 머리도 늘 깔끔하게 하고 옷도 신경 써 입히셔서 친구들도 우리 형편을 잘은 몰랐던 것 같아요. 사는 게 다 고만고만했고 집에 와서 놀지는 않았으니까. 전 학원이나 뭐 다른 걸 하지 않으니까 수업 시간에 질문도 많이 하고 학교가 재밌었어요.

1학년 때 방송반 오디션에서 떨어졌어요. 되게 하고 싶었죠. 방송반 담당 선생님이 매점에 가도 애들이 많아서 어묵을 못 먹는다고 하시는 걸 듣고 사서 갖다 드렸어요. 선생님께서 방송반에 들어오라고 하셔서 3년 내내 활동했어요. 2학년 때는 점심 방송도 만들고, 방송반 반장도 하고, 진짜 하루하루가 재밌고, 사람들에게 관심받는 게 참 신나는 거구나 하고 느꼈어요. 또 영등포 도서관 독서회에서 단편소설 토론도 하고 연극도 하고. 돈을 안 내고도 활동할 수 있는 곳이 있다는 게 참 다행이었죠. 제가 이것저것 호기심이 많기도 하지만 가난하니 돈 없이 할 수 있는 것에 더 매달렸던 것 같아요. 학교에 상담실이 처음 생겼을 때도 신청해서 상담하고. 제도의 수혜자였죠. 지금 생각해도 중학교 때가 제일 재밌고 다채로웠어요. 처음으로 인기도 많아져서 활달해지고 밝게 지냈죠.

## 열여섯 살에 신문 배달을 시작했어요

　중학교 2학년 지나면서 가난을 좀 실감했어요. 솔직히 용돈을 받아 쓸 수 있는 집안 형편도 아니고. 한창 유행하던 신발이나 메이커 하나 사지 못하는데 부잣집 애들은 그런 거 자랑하잖아요. 그때는 나도 친구들을 의식하게 되고, 옷이며 신발, 이제 뭐든 욕심이 생길 때니까, 내가 돈 벌어서 나이키도 사고, 집에서 신경 안 쓰게끔 한 게 좋았어요. 1996년에서 1997년 넘어갈 때 중학교 3학년 올라가던 겨울방학에 신문 배달을 시작했어요. 처음에는 자전거로 배달했는데 개학하고서 친구가 다른 지국에서는 오토바이를 탈 수 있다며 같이하자고 해서 오토바이로 두 개 지국 신문을 배달했어요. 그러다 어머니가 뇌경색인가 약간 풍°이 와서 외갓집으로 가시고 누나랑 같이 아버지와 다시 살게 됐죠. 아버지가 송파구에 월세를 얻어 문정동에서 영등포까지 통학하면서 신문 배달을 계속했어요.

　그때 누나는 고 3 취업반이라 만두 회사에 들어갔는데 누나 소개로 그 공장에서 일했어요. 고등학교 들어가기 전 겨울방학이죠. 아침 8시에 누나랑 같이 출근해서 집에 오면 밤 12

---

　○ 어머니는 한쪽 팔이 마비된 후에도 미용실을 운영하다 공공 근로, 과일 판매 등 돌아가실 때까지 생계를 위해 이런저런 일을 꾸준히 하셨다고 한다.

시쯤 됐던 것 같아요. 로테이션으로 열두 시간씩 일했는데 아줌마들이 만두를 빚으면 우리가 한 번 쪄서 급속 냉동을 시켰다 포장하는 일이었어요. 급랭하는 두세 시간 동안은 쉬고 낮잠도 잘 수 있고 만두 쪄서 같이 먹고, 현장 실습 나온 고등학교 형들이랑 재밌게 일했어요. 일은 힘들었지만 출퇴근 카드 찍는 회사도 처음 다녀 보고 제대로 보상받았다는 생각에 좋은 경험으로 기억해요. 100만 원°을 받았는데 굉장히 큰돈이었어요. 학생 버스 회수권이 300원쯤 하던 시절이었으니까. 당시 아버지가 IMF 외환 위기 이후에 하려던 일이 안돼서 실직 생활을 오래 했어요. 셀프 세차장 같은 걸 준비한다고 들은 것 같은데 그 이전에도 아버지가 무슨 일을 하셨는지는 잘 몰라요. 지인분들 사업을 도왔다고도 하고. 그때 아버지가 제가 받은 월급을 달라고 하셨는데 상식적으로 이해가 안 됐어요. 공장에서 같이 일하자고 했는데도 안 하시고. 누나 월급도 아버지가 관리한다고 맡기라고 그러니까. 그래도 아버지에게 돈을 드린 건 대형 면허라도 따시라는 거였어요. 근데 그냥 쓰시니까 정말 화가 났어요. 나도 돈이 필요하고 계획이 있는데 그게 무너지니까 아버지한테 굉장히 실망했죠.

사실 고등학교 진학을 고민하면서 속으로 갈등이 많았어

○ 1998년 9월 1일부터 1999년 8월 31일까지 최저임금은 시급 1525원, 여덟 시간 기준 일급 1만 2200원이다.

요. 가정 형편 때문에 현실적으로 기술을 배우러 공고를 가는 게 낫겠다 싶었지만 내가 하고 싶은 게 아니니까. 그래도 '실업계 가면 장학금 받으며 좀 편하게 졸업할 수 있겠지', '용의 꼬리가 되느니 뱀의 머리가 되자.' 하고 마음을 달래면서 공고로 마음을 정했는데……. 어머니 건강도 걱정되고, 고등학교 생활도 실망스럽고 사춘기가 정말 세게 왔죠. 공부하는 아이들도 거의 없고, 애들이 쉬는 시간에 교실에서 담배를 피우는 분위기니까 다시 인문계 고등학교로 가고 싶었어요. 그때 반장이었는데 선생님이 더 결석하면 안 된다고 할 정도로, 정말 잘릴 정도로 학교를 안 갔어요. 그리고 가을에 두 번째 가출을 했죠. 가출 팸에서 지내며 비디오 가게 테이프 배달도 하고, 정말 다양한 곳에서 일했어요. 주로 배달이나 서빙을 하는데 주말 뷔페는 보통 당일에 현금으로 페이(보수)를 줘서 좋았어요. 일은 되게 힘들고 거칠어요. 거기 매니저가 여자들한테 막말을 엄청 하고. 웨딩홀 청소도 힘들고. 그래도 남자들만 일하는 세계에 있다가 여자들도 같이 일하니까 재밌었어요. 그때 친해진 누나들이랑 성인이 돼서도 한동안 연락하며 잘 지냈어요.


**오토바이와 부당 대우**

청소년기에는 오토바이 타는 사람들이 폼 나고 멋있어 보여 돈 벌어 멋있는 오토바이를 사고 싶다는 생각을 했죠. 1990년대나 2000년대 세대까지는 그런 환상이 많았던 것 같아요. 오토바이를 모는 요령이 간단하다지만 앞뒤로 신문을 잔뜩 쌓으면 되게 무거워서 타기가 쉽지 않아요. 처음 자전거로 배달을 시작한 신문 지국장님은 괜찮은 분이었는데, 오토바이를 타러 간 곳은 일하고 받은 돈이 별로 없어요. 기름은 우리가 넣었는데도 기름값 명목으로, 내가 고장 낸 것도 아닌데 수리비 명목으로 돈을 떼고. 너무 부당했죠. 늦으면 따귀를 때려 코피도 터지고. 오토바이를 타고 싶어 하는 애들이 많으니까 "너 말고도 할 사람 많다." 이런 식이었어요. 거기는 숙소도 있으니까 학교 안 다니고 가출한 애들도 많았죠.

근데 제 것만 배달하면 부수가 얼마 안 돼서 금방 끝나는데 잡일이 많았어요. 삽지라고 광고 전단지를 신문지에 끼우는 일인데 원래는 별도로 사람을 쓰거나 비용을 따로 주거든요. 자전거 배달하는 데서는 안 시켰는데 여기는 오토바이를 제공한답시고 말도 안 되게 일을 시켰어요. 빨리 그만두고 싶은데 사람을 뽑아 인수인계를 하고 가라고 해서 1년 있었어요. 다른 학교 다니는 애가 알바하겠다고 해서 인수인계하고 끝냈는데 나중에 걔한테 사고가 났다고 들었어요. 근데 "네가 오토바이를 안 고쳐서 사고가 난 거다." 이런 식으로 말하더라고요. 그 지국장은 조폭 같았어요. 그 사고로 걔는 한쪽이 실명될 정도로 크게 다쳤어요. 한 번 만났는데 큰일을 겪었어도 씩씩하고 밝더라고요. 저보고 "형 잘못 아니다."라고 말하는데 지국장보다 더 어른스럽게 느껴졌죠.

오토바이가 사고 나면 진짜 위험한데 당시에는 정말 안전에 대한 개념이 없었어요. 우리나라에서 청룡 쇼바(완충기)°를 개발한 것도 가스 배달처럼 무거운 걸 싣고 다니던 사람들이 일부러 안장을 높인 건데 유행이 된 거죠. 무면허도 크게 신경을 안 썼어요. 그래도 저는 고등학교 1학년 생일 지나서 바로 면허를 따고 당당하게 탔죠. 옛날에는 헬멧 쓴다는 생각을 안 했어요. 나중에 고등학교 졸업하고 2001년쯤 도미노피자에서 일할 때 거기는 의무적으로 헬멧을 써야 되니까, 또 경찰이 단속하면서 쓰게 된 거죠. 지금은 모두 헬멧을 잘 쓰는 분위긴데 안전 의식도 조금 높아졌겠지만 블루투스 기능이 있으니 전화도 받아야 돼서 헬멧을 벗을 수가 없어요.

○ 1990년대 가스통 배달이 많았는데 과적으로 쌓아 올리다 보니 뒤 쇼바가 내려앉아 사고를 유발하는 경우가 있었다고 한다. 사제 부품 업체에서 쇼바의 길이를 물리적으로 늘린 제품을 판매했는데 파란색 스프링을 사용했고 승천하는 것 같다며 '청룡 쇼바'라는 이름이 붙었다고 한다.

## 벤처 회사에서 다시 라이더로

2000년 벤처기업 열풍이 불 때, 3학년 2학기에 인터넷 공유기 만드는 회사로 취업을 나갔어요. IT 물품 만들고 이후 방위산업으로 전망도 좋고 병역 특례도 받을 수 있다며 학교에서 좋은 실습장으로 추천한 회사였어요. ID 카드도 나와서 회사원 같았죠. 친구들은 용접이나 기술을 배우는데 저 혼자 자재 부서에 들어가 창고지기를 했어요. 현장 실습은 이렇게 야근하면 안 되는 걸로 알고 있는데, 아침 8시에 출근해 새벽 2시에 퇴근할 때도 있고. 다른 곳보다 페이는 괜찮아도○ 신경 쓸 게 너무 많아서 그 영향인지 신경성 질환으로 쓰러지기도 하고 힘들었어요. 회사를 그만두고는 9시에 출근해 6시에 퇴근하는 직장생활을 한 적은 없어요. 직업학교를 다닐 때까지는 아르바이트였던 배달일이 그 후에는 업이 되었죠.

2000년대 초에는 피자 배달이 본격화되기도 했고 피자헛하고 도미노피자 같은 피자 업체 간의 경쟁이 치열해서인지 페이가 높았어요. 여의도 도미노피자랑 강남의 한식당은 세 시간씩만 해도 수입이 괜찮았어요. 동네에서 시간당 3000원○○ 줄

○ 구술자의 기억으로는 당시 현장 실습생들이 한 달에 50만~60만 원 받는데 80만 원을 줬다고 한다.
○○ 최저임금은 2002년에 시간당 2100원, 일급 1만 6800원, 2003년에 시간당 2275원, 일급 1만 8200원이다.

때 거기는 6000원 줬으니까. 도미노피자는 알바도 일하는 시간이 정해져 있었고, 오랫동안 근속하면 학생들한테 등록금도 지원해 주는 복지가 있어서 좋았어요. 지금도 4대 보험 때문에 직접 고용 하는 곳에서 일주일에 며칠씩 일하는 라이더들도 있죠.

## 세상에 내 편은 아무도 없는 것 같았죠

2002년 지방선거 때 군소 정당 TV 토론회를 보면서 정당이 두 개만 있는 게 아니구나 하고 알았어요. 거기서 이문옥° 님이 인상적이라 민주노동당을 기억했죠. 그리고 거리 연설, 아마 심재옥°° 님이었을 거예요. 시원하게 맞는 말만 하는데 정말 마음을 울렸어요. 그때는 서빙에 재미를 붙여 동네 호프집에서 알바를 하고 있었는데, 월드컵을 TV로 중계해 줄 때라 사람들도 바글바글해서 재밌었죠.

가을에 집에서 엄마가 돌아가셨어요. 사인이 자살이라고

○ 1990년 감사원 감사관으로 재직 중 내부 비리를 공개해 옥고를 치르고 파면당했다. 이후 시민사회에서 부패 추방 운동을 벌이다 2002년 민주노동당 서울시장 후보로 출마했다.

○○ 노동운동을 하다 민주노동당 중앙위원으로 활동했으며 6대 서울시 의원에 당선돼 활동했다.

나왔지만 지금도 의구심이 들어요. 과학 수사대가 오면 조사해서 사인을 다 밝혀 주는 줄 알았거든요. 순진했죠. 엄마가 돌아가신 것도 충격인데 오히려 피의자로 엄마와의 관계는 어땠는지 제가 다 밝히고 증명을 해야 되더라고요. 조사받으면서 혼란스럽고 너무 억울하고 화가 나는데 그때 세상에 내 편은 아무도 없는 것 같았어요. 이전에 엄마 아프시다고 할 때 아버지도 안 와 봤고 (누나도 힘이 되진 못해서) 세상에 나 혼자라고 느낀 것 같아요.

12월에 대통령 선거가 있었는데 권영길 후보의 '살림살이 나아지셨습니까' 연설을 들었어요. 민주노동당이 부유세 얘기할 때였는데 '힘없는 서민, 노동자를 대표해 노동자가 정치에 직접 뛰어들어야 하는구나.' 그런 생각이 들면서 새로운 세상을 만난 느낌이었어요. 생애 첫 투표를 민주노동당에 하고 그 다음 날 바로 입당했어요. 당시 지역에서는 제가 최연소 당원이었는데 사람들이 저를 보면 항상 "어느 대학 다녀?"라고 물어봤어요. 청년이면 대학생, 학생운동 출신이라고 생각하는 편견이 있었던 것 같아요. 그때 전 스무 살이었지만 청소년 때부터 일하면서 임금 체불이나 부당한 대우를 많이 겪어서인지 당에 가입하고 지역 모임에 참여해 활동하는 게 자연스럽게 느껴졌어요. 내가 겪은 차별과 부당한 대우를 다른 사람들은 겪지 않기를 바라는 마음이죠.

노회찬 전 의원과의 인연이요? 지역 당원 모임에서 처음 만났는데 2004년 국회의원 선거에서 후원회장을 맡겨 주셨어요. 이것도 최연소라고 들었어요. 뭐, 제가 후원회장으로 할 수 있는 게 없었지만 다음 카페에 '노회찬 국회 보내기 팬 카페'를 만들어 운영했어요. 그때 팬 카페에서 알게 된 이를 최근에 평택에서 만났는데 벌써 20년이 흘렀네요. 그때 전 돈도 없고 똑똑하지도 않고 자신감도 없고, 뭐 하나 가진 게 없어서 어디 가서 후원회장이라는 말도 잘 못 했어요. 정신적으로 혼란스러운 때라 사람들이 저보고 허언증이라고 할까 싶기도 했어요. 노 전 의원이 제게 후원회장을 맡긴 것은 기존의 정치 통념을 깨는 거였죠. 노 전 의원이 말한 6411 우리 사회의 투명 인간, 제가 6411의 주인공인지도 모르죠. 그때 선거 유세차에서 찬조 연설 하면서 "공순이, 공돌이 소리 들으면서 어떤 대접을 받으면서 살고 계시냐?"고 했는데 지금 말하다 보니까 나도 그런 부모님의 아들이고, '흙수저'라고 해도 반듯하게 성공할 것이라는 환상이 있었네요. 그때 자활 기관에서 만난 형들이나 누나들도 그런 환상을 갖고 있었어요. 나는 이렇게 살아도 우리 자식들은 다 성공하고 잘살 수 있을 거라고. 그때는 나 같은 사람도 잘살 수 있는 사회가 돼야 한다고 생각했는데 지금은 그냥 환상 같아요.

## 아픈 몸으로 산다는 것은

스물두 살 때 신체검사를 받았는데 뇌전증으로 병역이 면제되면서 오토바이랑 자동차 운전면허가 바로 날아갔어요. 면허가 취소되니 막막했죠. 오토바이로 배달을 못 하니까, 이제 신문을 자전거나 수레에 싣고 아파트 단지 안에서 배달을 했어요. 가게에서 일하다가 발작으로 쓰러진 적도 있고……. 그러면 제가 바로 일을 못 하겠다고 먼저 말하고 그만뒀어요. 폐를 끼치면 안 된다고 생각했으니까요. 일을 그만두면 몇 달씩 밖에 안 나오고 집에만 있기도 했죠. 20대가 참 힘들었던 것 같아요. 기초생활수급자로 공공 근로를 할 때도 "젊은 사람이 저렇게 멀쩡한데 왜 공공 근로를 하냐?"고 수군거리고, 저보고 뭐라 하는 사람도 있었어요. 제 병이 겉으로 드러나거나 눈에 띄는 장애가 있는 건 아니니까, 사람을 다 알 수는 없잖아요.

뇌전증은 오래 앓았어요. 국민학교 3학년쯤 어느 새벽에 발작해 엄마가 응급실에 데려갔는데 그때 진단받고 약물 치료를 해 왔어요. 교통사고 후유증일 수 있다는데, 2021년에 완치 판정을 받고 지금은 자동차든 오토바이든 다 운전하죠. 오토바이로 배달하려고 판정을 받자마자 다시 면허를 땄어요. 근데 오래 아파서 그런지 제가 남의 시선을 많이 신경 쓰는 편이에요. (한 번씩 발작이 있었으니까) 걸음걸이가 이상하다, 몸에서 냄새 난다는 얘기도 듣고, 이마가 넓어서 대머리라고 놀림받는 것도 싫고, 외모에 자신감도 없고, 말을 더듬어서인지 목소리도 가볍게 느껴져서 싫고, 제 이름도 싫고. 그냥 학교 다닐 때는 제 모든 걸 다 싫어했어요. 다 싫어서 싹 바꾸고 싶었어요. 몸이 아픈 건 나았지만 사람들의 시선이나 말로 다친 제 마음이 나았는지는 모르죠.

## 정신적으로 무너지게 한 것은 임금 체불

사실 20대 때 저를 정신적으로 무너지게 했던 거는 임금 체불이었어요. 서른 살이 되기까지는 가스라이팅(심리적 지배)도 되게 심했어요. 2002년 엄마 돌아가시고 난 후부터 쭉 정상적으로 생활하는 것 같다가도 한 번씩은 은둔형 외톨이 생활을 했어요. 집에서 나오지 않은 채 안에는 쓰레기를 잔뜩 쌓아놓고……. 그때 지인 소개로 방문 세차 일을 했어요. 장비를 챙겨 가서 아파트 주차장에서 세차하는 건데 야행성이라 새벽에 일하는 게 재밌더라고요. 몇 대를 닦느냐에 따라 수당을 받는데 첫 달부터 절반만 주는 거예요. "야, 너 혼자 산다며. 네 나이에 돈이 뭐 얼마나 많이 필요한데? 돈 주면 다 써 버릴 거 같으니까 이것만 줄게." 그러면서요. 진짜 세상에 말도 안 되는 사장이죠. 정말 일하는 데마다 돈을 제대로 안 주는 게 너무 많았어요. 제가 주장을 잘하는 성격도 못 돼서 항의를 안 했거든요. 다른 사람들이 겪는 일은 화가 나고 해결하려고 돕는데, 내 문제에 대해서는 진짜 아무것도 못 했어요. 이것도 콤플렉스인지 모르겠네요. 그럴 때마다 '내가 치료를 받는 게 티가 나나. 만만한가? 정신적인 문제가 있어 보이니까 그러나?' 그런 생각이 들어요. 그러면 위축되고 더 우울한 것 같아요.

2010년부터 제일 오래 일한 고깃집도 애정을 갖고 열심히 했거든요. 거기도 지인이 하는 곳이었어요. 홍대가 젊은 애들, 관광객도 많이 와서 일본어 공부도 하면서 재밌었어요. 내 돈 들여 관광객들에게 즉석 사진 찍어 주는 이벤트도 하고 즐겁게 일했어요. 나중에 내 가게를 차린다면 이렇게 해야겠다 그런 마음도 있었죠. 거기서 연애도 했어요. 일본에서 여행 온 친구가 제가 맘에 든다며 사귀자고 먼저 대시를 했어요. 장거리 연애지만 그 친구가 저를 보러 한 번씩 왔어요. 누군가에게 매력 있는 사람, 멋있는 남자가 되는 기분이 좋았죠.

근데 사장이 바뀌면서 일하는 사람을 반으로 줄여 두 명만 일하게 됐는데 임금도 너무 적었어요. 그때도 "야, 지금 일하는 거 최저 시급°으로 계산하면 180만 원 정도인데 넌 150만 원 줄게." 그러는 거예요. 제가 한 달에 두 번 쉬면서 두 사람 몫 이상으로 일하는데 말이 아니잖아요. 나중에 사장이 자기

○ 최저임금은 2012년 기준 시간당 4580원, 2014년 기준 5210원이다.

친구를 점장으로 데려왔는데 한 달에 300만 원 준다는 얘기를 들으니까 정말 열받더라고요. '내가 일도 더 잘하고 일본어도 나만 할 수 있는데, 우대받아야 되는 거 아니야?' 그때는 이런 생각을 아예 못 했어요. 항상 제 개인적인, 우울증이나 병 때문이라고 생각하면서 제게서 원인을 찾은 것 같아요.

지금도 제일 싫어하는 말이 '가족 같은 분위기'예요. 가족 같다는 말은 "친한 형인데 도와줘야지." 같은 식의 선의를 이용해 권리를 말하지 못하게 입을 틀어막는 올가미 같아요. 그 사장은 인간적으로 진짜 나쁜 형, 정말 최고의 악덕 사장이었어요. 나만 바보 되는 느낌, 그 배신감이 트라우마로 깊이 남아 있는 것 같아요.

## 마사지하는 라이더

2017년쯤인가 일본어를 계속 배우고 싶었어요. 일본에 살고 싶은 마음도 있어서. 명동에 일본인들 마사지하러 많이 오니까 거기서 일하다 마사지를 배우게 됐지요. 가부장제의 성 역할에 대한 편견 때문인지 시장에서는 여성 마사지사를 선호해 남성 마사지사는 별로 없어요. 손님의 기분을 맞추고 만족감이 중요하니까 유흥업과 분위기가 비슷한 것도 있어요. 클레임이 많이 걸려 오는 일이라 감정 노동 끝판 왕이죠. 보통 열두 시간 근무가 기본이고 기본급도 대기 수당도 없이 건별로 받는데 어딜 가도, 경력이 오래돼도, 손님이 내는 마사지 요금의 50프로를 받아요. 무조건 5대 5예요. 고객이 클레임을 걸어 중간에 교체되면 70분 중에 내가 50분을 했어도 20분을 마저 한 사람이 다 받아요. 승자 독식 구조에, 불법이라 기본적인 노동권도 인정받을 수 없는 사각지대죠. 빡센(고된) 데서 며칠 일하면 어떨 때는 하루에 열네 명, 열여섯 명까지 발 마사지를 하는데 정말 숟가락도 못 들 정도로 손이 부어요. 열두 시간, 열네 시간씩 일하는 게 힘드니까 보통 6개월에서 1년 정도 되면 쉬거나 이직을 많이 해요. 언제 그만둘지 모르니까 서로 정도 안 주고, 라이더처럼 조직하기도 어려운 환경이에요.

저는 혼자 자유롭게 일하는 걸 좋아하니까 라이더가 잘 맞는 것 같아요. 배달도 출퇴근 시간이 정해져 있는 곳은 싫고요. 낯선 동네로 배달 가면 이 동네는 뭐가 있나 여행 온 것처럼 쭉 다니다가 전망 좋은 곳에서 쉬고 사진도 한번 찍고. 그렇게 돌아다니는 것도 적성에 맞아요. 그런데 라이더는 손님하고 대화가 없는데 마사지사는 얘기를 할 수밖에 없어요. 손님 중에 5톤 트럭에 치여 여러 번 수술한 손님이 있어요. 그런데 그분 성격이 너무 밝은 거예요. 살아 있는 것에 감사하고, 걸으니까 감사하다고 하시면 제가 오히려 더 위로를 받⋯⋯. 마사지사는 그런 이야기를 나누는 게 좋은 거 같아요. 또 편안하게 낫게 해 준다는 느낌도 좋고. 배달만 계속하면 외로울 수 있는데 마사지를 하면서 대화를 나눌 수도 있으니까 지금은 두 가지 일을 같이 하면서 보완이 되는 느낌이죠.


## 라이더유니온은 기적

라이더유니온◦ 원년 멤버들이 강서구에 많아요. 박정훈 위원장이 처음 만들 당시 강서구◦◦에서 배달을 했더라고요. 저는 2020년인가 TV에서 라이더유니온 뉴스 보고 바로 가입했어요. 코로나19 시기에 배달하는 사람을 많게는 60만 명으로 추정해요. 부업으로 하는 사람들도 포함되었겠지만 엄청 많은 숫자인데 라이더들은 솔직히 나 혼자 먹고살면 되는 거라고 생각하니까 동료 의식이 없어요. 라이더유니온이 결성된 건 정말 기적이죠.

조합원 대부분은 생계형으로 하시는 분들이에요. 근데 이 분들이 옛날에 가게에 소속돼 일하던 시절에는 동료 의식이 있

◦ 배달 플랫폼 노동자들의 권익 보호와 노동조건 개선을 목적으로 설립된 배달노동조합으로 2019년 서울시로부터, 2020년 고용노동부로부터 신고필증을 교부받아 합법 노조로 공식적으로 인정받았다.

◦◦ 구술자는 고 2 때 어머니와 다시 신길동에서 살다가 2002년 강서구에 임대 아파트를 분양받아 계속 강서구에서 살았다.

었는데 지금은 플랫폼이 가격을 가지고 장난치는 구조이다 보니 점점 더 개별화되는 것 같아요. 이제 카카오T에서 퀵(빠른배달)을 부를 수가 있는데 '반나절 배송'이라는 이코노미 요금제를 만들었어요. 애당초 퀵은 빨리 보내는 건데 요금을 낮추고 반나절 안에 도착하게 배송한다는 거죠. 저는 고객에게 빨리 가는 게 아니라고 미리 설명해요. 고객은 퀵인데 왜 늦게 가냐고 컴플레인(항의)을 하거든요. 근데 여름에 얼음 같은 식재료를 반나절로 접수하면 빨리 갈 수밖에 없어요. 배달 단가는 떨어지는데 어쩔 수 없이 달려야 되는 거죠.

전업 기사들은 부업으로 하는 사람들이 일감을 빼 간다고 되게 싫어해요. 부업하는 사람들도 생계 때문이든 그렇게 일하는 사정이 있을 테지만, 기존에 1만 원이었던 거를 5000원, 3000원을 줘도 부업 기사들이 대부분 가져가니까 싫은 게 또 이해가 돼요. 택시나 버스 요금은 올라가는데 배달 단가는 오히려 떨어지니까. 근데 물량이 워낙 많아졌기 때문에 전업하는 사람들로 다 채워질 수는 없어요. 사실 직접 고용이 제일 좋은데 지금은 개인들이 엄청 경쟁하는 구조예요. 그래서 노조 홍보, 캠페인을 하려고 해도 말 붙이는 것조차 싫어하고 예민해하는 사람이 많아요. 날이 궂어서 내가 출근을 안 하면 다른 사람이 일감 하나 더 가져가는 구조이다 보니, 주변에 있는 사람들끼리 서로 누가 콜을 더 빨리 잡는지 눈치를 보며 경쟁하는 상황에서 조직하기란 정말 만만치 않죠.

활동하면서 가장 기억에 남는 장면은 2022년인가 배달하다 사고°로 돌아가신 분의 장례식이에요. 생전 얼굴도 모르는 분이고 조합원도 아니지만 유니온이 함께 장례식장을 지키고 이후 기자회견 등 문제 제기 활동을 했어요. 장례식장에서 유니온 선배가 "이게 바로 노동조합이 있어야 하는 이유"라고 하던 말이 잊히지 않아요. 너무 슬픈 일이었지만, 동료가 노동조합이 있다는 게 정말 든든했어요.

　지금은 노동조합도 세 개라 라이더 조직이 참 성장했구나 하는 생각도 들지만 노조끼리 경쟁하는 느낌도 있어요. 라이더유니온은 "배달하는 누구나, 배달 노동자로서의 권리를 찾자."고 하는데, 현실은 또 오토바이가 아니면 안 쳐주는 게 있고. 저도 킥보드로 배달하다 사고 난 경험이 있어서°° 오토바이보다 이게 더 위험한 걸 알거든요. 지금은 오토바이도 산재 인정이 어려운 현실이니까, (킥보드 사고에서) 보험이나 배상은 정말

---

○ 2022년 3월 30일 서울 서초구 반포동에서는 전기 자전거를 타고 일하던 쿠팡이츠 배달노동자 40대 여성 A 씨가 5톤 트럭에 치여 숨지는 사고가 발생했다. 쿠팡이츠공동교섭단(민주노총 서비스일반노조 배달플랫폼지부·라이더유니온)은 "쿠팡이츠는 무보험 정책을 폐기하고 시간제 보험을 도입하라"고 촉구했다(「쿠팡이츠 배달노동자들 "사고 나도 산재보험 미적용 대다수"」,〈연합뉴스〉 2022. 4. 1., https://www.yna.co.kr/view/AKR20220401105800004).

○○ 구술자는 2021년 전동 킥보드로 배달하다 미끄러지는 사고가 났지만 쿠팡이츠는 산재보험을 들지 않았다. 그는 배민 브라더스로도 일하는데 두 곳에서 일하지만 산재보험은 한 업체밖에 못 들기 때문이다.

더 어렵죠. 라이더들만 봐도 우리 사회가 사람들을 섬처럼 다 개인으로, 모래알처럼 낱낱이 흩어 놓는 느낌이에요. 같은 일을 하지만 유대감이나 연결감을 갖고 동료, 동지가 되기는 정말 쉽지 않아요.

**성실함에 대한 다른 시선**

우리 사회는 "한길을 가라. 이것저것 하다가는 죽도 밥도 안 된다."고 하잖아요. 맞는 말이죠. 스무 살 때 도미노피자에서 같이 일한 친구는 그곳에서 계속 일해 점장이 됐어요. 기술을 배운 친구도 지금은 고액 연봉을 받는 전문가가 됐고요. 근데 그렇지 못한 경우도 많아요. 저는 특별히 잘하는 한 가지는 없지만 조금씩은 다 할 수 있는 사람이 되고 싶어요. 멀티 플레이어, 미래형 노동이라고 할까. 잘못하면 산만한 사람이지만요.

저처럼 어릴 때 부모님이 아프셨던 친구가 있어요. 다른 사람들이 그 친구에게 "왜 한 가지 일을 제대로 못 하냐?"고 한대요. 친구는 "어릴 때 부모님이나 가족이 아프면 정말로 한 가지 일을 꾸준히 하는 게 참 어렵다. 급한 일이 생기면 조퇴를 해야 하는데 그러다 보면 괜히 사장님한테 미안하고 눈치 보여 스스로 일을 그만두게 된다. 일일이 그 사정을 얘기하기도 어렵고 변명처럼 들리는 것도 싫고. 그런 경험을 하지 않은 사람들의 눈엔 불성실하고 게을러 보이겠지만. 그럴 수밖에 없는 처지, 사정이 있다."고 얘기한대요. 제 얘기 같기도 해서 참 공감이 가요. 저도 한 직장을 계속 다니지 못했어요. 뇌전증을 앓으면서 일하는 곳에 폐를 끼치지 않으려 그만두고, 또 임금 체불과 부당한 처우 탓에 계속 일할 수 없었고……. 이제 저뿐만 아니라, 뭐 그렇게 사는 친구들도 많고요. 지금은 좋은 일자리가 별로 없으니까 일 하나를 꾸준히 하기가 더 어려운 구조 같아요. 우리 사회가 개인을 비난하지만 말고 그럴 만한 사정이 있을 거라고, 그냥 다르다고 이해할 수 있으면 좋겠어요.

## 내 일을 하고 싶은 꿈, 평택상회

호기심이 많아요. 누가 뭘 해 보자고 할 때 재미있어 보이면 하죠. 평택은 친구가 사업을 같이하자고 해서 왔는데 어쩌다 보니 혼자 평택상회를 열게 됐어요. 그동안 내 장사, 내 일을 하고 싶은 꿈이 있었는데 드디어 시작이죠. 가을엔 이사까지 했어요. 서울에서 태어나 40년을 살았는데 이젠 평택 사람이죠. 아직은 동네도 사람들도 알아 가는 중이지만. 처음엔 혼술이나 혼밥 하는 사람들 콘셉트로 라이더들도 잠깐 와서 라면 먹고 쉬어 가면 좋겠다 싶었죠. 근데 여기가 오래된 동네고 도심에서 좀 떨어져 있다 보니 사람들이 일부러 와야 해서 쉽지 않네요. 6월에 오픈하고 7월 한 달 손을 다쳐 일을 못 한 바람에 좀 더 어려워졌어요.

　배달을 계속하고 있어서 잠깐씩 가게 문을 닫을 때도 있고. 그래서 저녁은 아예 예약제로 단체 모임을 받는 방식을 고민하고 있어요. 단체 모임을 예약하는 분들께 모임 포스터를 만들어 드리니까 좋아하시더라고요. 예전에 제 경험, 하고 싶었던 아이디어가 있으니까 조금씩 시도해 보려고 해요. 제가 혼자서도 잘 놀잖아요. 혼자 노는 걸 라방(라이브 방송)으로 했는데 손님이 재미있다고 매일 오셔서 같이 했어요. 한번은 콘셉트를 고민한다니까 친구가 "나는 너를 보러 와. 사람들도 너를 보러 올 거야." 그러는데 그러면 좋겠다는 생각이 들어요. 누구라도 편하게 쉬고 이야기하며 위안이 될 수 있는 공간으로 만들어 가고 싶어요. 지금은 평택상회를 잘 운영하는 거, 그게 제일 중요해요.

　그런데 현실은 참 녹록치가 않네요. 지난겨울은 눈이 많이 내려 오토바이 배달도 못 하고 대리운전을 시작했어요. 플랫폼 구조는 대리운전도 똑같더라고요. 대리운전 가격이 경매처럼 고객이 처음 가격을 제시해서 안 잡히면 계속 올라가는데 서로 얼마 이하로는 잡지 말자고 하죠. 근데 그걸 잡는 분이 계시거든요. 예전에 폐지를 줍는 어르신이 그랬어요. 길을 가다 보면 폐지가 동전처럼 보인다고. 길에 돈이 떨어져 있어서 줍기만 하면 된다고. 대리운전 앱을 들여다보면 폐지 줍기와 비슷해요. 진입 장벽이 없으니까 급한 분들은 낮은 단가에도 잡으시니까. 올겨울 지내면서 하루하루 불안하네요. 어떻게 하든 평택상회를 잘 살리고 싶은데 운영비가 안 나오니 대리운전을 해야 되고 그러자니 가게 문을 닫을 수밖에 없고. 그래도 어떻게든 해 봐야죠. 진짜 봄이 오면 좋겠어요.

## 기록

### 오현정

걷기를 좋아하고 공동체와 치유에 관심이 많다. 작업을 하면서 이야기로 연결되는 힘을 새롭게 느껴 구술 생애 작업이 사회적 치유에 기여하는 상상을 해 본다. 지금은 내면을 탐사하며 치유와 성장의 여정을 함께하는 심리 상담을 하고 있다. 급진적인 자기 돌봄은 고통의 근원인 억압과 차별의 구조를 바꾸는 것이고, 공감은 고통에 대한 마음의 연대라고 생각한다.

### 후기

처음 하는 작업이라 서투름이 독이 되지 않기를 바라며 지인들을 떠올리고 있을 때 노회찬재단의 박규님 님이 구술자를 추천했다. 마사지를 하는 라이더라는 이력에 끌렸고 밀레니얼 세대의 이야기를 들을 수 있다니 좋았다. 첫 만남은 강렬했다. 검은색 점퍼와 헬멧, 마스크까지 올 블랙의 라이더 착장에서 마사지사로 일하는 모습을 떠올리는 것도, 사람 많은 카페에서 경계 없이 지난 삶을 털어놓으면서도 사회성을 고민한다는 이야기도 의외여서 그가 궁금해졌다.

첫 만남 이후 약수에 있는 기록자의 사무실에서 100분씩

이어진 인터뷰를 마치면 같이 밥을 먹었다. 다섯 번의 인터뷰를 마친 후 그는 "내 얘기를 하는 자리가 있다는 게 고맙고, 들어주니까 신났어요. 지난 삶을 이야기하면서 위로를 받고 안정이 된 느낌이에요. 내 얘기를 이렇게까지 해 본 적이 없어서 이 경험이 오래갈 것 같아요. 내 삶의 증인이 생긴 느낌이에요."라고 소감을 말했다.

나도 그랬다. 2023년 가을에서 2025년 2월까지, 약 17개월 동안 아홉 번을 만나며 집중한 만큼 유대감을 느꼈다. 어디선가 보거나 들은 것 같은 익숙한 이야기라도 그에게서 흘러나오면 생생하고, 어떤 이야기는 나와 비슷한 세대의 삶처럼 느껴지는 의외성이 그의 이야기를 더 듣고 싶게 했다. 하나의 이야기도 다양한 얼굴이 있는 것처럼 느껴지고 그의 세계와 내 세계가 만나서 섞이는 느낌이 들었다. 이야기가 우리를 연결하고 세계를 확장하는 힘, 구술 생애사의 매력을 아주 조금은 맛본 경험이다.

그런데 이야기를 듣는 것과 글로 정리하는 것은 구술자만이 아니라 나 자신을 만나는 작업이기도 해서 애를 먹었다. 가난, 청소년, 학교와 학교 밖, 불안정 노동, 부당 대우, 질환, 차별, 편견, 트라우마, 다층적인 삶 그리고 교차하는 이야기를 어떻게 담아낼 수 있을까? 또 그가 아직 삶의 한복판을 살아가고 있다는 것도, 어떤 커뮤니티에는 알려진 사람이라는 것도 마음이 쓰였다. 그의 삶을 통해 무슨 얘기를 하고 싶은지 방향을 잃고 헤매면서 구술자와의 유대감, 그를 지지하는 마음이 글을 정리하는 데 부담이 되고 있음을 알아차렸다. 그제야 그의 진정성, 진실이 훼손되지 않기를 기도하면서 그의 생애를 따라가려 했다. 아픈 사람에 대한 편견과 차별, 트라우마가 이번 생애사에서 충분히 드러나지 못해 아쉽다. 어릴 때 구술자가 좋아한 백과사전처럼 앞으로 주제별로 이야기 장을 펼쳐 보자고 했다. 그렇게 앞으로도 그의 삶의 증인이 되고 싶다.

그의 이야기는 거울처럼 우리 사회를 비춘다. 삶의 곳곳에서 만난 부정의와 착취, 믿음의 배신에 먹먹하다. 알바나 현장 실습 현장에서 부당한 처우를 겪는 청소년, 쓸모 있음으로 존재를 증명하라고 경쟁으로만 몰아붙이는 사회에서 무섭도록 외로울 청년, 능력주의와 고립이라는 거센 파도를 맞고 있는 우리네 삶이 떠오른다. 삶의 고비들을 지나오면서도 자유와 재미를 포기하지 않고 나답게 살고 싶은 그의 고집을 떠올린다. 정리하는 힘이 부족해 아쉽지만 그의 이야기가 삶에 대한 그의 진심이 독자들에게 닿기를 바란다.

참, 평택상회는 그의 아지트다. 게임기부터 키티, 피카츄 인형까지 주인장의 취향이 여기저기 묻어 있다. 깔끔하게 새 단장을 한 가게는 전혀 아니고 아주 오랜 세월 그 자리에 있었던 것 같은 레트로 콘셉트의 공간이다. 메인 메뉴 중 오동통 라면을 먹었다. 브로콜리와 찐 달걀이 들어 있고 새우를 하트로 올린 아기자기함에 슬며시 웃음이 났다. 국물은 심심하고 묘한 매콤함이 재미있어서 자꾸 먹게 된다. 내 입맛엔 그랬다.

S#9

# 9화.
# 유가족, 그 삶을 넘어 살아가야겠지

이용관의 저녁 어스름
김혜영 기록

# 주인공

**이용관**

1956년 전라남도 화순에서 태어났다. 35년간 서울시 중학교 교사로 살았다. 교육 민주화선언에 참가하면서 교육 운동을 시작한 후 전교조 창립으로 해직되어 정책실장 등 참교육 운동을 했다. 자신보다 더 사랑하고 존중했던 아들을 먼저 보낸 뒤, 애정 표현보다는 가난하고 어려웠던 시절과 사회참여를 강제하지 않았나 자책하며 비틀거리기도 했다. 지금은 충청남도 도고에서 텃밭 가꾸기에 매달리는 한편, 부지런히 서울을 오가며 피해자 운동에 연대하고 있다.

## 연민의 마음으로 당신을 안아 주고 싶어

얼마 전 유가족 자조 모임에서 당신이 그랬지.

연민의 마음으로 남편을 바라보니 비로소 남편을 이해하게 되더라고. 연민으로 당신 자신을 안아 주니 자식을 먼저 보낸 엄마라고 가엾게 볼까 봐 눈치를 살피게 되지 않더라고. 또 설령 남들이 가엾게 보면 어떠냐고. 이제는 거기에 주눅 들지 않겠다고.

당신 말 들으면서 울컥했어. 그리고 연민이라는 말을 새삼 생각하게 됐지. 평소에 나는 연민은 사랑이라는 의미를 포함하고 있지만 가엾다는 뜻이 더 큰 것 같아 멀리하고 싶은 단어였거든.

예전에 상담받을 때가 생각났어. 어느 날 선생님이 연민에 대해 말씀하시면서 연민의 정서가 불쑥 올라오더라도 굳이 피하지 말라고 하더라고. 일상에 연민을 깔고 살아도 상관없다고. 자신도 잠자고 있는 남편의 얼굴이 순간 불쌍하게 느껴질 때가 있는데 왜 그런지는 모르겠다고. 단지 그 안쓰러운 감정이 연민이라면 그것은 나의 일상적인 애정 표현과 다르지 않다고 당당하게 말씀하셨어.

하지만 나는 반감이 들었어. 보통의 부부는 남편에게 연민을 느꼈을지라도 그건 잠깐이고, 자고 일어나면 다시 사랑하는 남편으로 존재하지만 원상회복이란 게 애초 불가능한, 자식 잃은 부부에게는 어떤 정서적 해석도 의미가 없는 것 같아서. 그 순간이 지나도 절대 일상으로 돌아갈 수 없는 가엾은 부부에게 연민은 어울리지 않는다고 생각했지.

그런데 당신이 그날 연민을 말해서 깜짝 놀랐어. 옛 선생님의 말씀과 겹쳐지면서 나도 그 감정을 갖고 싶었고 연민의 마음으로 당신을 안아 주고 싶었어. 자기 목숨보다 더 귀하게 키운 자식을 잃은 어미의 심정을 가장 잘 이해해 줄 사람은 나밖에 없잖아. 그 이해가 연민이 아닌가 해. 우리가 다른 유가족을 만났을 때도 마찬가지지만 같은 아픔을 가진 사람이 서로 감싸 주고 힘이 돼 주는 게 연민이 아닐까? 아들을 보내고 아픈 당신을 더 울게 하고 싶지 않은 내 마음이 연민이었는지, 당신 말을 듣는데 이상하게 내 마음도 편해지더라고.


**침묵이 결국 고립으로 이어지는 것 같아**

그래도 지난번처럼 당신이 화를 낼 때는 가슴이 많이 아파. 내가 술을 지나치게 마시긴 했지만 이해하려 하지 않고 몰아치는데 외로웠어. 아들이 떠나고 6개월간 매일 밤 술을 마셔서 결국 간농양으로 중환자실까지 간 적이 있으니 당신이 술에 대해 민감한 건 이해해.

그날은 제주에 와서 모처럼 좋은 사람들을 만나 긴장이 풀

렸나 봐. 이명 현상도 사라지더라고. 아들이 떠나고 생긴 이명 현상. 병원 다니며 온갖 것 다 해 봤는데도 안 나아서 아들을 안고 가듯 평생 달고 살아가야 하는구나 하고 포기했는데 그날 아무 소리가 안 들리니 얼마나 놀랐겠어. 그러다 보니 들떠서 절제 없이 마셨던 것 같아.

그런데 당신과 다투고 누웠는데 갑자기 매미 소리가 사방에서 막 윙윙거리기 시작하는 거야. 견딜 수가 없어 호텔 옥상에 올라가 누웠는데도 소용이 없는 거야. 당신이 화난 것도 이해되고 내 잘못이니 누구를 원망할 수도 없고 하염없이 눈물만 나더라고. 옥상에 한참 있다가 내려와 잠든 당신을 보니 미안했어. 아들을 부르며 혼자 울다 잠들었을 테니까. 조금이라도 가벼워지려고 집을 떠나 제주까지 왔는데 싸우다니. 더 엉망진창이 됐잖아. 자식을 보내고 의지할 데라곤 둘밖에 없으니 어떻게든 감싸 줘야 하는데 그게 안 되네. 자식 잃은 우리 삶에 무슨 싸울 일이 있다고. 오히려 사치지. 싸움 끝에는 이렇게밖에 살지 못하는 모습을 보고 있을 아들한테 한없이 미안하고 부끄러워.

아들이 떠나기 전에도 싸웠지만 그때는 금방 화해하고 다음 날이면 언제 그랬냐는 듯 가슴에 쌓아 두지는 않았지. 가끔 조목조목 잘못을 따지다 다시 소리가 높아지기도 했지만 그런대로 해결점을 찾아갔던 것 같아. 부부 싸움조차도 지금은 기승전한빛이 되듯이 다른 유가족들도 모든 일이 다 그렇게 먼저 떠난 아이로 마무리될 거야. 그래서 싸울 일이 있어도 혼자 삭이고 가슴에 묻어 두는 것 같아.

 그런데 지금은 당신이 나를 포기한 걸까? 아들이 떠난 후 싸울 일도, 더 좋게 살고 싶은 의욕도 없지만 묘한 침묵이 감돌고 있는 것 같아. 그 침묵이 점점 고립으로 이어지는 것 같아 불안해. 고립에 처하면 혼자서 상황을 헤쳐 나가야 한다는 생각에 갇히게 되잖아. 보통의 사람들과는 다른 존재라고 스스로 단정 짓고 주위 사람들이 이해해 주지 않아도 상관없다는 듯 자기만의 세상에 갇히고. 당신이 그렇게 변해 가고 있는 것 같아서 걱정돼.

 기억을 못 하겠지만 한빛이 떠나고 6개월 동안 당신은 자식을 잃은 사람 같지 않았어. 매일 성당에서 한바탕 울고 와서 그런지는 모르지만 집에서는 너무 담담했거든. 유품을 정리할 때도 말리고 싶었지만 너무나 일상적으로 집 안 대청소하듯 아들의 흔적들을 치우고 있어서 가까이 갈 수가 없었어. 나는 그런 당신이 너무 무서웠어. 당장 무너져 쓰러질 줄 알았는데 어떻게 저렇게 태연할 수가 있나? 저러다가 어느 순간에 확 쓰러지면 어떡하나? 순간순간 불안했어. 당신은 장인어른 돌아가셨다는 연락을 받고 기절했던 사람이었기에 얼마나 안절부절못했는지 몰라.

 그 6개월 동안 당신은 퇴근하고 집에 오면 누워만 있었지. 깜깜해져도 불 켤 생각을 안 하고. 8시쯤 방문 틈새로 당신의 잠든 숨소리를 확인해야 나는 비로소 안도감에 가슴을 쓸어내릴 수 있었어. 문제는 그때부터 내가 무너지는 거였지. 당신이 잠들 때까지는 온통 당신한테 신경 쓰느라 나는 없었는데 당신이 잠든 순간부터는 맥이 풀리면서 내 슬픔이 물밀듯이 들이닥치는 거야. 매일 혼자 식탁에서 술을 마셨고 그때 서서히 몸이 망가지고 있었나 봐. 잠도 거의 못 자 수면제도 먹기 시작했고 매일 그렇게 살다 보니 6개월 후 응급실로 중환자실로 급박하게 돌아가게 된 거지. 내가 당신을 보호한다고 하다가 결국은 내가 보호받게 된 거지. 중환자실에 누워 생사를 다투고 있을 때 당신은 아들 죽음을 공론화하는 기자회견을 나 대신 해야 했고 각종 집회와 간담회에 갔어야 했지. 그때 일을 생각하면 지금까지도 당신한테 많이 미안해.

**언제 이렇게 변했나 나도 놀랐어**

요즘 당신이 나에 대해 무엇을 걱정하는지 잘 알아. 어느 날부터인가 나에게 자기 언어나 정체성이 없어졌다고 했지. 내가 하는 말을 듣고 있으면 온통 공적 자아만 가득 차 있어 '사람 이용관'이 아닌, 감정이 하나도 없는 바윗덩어리를 보고 있는 것 같다고. 이렇게 감정이 메말라 가면 나중에는 껍데기만 남을 텐데 두렵기까지 하다고. 그 말을 듣고 돌아보니 얼추 맞는 것 같아 나도 충격이 컸어. 전혀 의식하지 못하고 살아왔는데 언제 이렇게 변했나 나도 놀랐어.

그런데 변명같이 들릴지 모르지만 사적 자아가 공적 자아 속에 녹아들어 있다고 보면 안 될까? 한빛이 떠난 후 내 삶의 목표는 오직 하나였어. 내가 죽기 전에 한빛 죽음의 의미를 살리고 한빛을 많은 사람들이 기억하게 하고 싶었어. 그러다 보니 조급해졌고 나를 돌볼 생각은 전혀 못 했던 것 같아. 사람들을 만날 때도 사사로운 감정을 눌러야 했고 대외적인 활동을 할 때는 더더욱 그랬고. 사적 자아를 거의 누르고 살아온 게 씁쓸하지만 어쩔 수 없었어. 민주 열사 아버님들이 자식들의 민주화 운동 기록을 역사에 남기고 싶어 하는 것처럼 나도 한빛이 남긴 과제를 이어 가고 싶었어. 이것이 나한테는 가장 절실한 사적 자아인데 사회적으로 보면 공적 자아로 비쳤겠지? 혼재되어 있어도 밖으로 표출될 때는 공적 자아만 강하게 보였을 테고. '한빛미디어노동인권센터'(이하 한빛센터)○를 설립하고 여기저기 연대하면서 생명 안전 운동을 주도적으로 해야 할 상황이다 보니 공적인 일에 우선순위를 둘 수밖에 없었던 것 같아.

어떻게 보면 내 성격은 개인적인 삶보다 사회적인 쪽으로

○ 고 이한빛 피디가 남긴 뜻을 이어 가기 위해 2018년 1월 24일 유가족이 설립한 방송 미디어 노동 인권 센터. 카메라 뒤에 있는 수많은 비정규직 문제를 함께 해결해 나가고 열악한 방송 노동환경을 개선하기 위한 대안을 모색하고 있다.

더 기울어져 있는 것 같아. 그런 면에서는 한빛과 많이 통하는 것 같아. 주변 사람들은 이제는 시골에서 여생을 편안하게 보내라고도 하고 퇴직 후에도 이렇게 거리에 서 있는 나를 측은하게도 보지만 나는 그냥 내가 해야 할 일, 하고 싶은 일을 하려고. 아들을 위해 열심히 살다 보면 언젠가는 나의 진실을 알겠지. 훗날 알아주면 다행이고 몰라줘도 상관없고.

사실 지금도 어떻게 살아가야 할지 잘 모르지만 내가 살아가는 가장 큰 이유는 당신이야. 한빛 없는 이 세상에 당신을 외롭게 두고 싶지 않고 당신은 혼자서는 못 산다는 것을 알기에 내가 끝까지 곁에서 지켜 주고 싶어. 이런 내 소망이 다 사적 자아인데 밖에 나가서는 이런 이야기를 하진 않잖아. 내 생각을 표현할 기회도 없고 그러다 보니 나는 사적 언어는 없는 것처럼 보였던 것 같아.

또 그동안 아들 죽음으로 위축되다 보니 스스로 개인적인 이야기를 안 하게 되더라고. 내가 유가족이라 그런지 옛날처럼 사적인 이야기를 허심탄회하게 하는 사람도 없고 친구 관계도 데면데면해지거나 이어지지 않게 되더라. 그러다 보니 사적 대화를 나눌 기회가 거의 없었지. 사람들과 어울리는 것을 좋아했는데 나에게는 얄팍하게 친한 사람들만 있었나 봐. 이렇게 아프고 힘들 때 아무 때나 술 한잔 마시면서 속마음을 나눌 수 있는 사람이 거의 없었어. 시골로 내려오니까 더 없게 됐지.

## 너무 안쓰럽게 생각하거나 걱정하지 마

내가 아끼는 모임 중에 대학 과 모임이 있잖아. 교육학이라는 전공에도 자긍심이 컸지만 동기들이 다 좋아 꾸준하게 잘 어울렸지. 그러나 이제는 가지 않으려고 해. 지난번 과 모임 때 내가 술을 엄청 마시고 길에 쓰러져 119 신고가 들어간 일이 있었잖아. 병원 응급실로 놀라 달려온 당신과 한솔을 보고 너무 부끄러웠어.

거기도 내가 편하게 있을 수 있는 자리가 아니더라고. 이제는 정말 그마저도 안 된다는 것을 느꼈어. 다들 퇴직하고 70을 바라보는 나이에 무슨 특별한 화제가 있겠어? 편하게 나오는 얘기들이 주로 여행이나 자식 자랑, 골프 치러 다닌 이야기들이지. 퇴직하고 안정된 삶 속에서 여생을 어떻게 즐기고 살지 이야기 나누는데 나는 거기서 편하게 웃으면서 똑같이 떠들 수가 없었어. 나의 앞으로의 삶은 생명 안전 활동가로서 어떻게 살아갈 것인가였으니 당연히 무거운 이야기가 될 수밖에 없었지. 아니면 한빛센터 소식을 전하면서 좀 여유가 되면 후원해 달라는 이야기밖에 할 게 없잖아. 그런데 이런 얘기들이 그들한테는 뜬금없고 분위기를 썰렁하게 만든다는 것을 느꼈어. 가볍게 살아가는 얘기 하면서 술 한잔 마시며 즐기다 가려고 왔는데 나의 이야기가 불편했겠지. 이해는 하지만 많이 외로웠어. 뭔가가 자꾸 어긋나는데 그럼에도 불구하고 외로움을 각오하고 그냥 어울릴 건지 아니면 관계를 끊을지 선택의 문제로 다가오더라고.

제주 갔을 때도 그런 비슷한 고민을 했어. 제주에 사는 대학 친구가 시인이잖아. 올레길에 그 친구 시비가 있어서 친구와 시비 앞에서 사진을 찍어 전날 나 혼자 윗세오름에 올라가 찍은 사진과 함께 과 단톡방에 올렸어. 그런데 온통 시비와 친구 이야기만 댓글로 올라오는 거야. 여기서 나는 내가 뭔가를 바라고 있다는 것을 알았어. "야, 용관아. 제주도 갔구나. 윗세오름까지 올라갔네. 마음은 좀 달래고 왔니? 치유가 됐기를 바란다. ○○○도 만나고 좋겠다." 하는 댓글이 올라오길 바랐나 봐. 근데 이런 이야기는 하나도 없고 고향에 시비가 있는 시인 친구가 자랑스럽다는 말만 계속 올라오니 씁쓸하더라고. 진정으로 나를 생각해 주는 친구가 한 명도 없다는 것을 확인한 듯한 공허함도 들었고 아직도 뭔가를 기대하고 있는 나 자신이 무척 싫었어.

물론 이런 관계도 그동안 내가 만들었겠지만 그만큼 사적 언어로 사적 대화를 나눌 수 있는 사람이 그렇게 많지 않다는 것을 알게 됐지. 그러나 너무 안쓰럽게 생각하거나 걱정하지 마. 한빛센터 얘기를 마음껏 할 수 있고 눈치 안 보고 무슨 말을 해도 되는 편한 모임도 많으니까. 나를 이해해 주는 사람들도 곁에 많고.

## '오롯이' 한빛 생각만 하고 싶어

그보다 요즘 한빛에 대한 기억이 흐릿해지는 게 힘들어. 너무 보고 싶은데 생각이 잘 안 나. 태어났을 때부터의 사진을 차례대로 보고 싶어. 보면서 내 머릿속에, 가슴속에 꽉꽉 새겨 놓고 싶어. 근데 중고등학교 때부터는 사진도 많지 않겠지? 대학 때 사진도 한빛 노트북에 있고. 눈물이 많이 나겠지? 그래도 눈물 나오면 나오는 대로 그냥 보고 싶어. 사진을 보며 그때 이랬구나 하며 하나하나 내 기억 속에 간직하고 싶어. 오늘도 새벽에 잠이 깼는데 불쑥 너무 보고 싶은 거야. 나도 모르게 "한빛, 보고 싶다." 하고 읊조리고는 순간 당신이 들었을까 봐 얼른 당신을 살폈어. 다행히도 당신은 깊이 잠들어 있어 안심했지.

얼마 전부터 당신이 아침에 유튜브 노래를 틀어 놓기 시작했잖아. 어느 날 알고리즘에 연결됐는지 김광석, 안치환, 정태춘, 김현식의 노래가 이어서 나왔어. 지난날 즐겨 듣던 노래임에도 나는 그때 그 시절 노래를 듣는 게 싫어. 한빛의 젊음이 연상돼서 힘들어. 비록 찬란하지는 않았어도 나는 내 젊은 시간을 소중하게 추억하고 있는데 한빛은 그 젊음을 누리지 못했잖아. 거리에 스쳐 지나가는 젊은이들한테서도 가슴이 훅 할 때가 있는데 이렇게 집중적으로 젊은 노래를 들으면 더 미칠 것 같아. 특히 김광석 노래는 더 그래. 한빛이 초등학교 4학년 때인가 승용차만 타면 김광석 카세트테이프를 틀었잖아. 그 테이프가 늘어져 지지직대던 것까지 다 생각나 외면하고 싶더라고. 내 감정도 기복이 심하니까 다시 들으면 달라질지 모르지만 지금은 피하고 싶어. 가사 하나하나가 다 한빛과의 추억을 생각나게 해. 어떤 때는 한빛이 내 옆에 와서 같이 듣고 있는 것 같아 깜짝 놀라기도 해.

어떤 때는 혼자 있는 게 두려워. 혼자 있으면 더 많이 생각나. 산을 오를 때도 사람들하고 같이 갈 때는 아무렇지도 않은데 지난번처럼 나 혼자 갈 때는 오롯이 한빛 생각만 나. 처음에는 억지로 딴생각을 막 끌어오지만 결국은 다시 한빛한테로 돌아가 계속 한빛을 생각하면서 걷게 되더라고.

얼마 전 동준°의 기일에 동준 엄마랑 통화했잖아. 동준 엄마가 "딱 10년만 슬퍼하고 올해부터는 씩씩하게 웃으며 기일을 보낼 거라고 아들한테 약속했는데 안 되네요." 하며 시간이 흐르면 옅어질 줄 알았는데 오늘 '오롯이' 아들 생각에 종일 울었다고. '오롯이' 아들 생각만 났다는 게 뭔지 알지. 사회적 참사나 산재 유가족들 대부분의 삶이 그러하듯 나도 한빛이 다니던 회사와 싸우느라 개인적인 애도를 억제하고 유예해야 했지. 오롯이 한빛을 위해 마음 놓고 울어 보지 못했던 것 같아.

○ 2014년 1월 20일 CJ 진천공장 고등학교 현장 실습 중 사망한 고 김동준.

그래서인가 요즘은 불쑥불쑥 한빛 생각이 더 많이 나고 그때마다 실컷 울고 싶어. 틈이 생길 때마다 한빛 생각에 잠기는 게 슬프고 힘들지만 어떤 때는 오롯이 한빛만 생각하며 한빛을 만나고 싶어. 그렇게 보고 싶은데 꿈에서도 한빛은 나를 찾아오지 않네.

나는 심신이 힘들더라도 정신없이 살아야 하나 봐. 여유가 생겨도 여유를 누리는 게 아니라 나도 모르게 한빛 생각에 빠져들고 슬퍼지니까 다른 뭔가에 열심히 빠져 집중하는 게 낫지 않을까 해. 그때마다 이것이 한빛이 원하는 길일까 자꾸 물어봐. 한빛이 마지막 남긴 글에도 자기의 죽음은 엄마, 아빠의 사랑과는 아무런 상관이 없으니까 그냥 잊고 행복하게 살라고 그랬지만 당신이나 나나 그게 어떻게 가능하겠어? 한빛이 그렇게 말하고 갔지만 한빛을 위해 너무 슬퍼하지 않고 소용돌이에도 빠지지 않고 사는 게 어떤 건지 모르겠어.

사람마다 다 다르겠지만 아들의 죽음만 붙들고 울고 있었다면 나는 아마 지금쯤 헤어날 수 없을 지경이 됐을 거야. 매일 술만 마시다 폐인이 됐을 거야. 다행히 한빛센터를 만들고 '다시는' 아들과 같은 청년의 희생이 나오지 않도록 생명 안전 활동을 하고 연대 활동을 하면서 정신을 차렸던 것 같아. 덕분에 많이 변화했고. 전교조 해직 교사 시절에는 사회적 정의나 올바른 사회에 더 가치를 뒀는데 한빛이 떠난 이후에는 그 가치도 중요하지만 사람의 생명이 제일 중요하다는 것을 절감했어.

특히 세월호 참사나 이태원 참사, 아리셀 참사, 제주항공 참사에서 수많은 억울한 죽음을 보면서 생명 안전 사회를 만드는 게 가장 우선이라는 생각을 했어. 생명 안전 사회를 위해 노력할 때 사회적 정의도 이어서 실현되고 올바른 사회가 만들어진다고 확신하게 됐지.

## 어떤 삶을 살아도 행복할 수는 없잖아

세월이 흐르면 조금은 담담해질 거라고 생각했는데 그렇지도 않더라고. 슬프지만 이제는 행복하게 살겠다는 기대 같은 것은 없어. 우리는 어떤 삶을 살아도 행복할 수는 없잖아. 한빛이 없는데 무슨 행복을 느끼겠어? 당신도 그렇지만 나도 한빛이 떠난 후 행복이라는 단어를 한 번도 써 본 적이 없어. 희망, 기쁨이라는 말도. 자식을 잃은 다른 유가족들도 마찬가지일 거야. 즐거운 일이나 기쁜 일이 있어도 행복하다는 생각이 안 들어. 앞으로도 그러겠지. 어떤 아름다운 것을 봐도 설렘이나 만족감 같은 감흥이 전혀 일지 않으니까. 지난번에 프랑스 성지순례를 떠날 때도 전날에야 부랴부랴 짐을 꾸리면서 여행을 앞두고도 전혀 설레지 않는 게 이상했어. 슬픈 건지 쓸쓸한 건지 마음이 저 밑바닥까지 가라앉더라고. 한빛 떠난 후에는 매사 그랬던 것 같아. 의도적으로 얘기를 안 해도 어디에

든 한빛이 있었고 한빛과 함께했던 시간을 끌어오는 게 숨 막혀 애써 무심하려고 했던 것 같아.

이렇게 살면 안 되는데 하면서도 매사 무기력해지고 무감각해져. 어떤 때는 이렇게 변한 게 슬프기도 하지만 이런 내 삶이 억울하진 않아. 한빛이 떠난 후 내가 감당해야 할 업보이고 운명이라고 생각해. 그래서 받아들이려고 해. 내 운명은 왜 이렇게 꼬였냐고 한탄하는 게 아니라 그냥 이렇게 살아가는 게 내 삶이고 이렇게 살고 있는 것에 가치를 두고 살자고 자꾸 나에게 말해. 행복할 것도 아니고 그렇다고 너무 슬퍼만 해서도 안 되니 그냥 뚜벅뚜벅 걸어가는 것이 내가 살아갈 길이 아닐까 해. 그렇게 생각하면서 적응하려고 해. 한때는 이렇게 힘들고 슬프게 살아가는 내 삶이 무거웠는데 앞으로는 그냥 이것이 내 일상이라고 생각하면서 살려고 해.

그래서 의미 있는 일을 찾으려고 더 매달렸던 것 같아. 한빛센터를 더욱더 튼튼하게 만들고 생명 안전 활동에 힘쓰고 '산업재해피해가족네트워크 다시는'○ 활동을 하면서 연대했던 것 같아. 산재가 발생해서는 안 되지만 또 다른 유가족들이 나타났을 때 먼저 다가가 손잡아 주고 힘이 닿는 데까지 함께 싸우

---

○ 산업재해로 가족을 잃은 피해 가족들이 슬픔과 분노에 머무르지 않고, 같은 비극이 반복되지 않도록 사회적 변화를 이끌어 가기 위해 2019년 설립한 단체.

면서 살아가야 하지 않을까 해. 그게 내가 살아갈 길이고 내 삶의 목적이고 존재의 의미가 아닐까?

사실 우리 사회에서 유가족으로 살아간다는 게 쉬운 일은 아니잖아. 주눅 들게 하고 위축되게 하는데 나는 다행히도 포기하고 싶을 때가 없었던 것에 감사해. 이렇게 살고 있는 것이 아프고 힘들어도 이걸 어떻게 극복하고 넘어가느냐만 생각했지 숨어 버리고 싶다는 생각은 한 번도 해 본 적 없어. 그동안 고비가 왜 없었겠어? 당신이 걱정할까 봐 다 말하지 않았을 뿐이지. 다행히도 이런 생각이 지금까지 위기를 잘 넘기게 했고 앞으로도 저 너머의 삶을 그냥 묵묵히 걸어가게 하리라 믿어.

## 유가족은 준비해서 되는 게 아니잖아

언젠가 당신이 페이스북에 올라온 글을 보여 준 적이 있었지. "비가 내리던 5월. 주룩주룩 내리는 비에도 아랑곳없이 수많은 참배객이 망월동 열사 묘역을 찾아오고 있었다. 묘역을 오가는 그들의 모습을 바라보던 이한열 어머님이 '나도 구경 다니고 싶다.' 하고 무심히 말씀하셨다. 그 말을 들은 옆에 있던 활동가가 깜짝 놀라 '어머님, 저들은 구경하러 온 게 아니라 참배하러 온 사람들이에요.' 하고 설명했다. 그럼에도 어머님은 '알제. 나도 알제. 그래도 나도 저그들처럼 구경 다니고 싶다.'

하고 다시 한탄하셨다. 그 한탄이 나 자신의 한탄과 같아서 고개를 올려 먼 하늘만 쳐다봤다." 세월호 예은 아빠의 글이었지. "나도 구경 다니고 싶다."는 말에 담겨 있는 그 미묘한 간극은 유가족들만 알 수 있겠지.

 나 역시 어느 날 갑자기 유가족이 됐지만 유가족은 준비해서 되는 게 아니잖아. 떠난 한빛이 그립고 보고 싶은 게 가장 힘들지만 아들딸 결혼시키고 손자 낳고 좋은 직장 다닌다는 이야기를 들을 때도 힘들어. 우리 한빛이 살아 있었으면 지금쯤 어디에 있을까? 얼마나 하고 싶고 누리고 싶은 일이 많을까? 이런 생각에 빠져 가슴이 미어지는 것 같아.

 어버이날이나 생일, 명절 같은 특별한 날은 더 힘들어. 더 그립고 더 생각나. 다른 집들은 자식들이 다 모여서 시끌벅적한데 우리 집은 너무 조용해서 이웃집에서 나는 웃음소리도 유난히 크게 들리는 것 같아. "명절 잘 보내세요. 행복하세요." 하고 쉽게 주고받는 인사말에도 어떻게 대답해야 할지 애매해. 지난 추석도 한솔이가 오니까 뭐라도 해야 할 것 같아 열심히 스테이크를 만들었지만 행복하지가 않았어. 반쪽만 살고 있는 것 같아. 한빛의 빈자리가 너무 커. 뻥 뚫린 구멍을 안고 사는 것 같아.

 이런 명절 분위기를 견딜 수 없어 그동안 어떻게든 해외로 나가려고 했잖아. 명분은 한솔이와 함께하는 시간을 갖겠다는 것이었지만 사실 도피였지. 비행기를 타고 그렇게 멀리 도망갔어도 한빛의 빈자리는 거기에도 있었고 당신은 바닷가든 숲이든 한바탕 울 곳만 찾고 있다는 것을 알게 됐지. 그런데 지난 설 때 돌아오는 비행기에서 당신이 울면서 "이제는 피하지 말고 집에서 한빛을 만나자."고 했잖아. 아무도 모르는 낯선 곳에 가면 훌훌 털 수 있을 것 같았지만 본질적인 문제는 해결되지 않는다는 것을 알게 된 거지. 한빛은 항상 우리 곁에 있는데 굳이 도망칠 필요가 없다는 것을 알았다고 할까? 나도 그러고 싶었는지 비로소 편안해지더라고.

　한빛 첫 기일 기억나? 제사상을 차리는 문제로 당신과 실랑이했던 거. 나는 한빛에게 따뜻한 밥과 국을 먹이고 싶어 했고 당신은 그런 관습이 뭐가 중요하냐고, 그런다고 한빛이 살아서 돌아오느냐고 소리를 질렀지. 나는 당신의 억지를 이해할 수 있었어. 당신은 제사상을 차리는 것은 한빛의 죽음을 인정하는 거니까 받아들일 수 없었겠지. 그래서 나 혼자 제사상을 차렸고 우리는 침묵 속에 식사를 했지. 그런데 식사가 다 끝날 때까지 한빛의 밥과 국은 그대로 남아 있었어. 따뜻했던 국은 차갑게 식어 기름이 둥둥 떠 있고. 어쩜 나도 당신처럼 내심 한빛이 오지 않을까 기대했던 것 같아. 그러나 한빛은 오지 않았고 밥도 먹지 않았어. 내가 그 식은 밥과 국을 가져다 먹는데 눈물이 국그릇에 뚝뚝 떨어졌지. 눈물, 콧물을 섞어 가며 꾸역꾸역 먹는 내가 불쌍했는지 당신이 나를 끌어안고 엉엉 울었던 기억이 나. 명절도 이런데 하물며 자식의 축하를 받는 어버이날이나 결혼

기념일은 더 의미가 없지. 자식을 잃고 나면 다른 사람들에게는 기쁜 특별한 날이 유가족에게는 가장 슬픈 날이 된다는 것을 뼈저리게 느꼈지.

사실 지난 추석 때 스테이크 고기도 4인분 샀었어. 한빛도 만들어 주려고. 내가 요리를 배워 처음으로 해 보는 건데 한솔이나 당신이 어떻게 생각할지 몰라 아무 말도 안 했지만 한빛이 마음에 걸렸어. 나는 술 먹다가도 한빛이 생각나면 혼자 먹기 미안해서 옆에다 술 한잔 따라 놓고 마셔. 자주는 아니었지만 같이 술 마셨던 생각도 떠올리면서.

## 나를 버티게 해 주는 힘은 결국 한빛이었어

아빠가 이렇게 말해도 될지 모르지만 나는 한빛의 죽음은 현대판 전태일이라고 봐. 전태일은 자신의 버스비로 배고픈 여공들에게 풀빵을 사 주고 집까지 걸어갔잖아. 통행금지에 걸려 파출소에서 밤을 보내면서까지. 한빛도 엄마가 들라는 적금도 미루고 월급의 대부분을 소외되고 어려운 단체에 후원했잖아. 첫 월급을 타고 얼마를 후원금으로 낼까 고민하다가 "모아 놓은 게 없어서, 돈 갚아야 하니까, 집 살 예정인데 등등 단서 조항을 붙이면 영원히 미루게 된다며 월급의 10~20%를 누구 코에 붙일까 싶어 절반을 확 질렀다(?)."고 페북에 쓰기도 했지만 사실 선뜻 후원한다는 것은 쉽지 않은 일이라고 생각해. 전태일의 풀빵 정신이나 한빛의 나눔 가치는 같다고 봐.

또 전태일은 자신은 관리직이니까 여공들을 닦달하면 사장한테도 잘 보이고 돈 모아 가게도 차릴 수 있을 텐데, 여공들의 노동환경에 더 마음 아파했잖아. 한빛도 정규직으로 입사했지만 카메라 뒤에 있는 수많은 스태프·비정규직에 대한 차별과 혐오, 열악한 노동환경에 분노해서 갈등과 고민이 컸잖아. 사람을 감동시키는 드라마를 만들면서 정작 카메라 뒤에서 일하는 사람들은 전혀 행복하지 않은 노동환경에 대해 '원래 그런 것은 없다'며 고쳐 나가야 한다고 외쳤고 한빛은 그들을 밟고 쥐어짜며 출세할 수는 없다고 했지.

〈혼술남녀〉 제작에 함께한 스태프 중 한 명이 보내왔던 편지가 생각나.○ "누군가를 험담하고 밟으며 친목 다지는 현실에 거리를 두고 항의하던 한빛 군의 생각이 틀리지 않았다고, 늘 최선을 다해 진심을 다해 행동했다는 거 기억할게." 그리고 한빛 추모집에서 친구들도 "주어진 시공간을 누구보다 찬란하게, 반짝이게, 치열하게 살아 냈던 사람. 너를 사랑했던, 네가 사랑했던 사람들은 너를 그렇게 기억한다."고 했지. 모두들 한빛을 아름다운 청년으로 기억해 줘서 고마워.

이우광 작가○○도 너무 고마워. 전태일 동상의 전태일과 한

○ 2017년 4월 28일 〈이한빛PD 시민추모문화제〉에서 낭독된 편지.

빛 얼굴을 바꿔 예술 작품으로 표현했잖아. 작품에 숨어 있는 주제는 50년 전 전태일 시대나 지금 이한빛 시대나 노동 현실이 똑같다는 것을 보여 준 거지만 상징적 의미는 크다고 생각해. 도록에 보면 작가가 한빛 대학 때 원룸 사진을 보다가 한빛 책꽂이에 꽂혀 있던 『전태일평전』을 보고 작품을 구상하게 됐다고 했잖아. 입관 예절 때 형과 마지막 작별을 하면서 한솔이가 형에게 주었던 그 책. 형의 영정 사진을 가지러 집에 갔을 때 형의 책꽂이에서 가져온 그 책은 지금 우리에게 없지만 한솔이도 형의 삶에서 전태일을 보았기에 형의 마지막 길에 그 책을 주었겠지.

한빛이 특별하거나 대단하게 살았다고 생각하지는 않아. 다만 한빛은 나름대로 열심히 실천하고 활동하면서 아름답게 살았다고 생각해. 당신도 그렇지만 나도 한빛을 존중하고 사랑했어. 부모로서 자식 사랑은 당연하지만 한빛이 생각했던 사회 정의나 가치를 대학생 때부터 봐 왔기 때문에 그래도 잘 자라고 있구나 했어. 그렇지만 한빛은 그 꿈을 펴 보지도 못하고 떠났어. 너무 아깝고 안타까워. 한빛이 얼마나 외로웠을까 생각하면 가슴이 찢어질 것 같아. 그게 너무나 미안해서 아버지로서 내 몸이 부서지더라도 한빛이 살아가고 싶었던 날들을 이어 가고 있는지도 몰라. 결국 나를 버티게 해 주는 힘은 한빛이었어.

○○ 전시 〈보고 싶은 얼굴〉(이한열기념관 2019, 전태일기념관 2020).

그런데 내가 너무 한빛을 의지했나 봐. 한빛이 살아 있을 때는 그런 생각 한 번도 안 한 것 같은데 한빛이 떠나고 난 후에는 항상 공허하고 뭔가를 잃어버린 것 같아. 너무 커. 아침에 국선도를 하지만 마음속으로는 '한빛도 없는데 건강해서 뭐 하나? 오래 살아서 뭐 하나? 밥을 먹어서 뭐 하나?' 하며 끊임없이 나 자신에게 물어. 자학하면서 나와 부딪히며 하루를 시작해. 나를 위해서는 더더욱 열심히 살고 싶지도 않고, 굳이 살아야 할 의미를 찾는다면 한빛 없이 외롭고 힘든 당신과 한솔한테 피해는 주지 말아야지 그거 하나인 것 같아. 당신이나 한솔이가 없다면 오래 살려고 발버둥 치지도 않을 것 같아. 이게 다 한빛이 없기 때문일까?

## 그 앙금을 풀지 못한 채 떠났을 것 같아 미안해

지금까지도 마음에 걸리는 게 있어. 군대 면회 갔을 때 한빛이 "한솔이는 대학 총학생회장도 되고 어렸을 때부터 뭘 해도 잘해서 엄마, 아빠를 즐겁게 했는데 자기는 그러지 못했다."며 울먹였지만, 나는 깜짝 놀랐어. 오히려 정반대였잖아. 한빛은 맏이답게 스스로 잘해서 항상 든든하고 자랑스러웠는데 한솔이는 천방지축이었잖아. 어디서 어떻게 튈지 몰라 매일 잔소리해야 했잖아. 그러다 보니 한솔이가 형 때문에 열등감을 느낄 것 같아 서울대의 시옷도 못 꺼내고 한솔이 눈치를 살피느라 한빛 대학 생활 얘기도 거의 안 했는데.

그런데 한빛이 그렇게 생각하고 울면서 얘기하니 얼마나 놀랐겠어. 당신이 "오해라고. 정말 아니라고. 네가 더 많이 엄마, 아빠를 기쁘게 했고 맏이로서 참 멋졌다고. 엄마는 항상 너한테 고마울 뿐인데." 하며 막 급하게 이 말 저 말 했지만 그날 한빛은 끝까지 수긍하지 않는 것 같았어.

그때 나는 어이없으면서도 '아, 이렇게 아이 마음을 몰랐다니? 아이가 스무 살이 넘도록 부모로서 나는 무엇을 한 거지? 이렇게 힘들어할 때까지 대화 한 번 안 하고 아이 마음을 한 번도 읽어 주질 않았구나. 그래 놓고 뭐가 잘났다고 밖으로 나돌며 살았나?' 하며 반성했었지. 다시 이야기할 시간이 있으리라 생각했는데, 아니었어. 한빛이 그 앙금을 풀지 못한 채 떠났을 것 같아 미안해.

요즘 한솔을 보면 그때 한빛 생각이 나. 당신이나 나나 한솔이 생각을 아예 못 하고 살잖아. 당신이 "힘들지?" 하고 물어보면 한솔은 "아니요", "괜찮아요." 하고 단답형으로만 대답하잖아. 꼭 면회실에서 울던 한빛을 보는 것 같아. 모르겠어. 막 모든 게 꼬이고 헝클어진 것 같아. 어떻게 답을 찾아가야 할지 모르겠어. 풀어 갈 자신도 없고.

한빛과는 관악구 원룸 앞에서, 도봉동 편의점 앞에서 가끔 술도 마시곤 했는데 한솔이와는 그마저도 없네. 곱창집이나 삼겹살집에서 술 한잔하면서 이야기도 나누고 싶은데 잘 안 돼. 나하고 술을 같이하려고 하지 않으니까 속이야기를 깊게 할 기회가 없어. 오랜만에 집에 와도 자기 방으로 쑥 들어가 버리고. 한솔이 마음을 잘 모르겠어. 어렸을 때는 한솔이한테 맨날 장난치고 술 먹고 들어온 날에도 너무 귀찮게 해서 한솔이가 싫어했는데. 지금은 한솔이가 집에 와도 당신이나 나나 한솔이나 겉돌고 있는 것 같아. 그 전에는 당신의 잔소리와 드라마 장면이나 뉴스 하나 가지고도 넷이 떠들어 집이 시끄러웠는데 지금은 거실이 너무 고요하잖아.

그래도 우리는 둘이라서 의지가 되는데 형 없이 혼자인 한솔이를 생각하면 가슴이 먹먹해져. 아니라지만 많이 외로울 거니까. 힘들어하는 엄마, 아빠 앞에서 그 외로움을 표현하지 못하고 속으로 삭이겠지. 우상이었던 형이 사라졌는데 어떻게 안 아프겠어? 그냥 담담하게 아픔을 누르는 것 같아. 자기 나름대로 열심히 살려고 노력하는 거겠지만 이런 한솔이가 불안하고 안쓰러워.

어떻게 보면 우리 둘은 역할이 바뀐 것 같아. 한솔이가 아빠이고 내가 아들인 것 같아. 내가 중심 잡고 한솔이는 아빠를 도와주는 역할이어야 하는데 한빛 떠난 후에는 한솔이가 중심을 잡아 나가고 내가 한솔이를 도와주고 있더라고. 지금 한빛센터가 이만큼 자리 잡고 한빛 관련된 일들이 이어지고 있는 것도 한솔의 노력이 컸고. 한빛 떠나기 전에는 철없는 막내라고 생각했는데 한빛 떠난 이후에는 아주 든든한 버팀목이 되어 주고 있어 고마워. 그저 무겁지나 않았으면 해.

## 한빛을 인연으로 슬프게 이어졌지만 감사하며 살고 싶어

상담 때도 그런 말을 들었지만 이렇게 밖으로만 미친 듯이 나돌고 자신은 하나도 챙기지 않으면 나중에 그대로 무너질지 모른다고. 지금이라도 개인적인 취미 생활을 찾아야 한다고 했지만 나는 지금처럼 살아갈래. 항상 생각하지만 한빛이 없는데 무슨 행복할 일이 있겠어? 그저 뭔가 의미 있는 일을 해야겠다는 생각으로 사는 거지. 그게 한빛에 대한 아빠의 애도일 거고.

한빛센터하고 생명 안전 활동은 운명적으로 주어진 역할이지만 이제는 당신과의 삶까지 이 세 영역을 좀 슬림화하면서 체계화해야겠다는 생각이 들어. 나이가 드니 감당이 안 되는 부분도 많아지고 욕심낸다고 되는 것도 아니라는 것을 알겠어. 다들 인생 계획이 있듯이 나도 계획을 세우고 싶지만 한빛이 떠나고 나서는 인생 계획은 안 짜고 있어. 다 어그러지기도 했지만 그저 지금 주어진 상황 속에서 내가 해야 할 일, 하고 싶은 일, 피할 수 없는 일들을 할 수 있는 데까지 하려고.

한빛이 즐겨 썼던 말에 '연두, 빛'이 있었잖아. 2년 전 작은

황토방을 지으면서 한빛을 기억하고 싶어 황토방 이름을 '연두, 빛'이라고 했지만 나도 이 말이 참 좋아. '연대의 두근거림으로 빛나는'의 준말. 참 좋지 않아? 한빛이 대학 때 무슨 대단한 연대의 힘을 알았겠어? 그렇지만 함께해야 한다는 것, 나누고 손잡아 줘야 한다는 건 알았을 것 같아. 그럼에도 정작 한빛 자신은 곁에 기댈 곳 없어 외롭게 갔으니 더 가슴이 아프지만 내가 이어 가야지. 앞으로 내가 할 일이 무엇인지 한빛이 남기고 간 것 같아.

텃밭 농사가 꽤 돼서 여기저기 나눌 수 있는 것도 한빛의 뜻을 이어 가는 것 같아 감사하고 좋아. 그동안 연대 활동을 통해 나눔을 배우게 된 것이 얼마나 고마운지 몰라. 덕분에 소외되고 힘든 사람을 소리 없이 돕고 있는 사람들이나 단체들을 알게 됐고 한빛센터를 격려하고 도움을 주는 분들을 만나면서 그들이 후원하는 사연에 큰 감동을 받기도 했지. 내가 농사지은 것을 고마운 분들과 나눌 수 있고 나눔 목표가 생기니까, 연대하느라 서울에 자주 가고 전국적으로 참사 현장을 찾아가느라 시간을 쪼개 농사짓지만 정말 힘이 안 들어.

한빛을 인연으로 이어진 슬픈 관계이지만 우리는 그들에게서 많은 것을 받았고 영원히 잊지 않아야 한다고 생각해. 무언가라도 감사하고 싶은데 이렇게 정성으로 키운 것을 나눌 수 있고 나눔 릴레이로 새롭게 의미를 만들어 가니 정말 보람 있고 고마워.

　비록 한빛 없는 삶은 행복할 수 없고 유가족으로 살아가는 것이 슬프지만 한빛과 함께한다고 생각하면 힘이 생기니 그것도 감사해. 남은 삶도 지금처럼 의미 있는 일을 찾아가며 유가족, 그 삶을 넘어 살아가야겠지.

## 기록

### 김혜영

tvN 〈혼술남녀〉 조연출이었던 고 이한빛 피디의 엄마. 한빛미디어노동인권센터 곁에서, 한빛이 남긴 메시지 "연두, 빛: 연대의 두근거림으로 빛나는"을 가슴에 품고 아들의 삶을 이어가고 있다. 남은 생을 계속 채워 가야 할지 비워 나가야 할지 질문하며 긴 시간을 슬프게 살아오다 기록 세계와 만났고, 목소리를 듣고 쓰면서 힘을 받았다. 그 인연에 감사하며 상실 이후의 사람들과 만나 위로의 글쓰기로 갚고 있다.

### 후기

아내가 남편을 인터뷰한다? 민망했고 객관적인 구술이 될 것 같지도 않아 많이 망설였다. 그러다 며느리에게 시어머니가, 딸에게 아버지가 구술하는 모습을 보며 아름답다고 생각했다. 나도 용기를 내고 싶었다. 아니, 어쩌면 그동안 애써 모른 체한 남편에 대한 불안감을 직면하고 싶었는지도 모른다. 시작은 그랬다.

    2016년 10월 아들 한빛이 떠난 후 멈춰 버린 시간을 이제는 같이 마주할 때도 되지 않았을까? 어느새 남편은 70세가 되었고 나도 그만큼 나이를 먹고 있었다. 세상의 시간은 어김없이 또박또박 흘렀던 것이다. 그 시간 동안 남편은 문득이라도 살아가야 하는 의미에 대해 생각해 보았을까? 자신의 마음이, 서로의 마음이 어떤지 읽어 보려고는 했을까? 묻고 싶었다. 결국 나한테 하는 질문이기도 했다.

남편에 대해 사랑보다는 존중하는 마음이 더 컸던 나는 아이를 키우면서도 자주 눈시울이 뜨거웠다. 남편은 엄마가 출산하지만 육아는 아빠 몫이라고 했다. 나는 한빛의 똥 기저귀를 빤 기억이 거의 없다. 한빛이 응가를 하면 나는 호들갑 떨면서 남편을 불렀다. 그러면 남편은 능숙하고 자상하게 한빛의 기저귀를 벗기고 따뜻한 물로 아랫도리를 씻겼다. 그러면 나는 이불 밑에 있는 따끈따끈한 새 기저귀로 갈아입히며 마치 내가 다 한 것처럼 한빛에게 뽀뽀를 했다. 나중에 욕실에 가 보면 애벌빨래까지 해 놓은 기저귀가 뜨거운 물에 담겨 있어 비누로 쓱쓱 문지르기만 하면 됐다. 해직 교사 시절에도 남편은 빵빵한 기저귀 가방을 메고 두 아이를 안고 걸리며 전철로 한 시간 넘게 전교조 사무실을 다녔다. 당시에는 특이한 풍경이었는데 나는 당연하게 여겼기에 혹시라도 한빛이 "엄마는 날 위해 무엇을 하셨어요?" 하고 물어볼까 봐 지금도 조마조마하다.

그런데 남편은 애정 표현을 잘 못 한다. 자기 자신보다 자식을 더 끔찍이 여겼고 자신이 걸어온 길에 자부심도 컸지만 적극적으로 한빛에게 얘기하지 못했다. 시간이 많이 있으리라 생각했을 것이다. 한빛미디어노동인권센터를 세우고 중대재해 처벌법 제정을 위해 29일간 단식하는 등 피해자 운동에 온몸과 마음을 쏟으며 한빛이 남긴 과제를 이어 가는 것이 미처 못 한 한빛에 대한 애정 표현일지도 모른다. 그러나 한빛은 이미 아빠의 사랑을 느꼈을 것이다.

그럼에도 남편에게서 문득문득 시간에 얹혀 있는 듯한 진공상태를 느낀다. 벼락같은 이별 앞에 목 놓아 울 수 있어야 나머지 생을 비틀리지 않고 살 수 있고 그래야 그다음 삶으로 나아갈 수 있다고 하는데 남편은 한빛을 위한 애도의 과정이 있었을까? 남편은 그동안 한빛을 위해 오롯이 울지 못했음을 나는 안다. 새벽부터 해가 진 후까지 텃밭에 미친 듯이 매달리고, 연대할 일이 생기면 서울 가는 기차를 부지런히 타러 가는 남편이 그래서 안쓰럽다.

이렇게 서로를 연민하면서 시골의 천천한 흐름 속에서 노후를 그럭저럭 살아갈 수 있으련만 그런데 우리는 왜 싸우는 걸까? 아들 없는 삶에 더 이상 기대도 없고 아들 잃은 것보다 더 큰 고통이 있겠냐마는 불쑥불쑥 치밀어 오는 한빛이 그리워 한 명이 가라앉으면 집 안은 다시 고요해진다. 스스로를 학대한다. 얼마나 모순적인가?

함께 걷고 싶어서, 이제라도 나누고 싶어서 나는 남편을 인터뷰했는지도 모른다. 아직도 남편은 마음을 다 열지 못했을 수도 있지만 요만큼이라도 가벼워졌으면 좋겠다. 두봉 주교님의 마지막 메시지. "앞날이 분명하지 않아도 살아 봅시다. 기쁘게 떳떳하게."를 매일 남편에게 말한다. 얼마 남지 않은 삶, 이제는 '기쁘게 떳떳하게' 살겠다는 나의 선언이기도 하다.